反垄断刑事责任制度研究

FANLONGDUAN XINGSHI ZEREN
ZHIDU YANJIU

肖小梅◎著

中国检察出版社

图书在版编目（CIP）数据

反垄断刑事责任制度研究 / 肖小梅著. —北京：
中国检察出版社，2023.2
ISBN 978 - 7 - 5102 - 2840 - 7

Ⅰ.①反… Ⅱ.①肖… Ⅲ.①反垄断法 - 刑事责任 -
司法制度 - 研究 - 中国 Ⅳ.①D922.294.4

中国国家版本馆 CIP 数据核字（2023）第 025758 号

反垄断刑事责任制度研究

肖小梅 著

责任编辑：吕亚萍
技术编辑：王英英
美术编辑：曹 晓
出版发行：中国检察出版社
社　　址：北京市石景山区香山南路 109 号 （100144）
网　　址：中国检察出版社 （www.zgjccbs.com）
编辑电话：(010) 86423787
发行电话：(010) 86423726　86423727　86423728
　　　　　(010) 86423730　86423732
经　　销：新华书店
印　　刷：河北宝昌佳彩印刷有限公司
开　　本：710 mm × 960 mm　16 开
印　　张：16.25
字　　数：247 千字
版　　次：2023 年 2 月第一版　　2023 年 2 月第一次印刷
书　　号：ISBN 978 - 7 - 5102 - 2840 - 7
定　　价：56.00 元

目　录

前　言

　　高层建筑物离不开钢结构的支撑，法律的实施也离不开法律责任制度的保障，立法精神与理念的体现、实现的主要手段和形式是靠法律责任制度的确立及责任追究来实现的。如若反垄断法律责任制度的设计不充分、不完整、不可行，则可能导致反垄断法所包含的各项实体规则和程序规则无法得到落实和遵循，其立法目的也可能得不到实现而成为"卖狗悬羊"，甚至有可能导致反垄断法的权威性受害。对于市场而言，自由公平的市场竞争环境是市场经济健康发展的基础和根本动力，也是各类市场主体正当利益得到有效保障的基础，而垄断行为的最大危害性就是给市场健康发展带来危害，侵犯相关主体的正当利益，这正是反垄断法需要防止及惩治的。反垄断法律责任制度作为反垄断法的重要组成部分，是反垄断法立法目标能否恰到好处实现的关键要素，在反垄断规则体系中具有重要的地位。制度规定如果不符合反垄断实际，或者相关规定不完善，抑或是不好操作、难以实现，或实现相反效果，都会与反垄断法的立法初衷相悖，从而可能导致反垄断法成为一纸空文。只有通过法律责任制度的合理设置与有效实施，破坏市场竞争秩序的违法垄断者才有可能得到惩处，有序竞争者的合法权益才有可能得到保护，才有可能保障反垄断法的权威性，发挥其威慑力，警戒后来违法者。因垄断形式表现多样、危害程度不一，所以相应的法律责任设置也应是多样的，涵盖一般的法律责任制度，如民事赔偿、行政处罚、刑事制裁等，以达到对症下药的目的，通过综合型的责任制度相互补充、共同作用，发挥反垄断法的效用。从现代反垄断的法律责任体系来看，主要有民事责任、行政责任和刑事责任。民事责任主要解决补偿的问题，行政责任和刑事责任主要对违法犯罪行为进行惩罚和威慑。但从实际情况来看，大多数垄断的实施者生产规模庞大、经济实力雄厚，能够从垄断中牟取巨额利润，民事补偿和行政制裁对其影响不大。为此，需加强反垄断刑事责任体系的建设。"要真正有效地把垄断控制在人们'可容忍'的限度内，不能没有刑罚这把"达摩克利斯之剑"，这是由民事措施、行政措施的弱制裁性与行为人实施垄断能够获得高额垄断利润所决定的。"①

通常而言，垄断对市场经济的危害是显而易见的，它不利于形成充分竞争、井然有序的市场秩序，进而损害了消费者的合法权益。从国际形势看，大多数市场经济运行得比较好的国家，往往通过反垄断立法这一手段，减少和限制垄断行为。但是，光有立法是不够的，基于垄断行为的复杂性，还必须建立一套行之有效的法律责任制度。从我国 2008 年正式实施反垄断法开始，历经十余载的司法实践，其间既有对垄断企业的天价罚款，如 2013 年对六家液晶面板企业合谋操纵价格的价格垄断行为做出总额高达 3.53 亿元的处罚，2021 年对阿里巴巴集团在中国境内网络零售平台服务市场实施"二选一"的垄断行为处以 182 亿元的行政处罚，针对美团在中国境内网络餐饮外卖平台服务市场实施"二选一"的垄断行为处以 34.42 亿元的行政处罚等。亦有对民事纠纷的救济，如 2013 年北京锐邦涌和科贸有限公司诉强生（上海）医疗器材有限公司纵向垄断协议纠纷案民事赔偿 53 万元，2016 年吴小秦诉陕西广电网络传媒股份有限公司捆绑交易纠纷案民事赔偿 15 元，2020 年扬子江药业集团广州海瑞药业有限公司、扬子江药业有限公司诉合肥医工医药股份有限公司、合肥恩瑞特药业有限公司、南京海辰药业股份有限公司滥用市场支配地位案获赔 7000 万元等。这表明我国反垄断法并不是"花瓶"摆设，它正在真正发挥作用。不过，现实中出现的形形色色掠夺消费者、损害社会公共利益的垄断案仍然表明，反垄断法这把悬在垄断者头上的"达摩克利斯之剑"威力仍有所欠缺。据此，2020 年 12 月中央政治局会议和中央经济工作会议要求"强化反垄断和防止资本无序扩张"，首次自上而下地重视并推动反垄断。并且在 2021 年 4 月 21 日，全国人大常委会发布 2021 年度立法

---

① 王健、朱宏文：《反垄断法实施问题研究》，法律出版社 2013 年版，第 47—49 页。

工作计划，"《反垄断法》（修改）"被纳入"初次审议的法律案"。2022年6月24日颁布了新修改的反垄断法，于8月1日起正式施行。本次修法，条文总数由57条增加到70条，新增12条，涉及除附则之外的七章、原57条的23个条文。其中，法律责任一章，新增3条规章，原有的9条规章有8条进行了修改，修改的幅度之大远超其他条文。如果说新修改的《反垄断法》第63条已经大大超出公众的预期，加重了垄断主体的法律责任，那么新增第67条的规定则更甚。新修改的《反垄断法》第67条规定："违反本法规定，构成犯罪的，依法追究刑事责任。"法律责任一旦与刑法接轨则意味着原有法律责任制度设计威慑力不足，急需刑法层面强制力的保障。尽管2008年反垄断法也有关于刑事责任的规定，但仅限于阻碍反垄断调查的行为与反垄断执法机构工作人员滥用职权的行为，此二者行为均为违反程序性要求应受刑法的惩罚，并非实体性刑事责任。新修改的反垄断法在继承原有法律的基础上，创设性地把实施垄断行为本身应当承担刑事责任的实体性规则纳入反垄断法。尽管还存在争议，但不失为此次修法的一大尝试。一方面，填补了法律的空缺，为追究垄断者的刑事责任提供了法律依据。2008年反垄断法对垄断犯罪的实体规定还是一片空白，此次修法采用指引性立法的方式，确定实施垄断行为构成犯罪的，按照刑法的相关规定进行惩处。另一方面，促进刑法体系的完善。现行刑法也没有专门的条款和专门罪名来规制严重限制竞争的垄断行为，新修改的反垄断法刑事责任条款为刑法的修改提供了契机。因此，此次我国反垄断法刑法责任条款的确认可谓恰逢其时。

此外，从世界反垄断法发展趋势来看，世界上主要经济发展实体（如：美国、英国、俄罗斯、日本、法国、加拿大等）除了追究垄断者的民事责任和行政责任外，在民事责任与行政责任不足以对危害严重的垄断行为进行规制时，都规定了相应刑罚条款，运用刑事责任更强的威慑力，强化对垄断行为的制裁。特别是随着各国市场经济的发展变化，各国在进行反垄断法律修改时，都明显加重了反垄断行为的刑事责任。如根据美国的反托拉斯刑罚提高及改革法，对公司的罚金、个人的罚金以及监禁刑分别增加到一亿美元、一百万美元和十年。其他国家在最近几年里也加大了对反垄断刑事制裁的力度，并对相应刑事责任条款进行了修改，在实施落实方面也采取了行之有效的反垄断手段。因此，在我国新修改的反垄断法中，刑事责任条款也得到了确认，但相应的实施细则和衔接机制还需进一步完善，如垄断犯罪诉讼程序现今还是一片空白。无论对何种犯罪行为的刑事追究，都应当遵循相应的刑事诉讼程序。反垄断的证据收集、基本事实判断，涉及面非常广，专业性很强，在我国，目前由市场监督管理总局负责反垄断执法调查，而调查到何种程度时该移交公安机关，这涉及反垄断行政执法与刑事司法的衔接问题，法律上没有明确规定。其中还有一个司法管辖的问题，垄断行为可能涉及多个地域，如涉及县、市、省甚至全国层面，究竟反垄断刑事责任由哪个地方、哪个级别的司法机关追究，也需要法律作出规定。

为此，本书着重从反垄断行为应承担的法律责任的一般理论出发，以反垄断刑事责任制度为主线，以实体认定与程序规定为视角，对反垄断刑事责任立法进行理论与学术层面的探讨，以期为我国反垄断刑事责任制度的建设提出合理的立法建议，为加大反垄断力度提供多元化的解决机制。

第一章　反垄断法律责任理论研究现状及梳理

反垄断法律责任是指经营者违反了反垄断法律规定的义务而应承担的法律后果，各国普遍以威慑理念为指导来设计反垄断的法律责任。在威慑理念的指导下，反垄断法律责任体系包括了行政责任、民事责任和刑事责任。在实践中，又会根据责任主体承担义务的不同，划分为若干具体的责任，如罚款、没收违法所得、责令停止违法行为、罚金、监禁等，需要说明的是，反垄断法律既要制裁企业，也要制裁个人。现今，世界各国的反垄断法律模式大体上形成了以损害赔偿为中心的反垄断法律责任模式和以行政处罚为中心的反垄断法律责任模式，且不同国家和地区在不同阶段的反垄断法律责任模式也具有不同的特点。如美国早期以三倍损害赔偿为主，后逐渐增强了对刑事责任的运用。日本、韩国刚开始以行政处罚为主，后逐渐引入民事赔偿。英国一开始没有罚款制度，后来通过修法增加了罚款制度，现今又在逐步引入民事责任和刑事责任。简言之，世界各国现今对反垄断责任体系的设计日渐多元化，金钱罚、非金钱罚、行为责任、结构责任等相互协调，促进了反垄断法律责任体系的完善。我国反垄断法第七章对反垄断法律责任体系作了详细规定，根据不同类型的垄断行为，分别规定了垄断协议、滥用市场支配地位、违法集中、滥用行政权力排除、限制竞争行为的法律责任。此外，该章还在一定程度上规定了垄断行为的民事责任，以及不配合调查的法律责任，但是缺少对反垄断刑事责任的法律规定，这也是我国学术界一直诟病的问题所在。通常而言，反垄断责任体系的设置，既要满足现实刑罚的需要，又要有利于预防垄断行为的实施，过于原则化的规定并不利于实践中的具体操作。

我国2022年对反垄断法进行修改，此次修改进一步明确了多种情形下的法律责任，并提高了多种情形下对相关违法行为的处罚力度。相关修改之处主要包括：在垄断协议案件中，对上一年度没有销售额的经营者可以处五百万元以下的罚款，对尚未实施所达成的垄断协议的经营者处罚限额由五十万元提高至五百万元，对行业协会处罚限额由五十万元提高至三百万元（第56条）；明确包括应当申报而未申报即实施集中的多种涉及经营者集中的违法情形，罚款限额由五十万元升级为上一年度销售额百分之十以下，不具有排除、限制竞争效果的，处五百万元以下的罚款（第58条）；阻碍反垄断调查的行为，对单位和个人的罚款限额均大幅提升。对单位的罚款限额从"二十万元以下"变为"上一年度销售额百分之一以下"，上一年度没有销售额或者难以计算销售额时处以"五百万元以下"；对个人的罚款限额从"二万元以上十万元以下"变为"五十万元以下"（第62条）。规定了"双罚制"加重罚款制度，第63条规定对于情节特别严重、影响特别恶劣、造成特别严重后果的，国务院反垄断执法机构可以在第56条、第57条、第58条、第59条规定的罚款数额的二倍以上五倍以下确定具体罚款数额。新增声誉罚制度，第64条规定，经营者垄断违法受行政处罚的，按照国家有关规定记入信用记录，并向社会公示。随着我国社会经济的不断发展，原有的处罚力度变得太轻，已不足以支撑反垄断法威慑理论的需要，不能有效地维护我国社会经济的健康发展。因此，提高反垄断法的处罚力度符合我国基本国情的需要。但我们也应当注意到，此次修改除加大了处罚力度外，还有些问题亟待说明，如关于"上一年度"的说明，是指立案调查的上一年度，还是处罚结果颁布的上一年度，等等。此外，第67条规定的"构成犯罪的，依法追究刑事责任"，其是否可以构成反垄断法的刑事责任条款还有待商榷。

第一节　责任制度

根据法经济学的观点，有效的法律实施应该以最轻的惩罚和最低的执法成本来保障法律的权威性。而反垄断法能否有效发挥其实效，很大程度上取决于是否拥有一套行之有效的法律责任制度并能够真正付诸实施。责任制度是法律条文设计与法律适用的桥梁，科学可行的责任制度，可以保障法律实体规范的遵守、实施，可以监督其适用程序的公正、透明。反垄断法律责任体系中包含了行政责任、民事责任、刑事责任等多方面的内容，实务中完全可能出现法律责任之间相互冲突和竞合的现象。如何保障各法律责任制度间的有效互动，成为当今反垄断法实施的难点问题。

世界各国或地区基于实际情况的不同，也形成了不同的反垄断法律责任体系。例如，基于"行政中心主义"的理念，我国台湾地区采用"先行政后司法"的原则，对于反垄断违法行为，先由公平交易委员会依法命令其限期停止、改正或采取必要更正措施，若违法者遵命执行，先不予司法制裁；若逾期未改，再由法院判决其应承担的相应法律责任；① 日本也有行政罚款与刑事程序的联动制度，既是确保相关行政行为的实效手段，又是犯罪的非刑罚处理。② 因此，当反垄断执法机构在对垄断行为实施法律制裁时必须注意不同法律责任形式功能的互补性和相互的不可替代性，最大限度地发挥反垄断法律的威慑作用。然而，综观我国近年的反垄断执法实践，我国的反垄断责任制度设计仍存在较大问题，制度设计的缺失导致了实践的困难。有学者认为由于我国以罚治恶的法治观念根深蒂固，重惩罚、轻激励的反垄断法治模式已不适应现代社会的需要，导致我国反垄断法律责任规制体系存在法律责任惩罚力度不够，奖励性法律制度长期缺失，反垄断法律责任体系功能日益减弱等问题。③ "在法院系统中没有专门处理涉及公平竞争的法庭，对相关的案子或者以民事侵权案件，或者以行政案件处理，前者偏重维护私益，后者强调控制行政权"④，难以有效发挥反垄断法律应有的作用。因此，建立一套行之有效的反垄断法

① 赖源河编审：《公平交易法新论》，中国政法大学出版社 2002 年版，第 467 页。

② 王天华：《行政行为执行力的观念及其消弭》，载《当代法学》2014 年第 5 期。

③ 王霞、刘珊：《我国反垄断法律责任规制的困境与出路》，载《郑州轻工业学院学报（社会科学版）》2016 年第 2 期。

④ 张永忠：《刍议我国竞争法实施机制的完善——基于比较研究的考量》，载《经济前沿》2007 年第 1 期。

律责任体系成为当前我国反垄断法律制度完善的重点。

有学者认为经济法责任在形式上表现为由若干法律责任元素组成，遵循行政责任在先、民事责任居中、刑事责任在后，市场主体责任在先、主管机关责任在后的基本法律责任体系，体现着经济法先规制市场失灵，再控制政府失灵这一事实逻辑和经济法产生与发展的轨迹。并且法律责任条款占整部法律总条款数的比重较大，罚款这一责任形式在法律责任条款中占主导地位。经济法的责任链有长有短，链条中所包括的责任元素有多有少，这取决于经济违法行为给社会造成危害的可能性与严重程度。即经济违法行为负外部性显著，经济法责任的重要功能，就是尽可能使这种负外部性内在化，使受到损害的社会利益正常化。在实质上，经济法责任链是经济违法行为外部性在法律责任上的体现，是社会责任本位对经济法的内在要求，体现了经济法的价值目标——社会整体经济效率。①

有学者结合我国近十年的反垄断执行经验、教训，发现现实中的民事、行政责任的脱节以及金钱处罚不足的弊端日益显现。认为垄断行为对市场经济秩序造成的损害是多方位的，行为人应当就损失而非其违法收益承担责任。然而，矫枉过正也并不可取。由于垄断行为的复杂性，过度干预市场会从另一个角度造成竞争不足，故从法律责任的层面来说，金钱处罚应以损失为上限，刑事责任立法上恪守审慎原则。又通过垄断行为的危害性分析，即从社会损失的视角解读形式意义上的威慑过度与实践中威慑不足的矛盾，认为应以维护竞争秩序，提高经济运行效率为目标，提出构建三位一体的法律责任体系，即实现行政执法、民事诉讼的互动机制，使二元模式充分发挥作用；优化现行行政执法、民事诉讼制度，平衡私益救济以及公共利益损害补偿的关系；在谦抑性基础上使恶性极强的垄断行为入刑，认为所谓公平、正义的价值在反垄断法上的体现并不局限于金钱给付。②

---

① 郑鹏程、刘璨：《经济法责任特征新论》，载《财经理论与实践》2010年第4期。

② 张晨颖：《损失视角下的垄断行为责任体系研究》，载《清华法学》2018年第5期。

有学者认为我国反垄断法在垄断行为的法律责任上还存在不少较为突出的立法问题，如在行政责任内部，没收违法所得严重缺位；行政责任与民事责任相互之间缺乏衔接等，需要尽快加以完善。就民事责任而言，当前采取的补偿性赔偿制度使得反垄断民事诉讼的私人效益很低，立法应当引入合理的惩罚性赔偿制度用以激发反垄断法的私人实施。就行政责任而言，经济性垄断当前除了普遍存在缺少针对个人的罚款制度问题以外，还不同程度地存在威慑不足、威慑过度、威慑失衡、指引模糊等问题，立法除了应当共性化地建立单位与个人并行的双罚制以外，还应当个性化地引入相应措施进行对症下药；行政性垄断当前存在的主要问题是责任追究的执法权限配置非常不科学，立法应当采取的最基本措施是将查处滥用行政权力排除、限制竞争的执法权集中起来统一交给反垄断执法机构行使。就刑事责任而言，当前刑事责任的完全缺位使得垄断的规制难以标本兼治，立法应当引入适度的刑事责任进行构筑有效的威慑体系。①

有学者认为目前我国反垄断法的法律责任设计不是存在威慑过度的问题，而是威慑不足的问题。从法经济学的视角看，我国反垄断法存在法律责任主体和种类不完整、追究违法者缺乏效率与激励、违法成本过低导致威慑力不足的问题。我国反垄断法今后的法律责任改革方向应该以设置有期徒刑为中心的刑事责任和以惩罚性赔偿为核心的民事责任，完善以罚款为重点的行政责任为主，构建科学合理、系统协调、行之有效的反垄断法责任体系。申言之，第一，增加责任主体规定。规定高级管理人员与直接责任人的法律责任，规定行政垄断获利者的法律责任，规定行业协会负责人的法律责任。第二，完善责任形式。明确民事责任的种类，增加行政责任的种类，增加行政垄断中行政主体的法律责任。第三，完善对违法者的追究机制。建立反垄断法公共执行协调机制，建立投诉举报激励制度。第

① 丁茂中：《论垄断行为法律责任的立法完善》，载《竞争政策研究》2020年第1期。

四，加大违法成本。设置刑事责任，建立惩罚性赔偿制度。①

有学者认为我国的反垄断司法与执法深陷"越是反垄断，越是垄断不断"的困境，其根源在于以罚治恶的法治观念根深蒂固，重惩罚、轻激励的法治模式不适应现代社会的需要，资本逐利性与经济人自利性的暗合破坏市场的自在逻辑。为保障市场经济稳健运行，有必要坚持严惩与奖励并举，进而从"不敢垄断，不想垄断，不能垄断"之维，探索破解反垄断法律责任规制困境的新路径，从根本上确保各经济主体有序参与市场竞争。其一，应适当提高违法成本，引进最为严厉的刑事责任，健全反垄断惩罚性法律制度，以保障"不敢垄断"。其二，基于经济人的自利性和资本的逐利性，应构建以人性本善为预设、以奖扬善为旨要、以同创共享为内核的反垄断奖励法律制度，以实现"不想垄断"。其三，应设置相应的反垄断法律责任体系评估机制，培育公民的反垄断法治意识，以确保"不能垄断"。②

综上所述，法律责任是联结义务与制裁之间的桥梁，没有科学合理的法律责任制度，不仅不能实现立法目的，而且还会使法律成为一纸空文。综观我国的反垄断法律责任体系设计，多注重行政处罚，甚少关注民事赔偿和刑事处罚，法律责任的设计也多以金钱罚为主。新修改的反垄断法虽然将金钱罚的数额提高，但是对于其他多样化的责任设计关注较小。即新修改的反垄断法律责任体系仍存在很多不足，其主要表现在：

首先，承担法律责任的主体设计不完整。尽管新修改的《反垄断法》第 56 条规定了"经营者的法定代表人、主要负责人和直接责任人员对达成垄断协议负有个人责任的，可以处一百万元以下的罚款"，但并没有规定行政垄断获利者的法律责任，没有规定行业协会负责人的法律责任。同时，法律责任的种类不完整。尽管新修改的《反垄断法》第 60 条、第 67

① 张家宇、莫良元：《我国反垄断法法律责任存在的问题及其完善——以法经济学为视角的分析》，载《西华大学学报（哲学社会科学版）》2014年第 2 期。

② 王霞、刘珊：《我国反垄断法律责任规制的困境与出路》，载《郑州轻工业学院学报（社会科学版）》2016 年第 2 期。

条规定可以依法追究民事责任和刑事责任，但其规定为指向性条款，并不能构成反垄断法上的民事责任和刑事责任条款。即便将其认为是反垄断法上的民事责任和刑事责任条款，也没有规定经营者应当承担何种民事责任和刑事责任，规定过于笼统，操作性较差，急需国家出台反垄断法的实施细则。

其次，行政责任威慑不足。尽管新修改的《反垄断法》大大提高了罚款数额，第 49 条增加了反垄断执法机构及其工作人员对个人隐私和个人信息的保密义务，第 54 条更是规定了有关单位或者个人的配合义务，第 55 条加入了约谈制度，但其行政处罚威慑仍显不足。比如，对于实施垄断协议的情形，经营者的法定代表人、主要负责人和直接责任人员是否需要承担个人责任并予以处罚，本次修法并未涉及；对于滥用市场支配地位和不当经营者集中两类垄断行为，本次修法没有追加经营者的法定代表人、主要负责人和直接责任人员承担个人责任的规定等。①

最后，追究违法者缺乏效率与激励，反垄断执法机构追究违法者缺乏效率，统一的反垄断执法机构设置虽然在一定程度上整合了反垄断执法资源，但也在一定程度上增大了执法机构的业务量，激励机制和责任机制的缺失在一定程度上会阻碍反垄断执法的效率。为此，我们有必要设计一套行之有效的反垄断法律责任体系，既要弥补既往责任体系中的不足，又要回应时代的要求，健全的法律责任制度将为预防、制止垄断行为保驾护航。无论是以行政处罚为主的反垄断责任体系，还是以损害赔偿为主的反垄断体系建设都不能违反适度原则，除了金钱罚外，其他的责任制度也应逐渐完善，只有多元化反垄断法律责任种类，协调各责任种类间的有效运作，才有可能形成最优权威的责任体系。

---

①　时建中：《完善个人义务和责任制度 强化〈反垄断法〉实施》，载《中国市场监管研究》2022 年第 7 期。

第二节　行政责任

行政责任主要包括发布禁令和罚款两种。发布禁令就是禁止垄断行为继续实施，即反垄断执法机构可以要求经营者或者行业协会停止垄断行为的继续履行。罚款有一般罚款和特殊罚款之分。从现今的反垄断执法实践来看，各国的一般罚款主要采取了数值封顶式、倍率封顶式、固定倍率式等罚款方式。如欧盟采取数值封顶式，欧盟理事会《第1/2003号条例》（又称现代化条例）第23条第2款规定，对于故意或过失违反欧洲共同体条约第81条、第82条规定的企业，处以上一营业年度全球营销额10%以下的罚款。2006年发布的《根据1/2003号条例第23条第2款（a）确定罚款的方向指南》，细化了实施罚款的详细步骤，明确对违法企业处以相关市场营业额30%以下，最高不超过其全球营业额10%的罚款规定。德国反垄断法在行政责任方面既规定了罚款制度，又规定了独具特色的违法收益收缴制度。根据德国《反限制竞争法》（2013年）第34条规定了违法收益收缴制度，企业因故意或者过失违反本法及《欧共体条约》的规定并因此获得经济收益的，卡特尔当局可以收缴这一收益。同时，第4款规定了可以对严重垄断行为处以100万欧元以下的罚款，对于参与违法的企业，其罚款不超过前一年营业总额的10%。而在修订后的《反限制竞争法》（2017年）又增加了对企业集团的法律责任和企业继受人的法律责任，第81条第3a款规定了执法机构可以对同属企业集团的、实施垄断行为的企业施加直接或间接影响法人的实施处罚，第3b款和第3c款规定，企业集团在合并或分立的情况下，企业继受人对原有的反垄断罚款承担责任。俄罗斯的《行政违法法典》规定了个人和企业的双重行政责任。对于存在限制竞争争议或有限制竞争的协同行为，或滥用市场支配地位的，对直接责任人员处以法定最低工资额170—200倍的罚款，或取消任职资格3年的处分；对于企业处非法商品或服务销售额所得不超过2%的罚款。特殊罚款则有日罚款和次罚款之分，主要针对不遵守禁令的行为而做出的。如欧盟理事会《第1/2003号条例》第24条规定，如有违法企业未能在限定期限内停止违法行为或经营行为的，则将从决定发布之日起，处以每天不超过上一营业年度平均每日营业额 5% 的罚款并累计至停止之日止。

我国反垄断法规定的行政责任包括罚款和没收违法所得两种。从立法目的解释论的角度来看，没收违法所得是对违法行为损害结果的补偿，让违法垄断行为无利可图；罚款则是在没收违法所得的基础上，进一步对违反法律规定违法经营者实施惩罚，二者共同作用，构成了我国反垄断执法的威慑体系，缺一不可。① 但从我国目前的反垄断执法实践来看，存在"以罚代没"的现象。获取违法所得，是经营者在市场经济活动中实施垄断行为的主要目的。因此，对违法行为人因违法行为非法获得的财产性收入进行没收，是打击非法垄断行为、实现法治正义的必然要求。根据反垄断法的相关规定，对于垄断协议和滥用市场支配地位案件，罚款和没收违法所得是"并处"关系，罚款不能代替没收违法所得。截至 2018 年，原反垄断执法机构——国家发展和改革委员会与国家工商行政管理总局认定经营者实施垄断行为并据此进行处罚的案件共 358 件，在这 358 件案件中，除极少数明示不存在违法所得或违法所得无法计算的案件，其他案件都应当没收违法所得并处罚款。但是，实际情况是，发改系统公告的可被处罚案件 230 件，没收违法所得 8 件，占比为 3.48%；工商系统公告的可被处罚案件 128 件，没收违法所得 36 件，占比为 28.13%。② 且较多数案件都未说明未没收违法所得的理由，说明案件中又多以当事人没有完整的财务账册和记账凭证或无法区分违法行为与正常经营的交易额为主要说明理由，表明因此无法计算违法所得而不得不处以罚款。因此，如何解决行政机关"以罚代没"的问题成为当前我国反垄断法改革的关键。

有学者基于 2008—2019 年公开的行政处罚决定书和免予处罚决定书的案例数据，通过对行政执法中适用的加重及减轻情节作了提取和统计，

---

① 此处只研究经营者实施垄断行为的行政责任，行政机关的行政责任在后续篇章有所涉及。

② 张晨颖：《损失视角下的垄断行为责任体系研究》，载《清华法学》2018 年第 5 期。

结合具体案例对十一年来我国行政执法加重及减轻情节的适用情况作了总体观察和分析。发现反垄断法明文规定的所应考虑的情节（如垄断持续时间、违法程度等）对罚款数额影响显著，在罚款数额的确定中起着决定性的作用；垄断行为的性质是影响罚款的重要因素，不同性质的垄断行为有着不同的罚款基准；实践中个案发展起来的其他加重及减轻情节对罚款数额也有显著的影响，但起着较为次要的作用；积极配合调查和主动整改作为行政处罚程序上的减轻情节对罚款数额也有影响，但作用也较为次要；发现反垄断宽大制度能促使更多关于垄断组织内部信息的披露，能够有效地降低执法成本，有利于我国的反垄断执法。①

有学者基于我国反垄断法实施十年来的罚款案例比较发现，反垄断执法中没收违法所得与罚款两种手段存在"以罚代没"的情形；垄断企业的产权性质并不会左右最终罚款比例的确定，几乎不存在"选择性执法"；对横向垄断协议行为的罚款比例高于其他垄断行为，但行业协会的参与并未加重垄断严重程度。此外，我国行政执法在确定罚款时对于违法行为性质、持续时间、主犯、从犯等情形作了比较多的考量。认为在反垄断法的修订中，应明确影响罚款的合理裁量因素及其对应的罚款比例，以实现反垄断执法的公平与效率。具体而言，应将合理裁量因素法定化，出台对违法所得认定和罚款确定的指南；将罚款和没收违法所得组合适用以实现反垄断执法的公平与效率；将是否有行业协会参与作为最终罚款确定的重要考量因素，增加有行业协会参与垄断协议案件中违法企业的罚款数额。②

有学者针对我国目前垄断协议规制制度实施现状，认为我国垄断协议规制制度在十多年的实施中也反映出不少问题，如对横向垄断协议的理解

---

① 陈永伟、王凯迪：《反垄断行政罚款加重及减轻情节适用及反垄断宽大制度绩效评估——基于我国反垄断行政执法案例数据的实证研究》，载《竞争政策研究》2019 年第 4 期。

② 冯博：《反垄断法中罚款数额的影响因素与实证检验——基于我国反垄断法实施十年的数据》，载《山东大学学报（哲学社会科学版）》2019 年第 3 期。

和认定上出现了明显的偏差，对纵向垄断协议的反垄断行政执法与司法在具体规则适用上出现了严重的分歧等。为此，应修改 2008 年《反垄断法》第 46 条垄断协议的法律责任条款，建议进行如下的完善：一是将第 46 条第 1 款规定的经营者达成并实施垄断协议的法律责任中所包括的没收违法所得予以删除，以免因难以操作而在执法实践中出现做法不一致的情形；二是将罚款数额增加一个选择项，用于上一年度销售额极低或者没有销售额的情况；三是借鉴日本等国的规定，对违法期限设定一个 3 年的上限，以便平衡过重和过轻的处罚；四是删除"上一年度销售额百分之一以上"的处罚比例下限，以更加适应实际的需求，主要是避免对轻微违法行为罚款数额过大的问题。①

有学者认为我国 2008 年《反垄断法》第 46 条、第 47 条的规定在反垄断执法实践中遇到了实施上的窘境。一方面，不少市场在反垄断执法前后未有明显变化、许多垄断案件的行政裁决没有没收违法所得处罚、大量垄断案件的行政罚款在比例和总额上存在不同程度的差异等现象引起了经营者和消费者对反垄断执法机构课责专项的高度关注；另一方面，垄断行为的复杂性使得如何"责令停止违法行为""没收违法所得""并处上一年度销售额 1% 以上 10% 以下的罚款"基本成为反垄断执法机构在完成大量的调查取证与事实认定及违法分析后不得不面临的收尾环节难题。为此，对于责令停止违法行为，反垄断执法机构应当通过做法示范指引促进机制和合规自证报告保障机制来共同推进经营者积极采取措施进行有效整改。对于没收违法所得的处罚，反垄断执法机构应当将违法所得的范围限定在经营者因垄断行为而获得的超额利润上，至于具体数额应由当事人进行充分举证，反垄断执法机构则有权依据自身的合理怀疑对此进行自由裁量。对于并处行政罚款，比例自由裁量模式与损害赔偿折算模式各有利弊，从保持执法公平性与行政罚款的深层属性上看，采损害赔偿折算模式更为妥当。但依现行的执法条件，可暂允许采用比例自由裁量模式作为过渡，在此过程中反垄断执法机构应当统一会计年度、营业额、罚款比例的

---

① 王先林：《论我国垄断协议规制制度的实施与完善——以〈反垄断法〉修订为视角》，载《安徽大学学报（哲学社会科学版）》2020 年第 1 期。

选择标准。①

有学者认为无论是以欧盟法为代表的规制垄断行为的行政路径，还是以美国法为代表的司法路径，行政罚款都是反垄断法律制度中的重要手段。并且基于垄断危害的特殊性，基于行为过程不同、过程的参与要素不同，各国形成了不同组合的计算方法，在这些国家和地区反垄断法上的行政罚款都具有鲜明的结构特色。我国反垄断法实施十余年来基于罚款而产生了诸多问题，如罚款的功能指向不明，无法体现"过罚相当"，无法显现结果的公正等。其根源在于罚款制度结构单一，几乎所有的要素都参与到基础罚款比例的确定过程中，并未实现罚款要素的合理组合。为此，首先，应明确惩罚功能下的原则，法律原则是辅助法律制度实现立法目的的指导思想，通过原则指导制度才能发挥相应的功能。遵守"公正"原则、"公开"原则和"过罚相当"原则，即设定和实施行政处罚必须以事实为依据，与违法行为的事实、性质、情节以及社会危害程度相当。在垄断行为罚款制度上，"过罚相当"原则中"过"是个大概念，除了过错外，还包括特殊行为性质产生的社会性后果。其次，优化与重构我国的反垄断罚款制度。第一，基础罚款比例的固定。以销售额为基础，10% 作为基础罚款的固定比例。第二，增加类别比例。合理设计针对不同性质行为的加重系数或比例，针对特殊的行为和主体给予的特殊对待，另在技术上可加重或减轻。第三，确定结果平衡。一是改变现在的辅助要素发挥功能的定位即综合发挥核心功能，使其独立发挥辅助性功能。从现行参与基础罚款的计算过程转移到对已经计算出的基础罚款结果的修正上来。二是细化辅助要素的类型。增加 2008 年反垄断法第 49 条规定的辅助要素，既要将减轻处罚的"正面清单"列举出来，也要细化加重处罚的"负面清单"。第四，将反垄断罚款的计算过程制度化。优化反垄断罚款制度的方案及运用过程可以分三步。第一步，计算基础罚款；第二步，类别比例的前提平

---

① 丁茂中：《垄断行为法律责任条款实施困境的消解》，载《法学》2017 年第 9 期。

衡；第三步，减轻和加重处罚的结果平衡。①

综上所述，现阶段学术界关于反垄断法行政责任的研究主要集中于罚款数额的确定，新修改的反垄断法在结合反垄断实际，顺应学界研究的基础上，大幅提高行政罚款数额，引入失信约束机制，满足了现实执法的需要。当然，也还存在一些问题，如存在没收违法所得的范畴不明、并处行政罚款的弹性空间太大、针对行业协会的行政罚款在威慑力上比较容易失衡等。因而，新修改的反垄断法行政责任规定仍不能弥补现有反垄断法行政处罚的不足。以上一年度的节点选择和销售额的范围选择为例，就前者而言，它至少可以存在行政处罚裁定作出的上一年度、执法机构作出立案调查决定的上一年度、垄断行为存续期间的某个年度、垄断行为发生之前的上一年度等四种选择空间；就后者而言，它至少可以存在垄断行为所在的相关市场所涉产品的销售额和经营者整个营业的销售额两种选择空间。而无论是前者还是后者，它们的弹性选择都会直接影响到行政罚款的数额多少，且差额的绝对值往往是比较大的。并且往往存在"以罚代没"的现象，现阶段针对垄断行为的没收违法所得可以有三种不同的操作选择，即只没收超出正常利润水平的部分、没收除成本以外的所有利润、连同成本一起全部没收。这不仅给反垄断执法机构的行政执法留下了各种潜在空间，而且给反垄断执法机构的执法带来了巨大的适用困难。"纵观反垄断法实施以来的处罚案例，确实罚款居多，鲜有没收违法所得的。一方面是因为计算违法所得难度大，另一方面是因为执法机构人手严重不足。"如何处理好行政处罚的种类和罚款的标准是我国《反垄断法》实施的难点所在，既要赋予执法机关一定的执法弹性，又要保证法律规则的合理性。

第三节　民事责任

综观世界各国的反垄断立法，无论是以德国、日本、韩国为代表的统

---

① 刘继峰：《结构主义视角下我国反垄断罚款制度研究》，载《社会科学辑刊》2021 年第 2 期。

一立法模式，还是以美国为代表的分散立法模式，大多设有民事救济条款，明确规定了非法垄断行为侵犯他人利益时所应承担的民事赔偿法律责任。美国私人实施的救济方式主要有三倍损害赔偿和禁令救济两种方式。《谢尔曼法》第 7 条和《克莱顿法》第 4 条均规定，任何因其他人或公司从事反托拉斯法所禁止或宣布为违法的事项而遭受营业或财产损害的人，都可以提起诉讼并要求授予其所遭受损害的三倍赔偿以及诉讼费和合理的律师费。在欧盟的竞争法中，任何自然人或者法人对于欧盟委员会未履行竞争法规定职责的违法行为，均有权向法院起诉，但是根据判例要求必须涉及申请人的利益而非涉及其他人利益；当事人提起诉讼后可以申请针对罚款和责令行为的临时措施。① 按照德国《反限制竞争法》的规定，私人当事人实施竞争法有三种救济方式：一是提起损害赔偿诉讼，二是提出禁令诉讼，三是提出反竞争协议无效诉讼。澳大利亚《1974 年贸易行为法》规定的私人实施的救济方式更为多样，私人当事人既可以寻求禁令救济和单倍损害赔偿救济，在合并案件中还可以申请资产剥离命令，同时也可以向法院申请要求法院作出对于某些法律规定的声明性解释。与美国截然不同的是，我国台湾地区在三倍损害赔偿的基础上进行了改进和变通，根据"公平交易法"第 31 条规定，其允许在三倍损害范围内由法院依据侵害者的主观心理过错确定具体的损害赔偿额度，但不得超过已证明损害额之三倍。我国的反垄断法并未规定具体的救济措施，只规定了相关主体应承担相应的民事责任，太过宽泛的规定导致了我国反垄断民事责任制度难以落实，缺乏对经营者的威慑力和对受害者的救济力。民事责任制度的落实既要保证相关当事人的合法利益，又要保证市场竞争的稳定，既不能过于严苛，又不能过于宽松。过低的诉讼收益与反垄断私人诉讼制度设立的初衷相悖，过高的诉讼收益又会给市场竞争者带来经济上的高风险，不利于市场的竞争与繁荣。因此，美国著名的反垄断法专家赫伯特·霍温坎普曾提出，区别不同类型的违法行为，对不同类型的行为适用不同的损害赔偿

---

① 阮方民：《欧盟竞争法》，中国政法大学出版社 1998 年版，第 452—467 页。

倍数，可以在某些实体领域减少过度的诉讼。①

根据我国《反垄断法》第 60 条规定，经营者实施垄断行为，给他人造成损失的，应承担民事责任。即该条并没有把垄断行为人的责任方式限定为损害赔偿，而是使用了更为上位的"民事责任"概念。我国《最高人民法院关于审理因垄断行为引发的民事纠纷案件应用法律若干问题的规定》规定了三种民事责任，第 14 条规定了被告实施的垄断行为，给原告造成损失的，人民法院可以依原告的申请和查明的事实依法判令被告承担停止侵害、赔偿损失等民事责任。第 15 条规定了被诉合同内容、行业协会的章程等违反反垄断法或者其他的法律、行政法规的强制性规定的，人民法院应当依法认定其无效。相对于停止损害、认定无效的民事责任，我国的损害赔偿制度广受学界的争议。

有学者认为反垄断民事责任制度的落实依赖于反垄断法私人实施制度的落实，反垄断法的救济方式直接关系到私人执行者的利益在多大程度上受到保护。各国由于国情不尽相同，价值取向和所保护的法益也不太一致，所以其法律规定的救济方式有着较大的差异，实际应用中的重点也大异其趣。综合对比美国、德国、澳大利亚的反垄断私人实施救济措施，认为美国的反垄断法三倍损害赔偿制度基本目标是激励受害者、威慑违法者。由于反垄断法违法行为在性质上具有"涟漪效应"，所以美国法院建构了一些限制反垄断诉讼原告资格的原则或规则，包括诉因要求、反垄断损害要求、非直接购买者规则等。但其三倍损害赔偿制度的实施有助于维护市场的竞争秩序，而单倍损害赔偿或其他的经济措施又不足以激励私人当事人提起损害赔偿诉讼，因此我国应当借鉴美国的经验，在反垄断法中建立三倍损害赔偿制度。②

有学者从我国的反垄断执法实践出发，认为应当在反垄断民事公益诉讼中采取惩罚性的赔偿原则。反垄断民事公益诉讼损害赔偿应当体现对消

---

① 赫伯特·霍温坎普：《联邦反托拉斯政策——竞争法律及其实践》，许光耀、江山、王晨译，法律出版社 2009 年版，第 730 页。

② 王健：《反垄断法私人执行制度初探》，载《法商研究》2007 年第 2 期。

费者整体利益的维护，而不仅是对个人损失的实际补偿，并且反垄断民事公益诉讼损害赔偿制度应能激发公益诉讼主体的诉讼热情，所以可以适当地扩大损害赔偿。借鉴我国《消费者权益保护法》和《食品安全法》的立法实践，可以采取具体标准为三倍损害赔偿加计算判决前利息制度，且分成两部分：受害人赔偿金和反垄断公益基金，以防止滥诉和体现赔偿金的公益性质。可以借鉴德国《限制竞争法》中简化的损害赔偿金的计算方法，以垄断企业获得的利润为计算标准确定赔偿金。而对于损害赔偿金的分配，建议首先根据受害人举证的损失进行赔偿，剩余的部分则转化为反垄断公益基金。对于还有一部分遭受垄断侵害、但尚未主张权利的消费者的损失未得到赔偿的，这一部分消费者的损失可以在以后从反垄断公益基金中获得补偿。①

也有学者认为我国《反垄断法》第 60 条及最高人民法院对此所作的解释《关于审理因垄断行为引发的民事纠纷案件应用法律若干问题的规定》第 14 条规定，只简单规定了损害赔偿原则只限于垄断行为造成的直接经济损失，这样的反垄断民事诉讼的诉讼效益规定对私人而言是非常不理想的。因此，适度增加垄断行为的损害赔偿力度对反垄断法的私人实施具有尤为重要的激励作用。但是在惩罚性赔偿的系数选择上，必须稳妥处理有效激励与抑制投机的均衡性。综合考量世界各国的立法和执法现状，认为我国在较长时间内不宜直接照抄照搬美国"三倍赔偿"的做法，而应视具体情况的不同而有所区别：对个体利益损害严重的情形，原则上应该采取倍数制进行赔偿；对个体利益损害轻微的情形，例外采取定额制。譬如，就垄断行为的惩罚性赔偿部分内容，立法修订可以作如下类似表述：经营者实施的垄断行为给他人造成损失的，受害人有权要求所受损失二倍以下的惩罚性赔偿；惩罚性赔偿的金额不足 X 万元的，为 X 万元。②

有学者认为对垄断行为的同业受害者进行司法救济，是现代国家法治

---

① 陈云良：《反垄断民事公益诉讼：消费者遭受垄断损害的救济之路》，载《现代法学》2018 年第 5 期。

② 丁茂中：《论垄断行为法律责任的立法完善》，载《竞争政策研究》2020 年第 1 期。

活动的一项基本原则。但是我国垄断致损赔偿责任制度在理论上欠发达，在实践中也缺乏运用。要改变这种状态，最为要紧的是必须结合我国司法现实的特征，明确垄断致损赔偿责任的法律属性，明晰我国垄断致损赔偿责任的权利主体范围，逐渐淡化"过错"原则在责任认定中的适用，提升赔偿的惩罚性，从而为司法实践提供强大的理论支撑。具体而言，明确垄断致损赔偿责任的权利主体范围，除借鉴美国的"直接损害规则"外，还应考虑目标区域范畴，明确权衡利益标准。此外，"损害"仅仅界定了受害人财产状态的负面变化，描述的是一种客观事实。这种描述只反映受害人财产利益减损的状况，并不能直接反映造成此种减损状态的行为人的主观心理。因此，应当淡化其作用。我国在垄断致损赔偿责任制度的罚则建构上，可以借鉴我国台湾地区的做法，在不取消"单倍赔偿"的同时，结合垄断致损赔偿责任有关"过错"的认定原则，针对具有垄断"故意"的加害人实施"酌定一倍以上、三倍以下赔偿"的惩罚性赔偿罚则。[①]

有学者认为我国反垄断领域的立法及司法实践均存在"对垄断致损赔偿责任规定过于原则的不足且赔偿数额主要以填补损害为主"的问题，这极大地限制了反垄断民事诉讼在我国的发展。因此，学习国外垄断致损赔偿责任实践的有益成分，完善我国垄断致损赔偿责任制度中有关"损害计算方式、损害计算标准及赔偿力度"的规则，是促进我国反垄断司法实践不断前进的有效途径。从美国反垄断实践及我国台湾地区有条件适用"三倍赔偿"于垄断致损责任的比较分析发现，对"三倍赔偿"机制的借鉴不能僵化。具体而言，可以借鉴我国台湾地区的做法，在不取消"单倍赔偿"的基础上，增加类似"酌定三倍以下赔偿"的规定，将"三倍赔偿"的威慑力和对被害人的激励作用调整到制裁垄断行为的最适度位置上来，构建好垄断致损害赔偿罚则的两翼机制：一要学习美国"备案减责"的做法，成立或者指定对市场竞争行为（手段）进行备案的有权机关，预防"三倍赔偿"罚则被滥用。二要在维护单倍赔偿原则的基础上，明确规定当垄断行为人具有垄断故意时，法院可依照侵害的程度，

[①]　杨蓉：《垄断致损赔偿责任问题研究》，载《湘潭大学学报（哲学社会科学版）》2017 年第 3 期。

并在原告之请求下，酌定损害额以上之赔偿，酌定之数额不得超过已证明之损害额的三倍。①

有学者研究了美国的两个代表性案件——Hdrolevel 案和 True Positon 案，通过表见代理理论的解释，明确技术标准制定组织应该承担反垄断法律责任，一是基于行政化的技术标准制定方式具有显著的弊端，二是技术标准并非国界明显的产物，国内企业正在或将要参与到世界性的各类技术标准制定组织活动之中，中国反垄断法也应该为规制国际技术标准制定组织提供法律依据。同时 2004 年《标准制定组织促进法》则规定了技术标准制定组织的民事责任限于单倍损害赔偿。因此，应借助于行业协会对技术标准制定组织的涵括或是单独规定，打破行业协会仅承担反垄断行政责任的观念限制，为达到鼓励技术标准制定组织的良性发展与威慑目的这两个价值目标间的平衡，可以仍然沿用现行反垄断法中的单倍赔偿规则。此外，技术标准制定组织承担反垄断法律责任的行为类型，则能通过借助美国判例所展现的表见代理解释，提供一种较为合适的分析路径。并且，我国反垄断法应明确规定技术标准制定组织的成员以标准制定组织的名义进行垄断行为，标准制定组织应当承担相应的单倍民事赔偿责任。②

综上所述，现阶段学术界对于民事责任的研究主要由原来的单项救济措施论证研究逐步转向合理救济措施的分配。在民事损害赔偿制度方面，在借鉴其他国家和地区的实践基础上，结合我国的国情，从不同的角度论证了三倍损害赔偿、单倍损害赔偿、双倍损害赔偿制度各方面的优劣。如有学者认为三倍损害赔偿制度在法律效果上能产生更强的威慑力，防止法官自由裁量权的滥用，避免法律适用的不一致，能够增加对垄断违法者的

---

① 杨蓉：《我国垄断致损赔偿责任制度的完善》，载《云南社会科学》2014 年第 6 期。

② 林欧：《技术标准制定组织的反垄断法律责任》，载《中国科技论坛》2015 年第 8 期。

起诉和促进反垄断立法目标的实现。① 也有学者认为三倍损害赔偿的运用并非能够弥补所有违法行为都能被发现的缺陷，并且会鼓励无休止的诉讼和骚扰诉讼，给了原告敲诈大额赔偿协商解决争议的权利，会经常威慑有效的、有利于竞争的商业行为。② 从我国反垄断法实施现状来看，反垄断的私人实施赔偿制度已经取得了一定的成果，但是在具体的执法案件中我们也可以看到其中存在的不足。例如，损害赔偿请求的数额不高，而实际获得的赔偿金额更少。

损害赔偿制度的争议严重制约了我国反垄断法私人实施制度的发展。虽然当事人是否提起反垄断民事诉讼可能受多种因素的影响，例如纠纷解决的传统文化、所拥有的经济实力等，但是投入成本、胜诉难度、可获收益三者对比形成的私人诉讼效益应当是这里非常关键的一项权衡因素。在投入成本上：由于反垄断案件的专业性往往比较强，而且诉讼耗时通常比较长，所以需要原告投入的费用高，时间一般都会比较长，不排除部分复杂的案件可能将会耗费上千万元的资金和数年的时间。③ 在胜诉难度上：一方面，原告通常因很难获得相关的行为证据而向法庭进行基础性的举证，这在那些极为隐蔽的核心卡特尔案件中表现的尤为明显；另一方面，"在搭售、价格歧视、拒绝交易等滥用市场支配地位案件中，虽然原告在证明此类行为的存在方面较为容易，但要证明被告的行为违法却并不容易，因为这些行为不属于'本身违法'行为，其合法性需要根据合理法则，即对其进行社会成本与社会收益的比较、分析之后才能作出判断。"④

---

① Antitrust Modernization Commission Report and Recommendation ［EB/OL］.http：//govinfo.library.unt.edu/amc/report _ recommendation/toc.htm.p.245

② Clifford A. Jones and Mitsuo Matsushita, Competition Policy in the Global Trading System, Kluwer Law International 2002，p.213.

③ 黄勇：《中国反垄断民事诉讼若干问题的思考》，载《人民司法》2008 年第 19 期。

④ 郑鹏程：《〈反垄断法〉私人实施之难题及其克服：一个前瞻性探讨》，载《法学家》2010 年第 3 期。

在可获收益上：如前文学者所述，民事损害赔偿仅限于垄断行为造成的直接经济损失，不包括因此造成的间接损失，即便胜诉，法院也最多可以根据原告申请将原告因调查、制止垄断行为所支付的合理开支计入损失赔偿范围。这也就不难解释为何很多垄断行为的受害者往往不愿意进行反垄断民事诉讼，或者除了实力比较雄厚的企业之外很少有人会全力以赴地进行反垄断民事诉讼。可以说，反垄断法规定的民事责任应当对此负有重要责任。可以说，反垄断法规定的民事责任应当对此负有重要责任。反思当前的制度设计，立法在此过于单纯地关注民事权利的常规救济，而忽视了反垄断法的特殊性对实施的独特需求与特别影响。适度增加垄断行为的损害赔偿力度就显得尤为必要。但是在惩罚性赔偿的系数选择上，我们必须稳妥处理有效激励与抑制投机的均衡性。应该视具体情况的不同，采取不同的救济措施，对于群体利益损害严重的情形，原则上应采取倍数制，具体数额的确定应当由法院视具体案情而定；对于群体利益损害较轻微的情形，则可以采取定额制，规定具体的罚款范畴，惩罚力度的大小也应该由法院视具体案情而定。当然，除惩罚性赔偿外，我们也不能排除其他救济措施的行使。

第四节　刑事责任

我国 2008 年反垄断法并未对经营者的垄断行为规定刑事责任。仅对阻碍、拒绝反垄断执法机构审查、调查行为以及反垄断执法机构的工作人员滥用职权、玩忽职守、徇私舞弊或者泄露执法过程中知悉的商业秘密两种情形，规定了刑事责任。但招标投标法及刑法均对情节严重的串通招投标行为规定了刑事责任。针对反垄断法条文中该不该设计刑事责任制度，一直以来都是学术界争论的重点，虽然主张垄断行为入刑的观点在现行反垄断法制定过程中最终没有被立法机构所采纳，但是这种声音并没有在反垄断法实施以后就销声匿迹。近十几年来，不断浮现出来的各种垄断问题反而使得这种呼声似乎越来越高，其中还不乏学术界以外的实务人士。而世界各国的做法也在趋于一致，越来越多的国家在反垄断立法中引入了刑事责任。美国是最早设立反垄断刑事责任的国家，在《谢尔曼法》（1890年）出台之时，其第 1 条和第 2 条中就规定，任何垄断行为如果违背本法规定，就构成轻罪，可以处最高 5000 美元的罚金，1 年以下的监禁，或二者并处。可以说，美国反托拉斯制度自确立之日起，任何自然人和法人的刑事责任随之形成，并成为该制度的一部分，并且在不断的改进完善。根据《谢尔曼法》（1890 年）第 3 条第 2 款规定：如果参与人是公司，将处以不超过 100 万美元的罚款；如果参与人是个人，将处以 10 万美元以下的罚款，或三年以下监禁，或由法院酌情两种处罚并用。2004 年的《反托拉斯刑罚提高暨改革法》规定，对公司违法者的罚金增加到 1 亿美元，个人刑事罚金提高到 100 万美元，最高监禁也从 3 年增加到 10 年。除美国外，还有很多国家和地区规定了公司和个人的双重刑罚制，如日本、韩国、加拿大等。还有些国家规定了仅针对个人的刑事责任，如英国、澳大利亚、法国等。但我们也应当注意到对卡特尔犯罪追究刑事责任的成功率其实很低，复杂的市场动态竞争导致法院取证困难，刑事责任追究难以达到立者的初衷，如英国 2002 年将卡特尔入刑后，至 2015 年只有 1 起卡特尔案件被成功起诉，其余案件多因证据不足而被撤诉。① 对于该不该在我国反垄断法体系中引入刑事责任，如何设计我国反垄断法律的刑事责任制度成为当前我国学术界讨论的一个热点问题。

有学者对反垄断责任体系中引入刑事责任持否定的态度，认为即便是对横向垄断协议或者进一步限缩的横向垄断协议，立法也确实不宜引入刑事责任。从主观动机来看，垄断者的最终目的都是为了取利，只是具体的实现方式不尽相同。对此只要设计有效的罚金制度即可。从追责的机制来看，刑事罚款更加复杂，花费的成本更加高昂。除此以外，行政罚款的性质和刑事罚款的性质在社会影响上有着质的差异，但由行政罚款取代刑事罚款并不会影响反垄断处罚的整体威慑力。并且，即便是横向垄断协议，对其定罪也存在不稳定性。首先，即使是横向垄断协议，至少目前在边界上并不十分清晰。其次，就保持威慑性需要使用的手段而言，刑事责任对

---

① 胡莎：《论卡特尔行为的过度犯罪化》，载《中国刑事法杂志》2015年第 5 期。

此并不是必备的。最后，对此引入刑事责任将会造成威慑过度问题。因此，即便是对横向垄断协议或者进一步限缩的横向垄断协议，立法也确实不宜引入刑事责任，这就更不用说其他类型的垄断行为了。这不仅高度契合慎刑的发展潮流，而且高度契合优化营商环境的发展要求。①

有学者认为从我国目前的反垄断实施现状来看，不应设置刑事责任，认为社会危害性理论仅仅是应然层面上的犯罪标准，与现实中的实践标准并不一致。垄断行为的合法性标准模糊。在反垄断法中，有很大比例的垄断行为的非法与合法标准、罪与非罪的界限是很模糊的；垄断行为中有排除刑事责任规制的理由，如因公共利益的需要、国家发展的需要和特殊行业的规制等原因都可能排除刑事责任的规制；并且严刑并不一定能减少犯罪，会造成威慑过度的问题；垄断行为的规制要考虑社会效果和处罚目的。惩罚的目的是为了平衡市场秩序，维持公平竞争，弥补消费者的损失，刑事处罚并不能达到以上目的。应当着重罚款和赔偿；同时刑法具有的谦抑性原则导致反垄断法设立刑事责任，是需要极其慎重的，刑法应是解决社会矛盾的最后一道防线。但与此同时，其也认为反垄断法非刑事化并不是说违反反垄断法的所有行为都不能受到刑事处罚，而是强调只有其中情节严重的违法行为，才可在刑法中规定相应的制裁。不过为体现慎刑原则，必须严格限制垄断行为构成犯罪的可能性。②

有学者从垄断行为的实施后果、对市场经济秩序的扰乱程度大小、实施垄断行为的主体的主观方面等因素上考量，得出垄断行为"具有应受刑罚处罚性"的结论，认为除了经营者集中以外，其他垄断行为都应当入刑。在进行垄断违法行为犯罪化时，应当设立四个罪名：1. 垄断协议罪；2. 滥用市场支配地位罪；3. 滥用行政权力排除、限制竞争罪；4. 妨

---

① 丁茂中：《垄断行为入刑问题检思》，载《中国市场监管研究》2020年第 11 期。

② 田媛媛：《我国反垄断法中垄断行为的刑事责任问题研究》，载《经济论坛》2016 年第 7 期。

害垄断调查罪。[①]

　　有学者主张部分入刑，认为对垄断行为必须引入刑事责任，但是这应当仅限于核心卡特尔之类易于识别的内容。认为我国《反垄断法》第46条对行业协会限制竞争行为的责任规定十分粗疏，重构责任体系实属必要。我国行业协会限制竞争行为的责任制度不应仅仅限于行政责任，还应当包括民事责任、刑事责任和自律责任。此外，责任追究应当根据行业协会、成员企业以及理事会在组织和实施限制竞争行为中所扮演的角色而应有所区别对待，同时执法机关有权根据行业协会及其成员企业配合检查的态度和情形而宽严相济。虽然对行业协会限制竞争行为刑事责任应当作出规定，但不宜过细和过严。对于处罚最为严重的刑事责任，应当保持谨慎和慎刑的思路，对于公认的限制竞争行为可以规定相应的刑事责任，但对于理论上尚有争议或者实践中主要以合理原则来裁判的行为，以暂不规定刑事责任为好。[②]

　　也有学者认为为了应对日益复杂的情势，以现有罪名规制破坏社会主义市场经济制度的垄断行为，二者目的是一致的。将垄断行为"入罪"并非违背刑法谦抑性原则，而是要在遵循"罪刑法定"原则的前提下，使符合刑法已有规定之行为受到惩处，能使对行为人违法的惩罚达到罪责相当。认为滥用市场支配地位、垄断协议等垄断行为，并故意以停止供货或者其他直接影响交易的行为威胁，强迫交易相对方接受或改变合同条款，情节严重的，应当按照《刑法》第226条强迫交易罪追究刑事责任。在认定垄断行为构成强迫交易罪时，既要符合通常的刑法入罪标准，同时必须以反垄断法对违法行为的定性为前提，确定有关垄断行为能否构成犯罪。[③]

---

　　① 胡剑波：《垄断犯罪立法研究》，中国社会科学出版社2013年版，第176—177页。

　　② 鲁篱：《行业协会限制竞争行为的责任制度研究》，载《中国法学》2009年第2期。

　　③ 徐铭勋：《论强迫交易罪对垄断行为的规制》，载《法学杂志》2018年第4期。

也有学者认为应当谨慎对待垄断行为刑事化，但刑事处罚对于打击垄断行为确是必要的。首先，通常情况下因为卡特尔行为隐秘性强，其排除、限制竞争的效果可能通过多重交易最终转嫁给消费者，终端购买者似乎痛感不强，对此具有较强的容忍态度。其次，金钱给付责任的救济功能非常有限，导致行政责任和民事责任都无法完全制止垄断行为。卡特尔行为入刑并非是金钱处罚的变相形式，而是对该行为法益侵害的刑事报复。再次，我国刑法已有与垄断行为有关的罪名——串通投标罪。从反垄断法的角度，投标人之间的串通行为，就是横向协议行为当中的一种情形。最后，并非所有垄断行为的效果都具有模糊性。虽有部分垄断行为可通过效率抗辩排除反垄断法刑事责任的适用，但是以固定价格、限制产量为代表的核心卡特尔行为违法性恶劣、排除限制竞争明显，完全符合刑法规制的确定性条件。因此，对于反垄断法中设立刑事责任条款应当慎行。即垄断行为的入刑的范畴应当做出明确限定，只针对违法性严重的核心卡特尔的决策者和直接责任人。为了防止刑事处罚范围的扩大，首先，可以通过相关市场营业额来限缩责任的范畴，其次，刑事责任旨在为民事责任和行政责任起到兜底的功能，因此只有在执法机关认定垄断行为成立后没有改正、再次实施核心卡特尔行为的才应启动刑事程序。①

有学者从法经济学的角度出发，认为应适当提高违法成本，引进最为严厉的刑事责任，健全反垄断惩罚性法律制度，促使经济人考虑违法垄断所带来的严重后果，从而达到"不敢垄断"的目的。当然，基于反垄断法的谦抑性，在反垄断法律责任体系中引入刑事责任时，一方面必须严格限定刑事责任的适用范围，只能针对特定的核心卡特尔适用刑事责任；另一方面必须考虑其刑罚制裁的最后手段性、范围的明确限定性，不能滥用刑罚制裁措施。此外，在追究此类垄断行为的刑事责任时，不仅应追究单位团体的法律责任，还必须同时追究个人责任，以此威慑潜在的违法行

---

① 张晨颖：《损失视角下的垄断行为责任体系研究》，载《清华法学》2018年第5期。

为人。①

综上所述，通过仔细梳理近年来有关垄断行为入刑观点的争议，不难发现反对者的理由主要有：首先，人们对卡特尔行为的认识并不清晰，具有较强的容忍态度，只有少数人认为卡特尔行为是犯罪，绝大多数人都认为卡特尔行为是市场竞争的必然结果。其次，对卡特尔犯罪追究刑事责任的成本较高，且成功率很低。现代市场经济的快速发展，导致了市场的动态竞争，经营者之间的垄断行为越发的隐秘，起诉机关难以查找到有效证据证明经营者间的垄断行为。再次，垄断行为效果复杂，难以确定其社会危害性。以经营者集中为例，从短期来看，经营者集中并不会损害消费者的利益，甚至更多时候有利于提高消费者效率，经营者集中提高了社会生产力，降低了生产成本，消费者有可能从中受益。但是从长远来看，经营者集中的影响往往是不确定的。最后，现有的反垄断法律规制已经足以应对市场规制的需求，没有必要在引入刑法规制。

对于主张入刑的观点又可以分为两类：一类是激进派，主张全面入刑；另一类是保守派，主张审慎入刑。其实，综观我国现有的法律制度和实施机制，对垄断行为的入刑也持相对保守的态度。尽管 2008 年反垄断法中并未出现有关垄断违法行为"构成犯罪的，依法追究刑事责任"的字样，但如果构成经济法上的违法，且符合现行刑法条文的明确规定，理应依法按照有关刑法条文规定定罪处罚。即判断一个违法行为是否应当通过刑法规制，不仅要分析该种行为是否在报应上具有正当性，也应当考虑追求预防犯罪的积极意义。"要真正有效地把垄断控制在人们'可容忍'的限度内，不能没有刑罚这把"达摩克利斯之剑"，这是由民事措施、行政措施的弱制裁性与行为人实施垄断能够获得高额垄断利润所决定的。"②但与此同时"过严的责任处罚，未必能够达到维护和促进市场竞争的效果，相反可能因噎废食而严重扼制或损害经营者的竞争积极性，有悖初衷

---

① 王霞、刘珊：《我国反垄断法律责任规制的困境与出路》，载《郑州轻工业学院学报（社会科学版）》2016 年第 2 期。

② 王健、朱宏文：《反垄断法实施问题研究》，法律出版社 2013 年版，第 47—49 页。

——背离了通过反垄断法矫治和维护市场竞争的目的。"① 并且卡特尔行为的刑事制裁具有高度的可替代性，对理性的经营者，大部分的处罚和威慑可以通过民事责任和行政责任实现，刑罚作为最后的保障措施并不一定需要。② 同时，有研究表明，人们对卡特尔行为具有较强的容忍态度，只有少数人认为卡特尔行为是犯罪，甚至有人认为组织卡特尔是"人之常情"。③ 因此，如果贸然全面地在反垄断法中设置刑事责任制度，可能会导致出现较为严重的滥刑问题，不利于我国竞争文化的营造。反对垄断行为入刑的观点所担忧的问题应当被合理重视，而对此进行逐步摸排客观需要一个试验过程。新修改的《反垄断法》第 67 条规定的"构成犯罪的，依法追究刑事责任"，只是扩大了原《反垄断法》第 52 条、第 54 条设定的刑事责任主体范畴，应是援引性条款，而不是所谓的"反垄断法刑事责任条款"。当然，第 67 条的规定应是开放式的，不排除严重垄断行为者入罪的可能。基于罪刑法定原则，垄断行为入罪需要刑法明确规定犯罪的构成要件。而且，垄断行为的入罪，需要设定严格的条件，应仅限于严重的垄断行为。因此，反垄断法刑事责任的适用仍应坚持本身违法原则，不宜将其进行扩大化解释。

---

① 金善明：《论垄断行为入罪化的限度》，载《北京工业大学学报（社会科学版）》2017 年第 6 期。

② 李国海：《论反垄断法中的慎刑原则：兼论我国反垄断立法的非刑事化》，载《法商研究》2006 年第 1 期。

③ 胡莎：《论卡特尔行为的过度犯罪化》，载《中国刑事法杂志》2015 年第 5 期。

第二章　反垄断刑事责任基础论

　　法律规范的效力以法律责任作为保障，没有法律责任的存在，法律规范既不能得到很好的遵守，也不能得到严格的实施。反垄断法能否得到有效落实，也与法律责任密切相关。反垄断法律责任是指因违反反垄断法规定的法律义务而应承担相应的民事责任、行政责任以及刑事责任等不利法律后果的行为。反垄断法律责任制度构成了反垄断法的重要内容，反垄断法实体规范之所以能行之有效，很大程度上取决于法律责任的科学合理设置。反垄断法一方面要通过刑事、行政、民事等法律措施，防止垄断行为的发生；另一方面还要注意疏堵结合，为企业的合理并购与不断扩大市场份额的市场经济行为提供保护，促进企业在市场经济中不断向前发展。即有"市场经济宪法"之称的反垄断法不仅要发挥法律的威慑效应，预防和制止垄断违法行为破坏市场有序的竞争环境；还要发挥引导作用，培养企业的社会责任感，倡导竞争文化，促进市场的健康发展。

　　从 20 世纪末开始，各国政府和企业纷纷抓住经济全球化、市场统一化的经济发展趋势，积极开拓国际市场，在某种程度上容忍并鼓励了垄断企业的产生和发展。在政府方面，各国政府为支持本国企业的发展，默认了垄断行为的滋生和培育，甚至为垄断行为走向国际市场提供便利条件；在企业方面，各国企业通过并购、重组、联合等手段，延长生产线、扩张销售领域、提高市场竞争力，力求更多地占有市场空间，逐步向垄断企业转型。20 世纪末以来，世界范围内发生了五次跨国并购热潮，许多行业在国际经济领域形成寡头垄断，其直接后果就是增加了各国产业特别是中小企业的生存压力，损害了市场的竞争秩序。在这种背景下，各国的反垄断政策必须首先以国家利益为重，考虑企业行为对整个国民经济的影响。法律作为上层建筑中的一种形式，需要服从国家利益，因而反垄断法在规范垄断行为时，不得不考虑国家利益的影响。一方面，各国普遍把法律作为支持经济社会发展的一种手段，通过立法、执法、司法等途径，为企业发展营造良好的条件，规范违法行为，保障企业的健康发展。另一方面，反垄断法要严格限制垄断行为，营造公平竞争的市场环境，最大限度地减少企业转向垄断的可能性。刑事责任作为法律责任的一种，显然也要服从这一理念，既要对垄断者施加刑罚制裁，最大限度地防止滥用垄断行为的发生；同时也要遵循谦抑原则，只有其他法律不足以制止垄断行为时，才介入刑事处罚。正如德国学者罗克辛所说"法益保护并不会仅仅通过刑法得到实现，必须通过全部法律制度的手段才能发挥作用。在全部手段中，刑法甚至只是应当最后予以考虑的保护手段，也就是说，只有在其他解决社会问题的手段——如民事诉讼、警察或者工商管理规定等非刑事惩罚——不起作用的情况下，它才允许被使用"①，即刑事责任的适用也应保持审慎的态度。并应保持刑罚与垄断行为的社会危害性相适应原则，尽量降低对企业发展造成的负担，促进市场经济的持续健康发展。

第一节　反垄断刑事责任与民事责任、行政责任的比较

由于各国经济发展阶段、垄断蔓延趋势、立法价值取向以及反垄断政策等因素存在差异，导致各国反垄断法中法律责任的种类或多或少都存在一定的差异。但从总体上看，反垄断法中的法律责任主要包括民事责任、行政责任和刑事责任，各责任间相互联系、相互作用，形成一个有机系统保障反垄断法权威的落实。

反垄断民事责任制度旨在通过追究违法犯罪人的民事责任来解决私人主体之间的侵权纠纷，以补偿垄断违法行为受害人的损失，保护自然人、

---

① ［德］克劳斯·罗克辛：《德国刑法学　总论》，王世洲译，法律出版社 2005 年版，第 23 页。

法人的民事权利和制裁垄断违法者。① 其最早见于美国 1890 年的《谢尔曼法》，主要途径是诉讼，主要救济方式是损害赔偿和禁令。但由于传统上将反垄断法视为公法范畴，反垄断法律责任多数主要追究公法责任，而对私法上的民事责任在许多国家和地区都未受到足够重视。譬如，自《罗马条约》生效以来的半个世纪，欧盟竞争法都没有规定垄断行为的民事责任。直到 2005 年，欧盟委员会才通过白皮书的形式，要求欧盟各成员国通过国内立法的形式，对违反欧盟竞争法的行为追究民事责任。另外，垄断行为侵犯的主要法益是社会公共利益，即自由、公平的竞争秩序，对个人利益的损害主要是对公平竞争机会的损害，这种损害虽然具有财产性，但这种损害具有非即时性，或者较难用金钱衡量。即使是现实损害，也难用金钱来衡量，受害人与法院难以确定这种损害与垄断行为之间是否存在真正的因果关系。在这种情形下，个人被认为不具有民事诉讼上的适格性，不能提起诉讼，也就无法通过民事责任的方式予以救济。民事责任对于垄断行为受损失方主要是以经济补偿的方式进行，而对于具有垄断实力的垄断者来说，经济惩罚相比垄断收益，其威慑力较弱，惩罚性效果并不明显。②

反垄断行政责任制度是执法机关以国家强制力为后盾，依照法律的授权对任何从事垄断的自然人、法人或其他组织通过发布停止违法行为的禁令，征收数倍于违法所得的罚款，甚至吊销营业执照等方式，对损害社会公共利益的垄断行为进行行政制裁。③ 追究行政责任对于遏制垄断行为而言，较之追究民事责任的方式更为有效。但是这种效果如果遭遇地方保护，就会大打折扣。尤其是在"唯上不唯下""上下如一家"的机关体制下，受行政执法"父爱"主义的影响，行政责任的追究容易出现相互包

---

① Donald I. Baker, *Antitrust and Politics at the Justice Departm ent*, 9 J. L. & Pol. 291（1993）.

② Sherman Act, ch. 647, 26 Stat. 209（1890）（current version at 15 U. S. C. §§1 – 3（1994））.

③ Robert L. Rabin, *Federal Regulation in Historical Perspective*, 38 Stan. L. Rev. 1189, 1218 – 1220, 1225 – 1228（1986）.

容、互不作为的现象。有时政府出于对利税大户企业，尤其是本土企业的保护，出于维护地方利益和部门利益的考虑，行政执法机关总是不太情愿动用严厉的行政制裁手段处理垄断企业，甚至还有可能进一步为垄断企业提供帮助。所以，对垄断企业追究行政责任在我国的表现也是相当有限的。因此，需要进一步引入更为严厉的制裁手段来保障反垄断法的实施，而刑罚作为法律保障的最后手段，开始逐渐被引入反垄断法领域。如果垄断行为已经达到犯罪的程度，就应当对其追究刑事责任，因此世界大多数国家和地区，对垄断都规定了刑事责任。①

反垄断刑事责任就是指垄断行为人因违反反垄断法及刑法的相关法律规定，实施了严重危害市场秩序的行为，从而构成犯罪所应承担的刑事法律后果；或者也可以表述为：反垄断刑事责任是指垄断违法行为人因实施垄断犯罪行为而应当承担的必须受到刑事制裁的法律责任。刑事责任具有惩罚性和伦理责难性，这种特有功能是民事责任、行政责任所不能替代的。对于那些构成垄断犯罪的行为而言，承担民事责任和行政责任，并不能免除其刑事责任。② 即便在那些注重从伦理道德角度责难垄断行为的国家，譬如美国，刑事责任都是其反垄断法律责任制度的重要组成部分。

一、反垄断刑事责任与民事责任的比较

在法律责任领域，刑事责任和民事责任的性质迥然不同，反垄断刑事责任和民事责任也存在明显的差异。

（一）性质不同

反垄断刑事责任是一种公法责任，是违反刑法规范导致产生刑事制裁

---

① 郑鹏程：《论垄断罪的依据、构成与刑事责任》，载《河北法学》2003 年第 3 期。

② Donald I. Baker, *To Indict or Not to Indict: Prosecutorial Discretion in Sherman Act Enforcement*, 63 Cornell L. Rev. 405（1978）.

的必然性法律后果。① 反垄断刑事责任具有现实性和必然性。反垄断民事责任是一种私法责任，是违反私法规范可能导致产生民事制裁的可能性法律后果，其民事责任的法律后果即民事制裁具有可能性和或然性，尽管反垄断民事责任构成要件具备，但如果双方当事人通过和解或协商仲裁的方式解决了纠纷，受害方答应不追究对方的责任，那么就不必然导致民事制裁的产生。两种性质不同的法律责任也决定了其强制力的区别，作为公法责任的反垄断刑事责任的强制力较民事责任更明显，反垄断刑事责任一旦产生，刑事诉讼程序就会启动，公权力通过侦查、审查起诉、审判等程序，依法追究垄断者的法律责任，这种责任不会因为双方和解而减免，也不会因为垄断者的补偿而撤销，这种强制力是以国家机器的暴力性所决定的，个人的主观意志并不能决定这种强制力的发生或消灭。且国家司法机关一旦做出追究垄断行为者刑事责任的生效刑事裁决，就必须在法定期限内执行和实施。刑事责任具有不可免责性和不可协商性，垄断行为是否构成垄断犯罪，是否需要追究刑事责任，受到何种刑事处罚，都是由刑事法律明文规定的。除非经过一定的法律程序由国家司法机关作出撤销案件、不起诉或免除刑事处罚的刑事裁决，否则包括利益受损方在内的任何个人或组织都无权要求免除垄断者的刑事责任，也不能决定违法犯罪者应该接受何种方式的刑事处罚。而作为私法责任的反垄断民事责任的强制力远远没有刑事责任所体现得那么明显和直接。是否主张垄断行为者承担民事责任，在多大程度和范围内承担民事责任，是否减轻或免除垄断者的民事责任，利益受损方即受害人的意见是非常重要的，有时甚至能起决定性作用，只有受害人主张了，且垄断行为者不配合、不执行，国家的强制力才能体现出来。基于此，有些违法犯罪者为逃脱法律的制裁，可能会采取暴力的手段强迫或胁迫受害人做虚假意思表示，受害人的合法权益难以得到有效保护，甚至产生新的违法侵害。

（二）产生条件不同

反垄断刑事责任不以特定受害人、特定损害后果为条件，而是以在实

---

① Stephen Calkins, *An Enforcement Official's Reflections on Antitrust Class Actions*, 39 Ariz. L. Rev. 413, 428 (1997).

质上具有严重社会危害性，形式上符合犯罪构成要件成为承担责任的依据，这是构成犯罪并承担刑事责任的必要条件。① 根据我国刑法学上的犯罪构成"四要件说"，即一个犯罪行为必须同时符合犯罪客体、犯罪客观方面、犯罪主体和犯罪主观方面的条件，该项犯罪才能成立，不以存在特定的受害人、特定的损害后果为构成要件。而反垄断民事责任的产生首先需要有特定的利益受损方、有现实的损害后果或者损害后果虽未发生但已处损害的危险状态，且损害后果与行为人的行为存在因果关系。只有先符合这个首要条件，反垄断民事责任才有产生的基础，否则反垄断民事责任不可能产生。在此基础上，还必须有受害人决定追究垄断行为者的民事责任，并将这种决定付诸行动，提出明确的民事诉讼，且在民事诉讼过程中没有主动放弃诉讼请求且法院给予认定的情况下，反垄断民事责任才真正产生。②

（三）功能不同

惩罚是对自由、财产乃至生命的剥夺，法律惩罚是国家以强制力作为后盾，运用公权力对违法犯罪行为进行的一种制裁手段，这种强制措施以公开性、公认性为主要特点，在审判方面进行公开，在审判负面效果方面具有公认性③。反垄断刑事责任直接体现了国家对违法垄断者的法律惩罚，其最主要的功能是惩罚性。通过适用反垄断刑事责任，依法限制或者剥夺包括垄断者的财产权、自由权及其他权益在内的各项合法权益，对违法垄断者形成威慑。特别是以自由权为主的人身权被限制或剥夺，对垄断者而言其惩罚是非常严厉的，将对垄断者的生产经营和生活带来巨大影响和压力，因此刑事惩罚的震慑力相对于民事责任而言更为强大。而垄断民事责任最主要的功能是补偿，其他作用都是相对次要和补充的，即通过垄

---

① Stephen J. Squeri, *Government Investigation and Enforcement: Antitrust Division and the Federal Trade Commission*, 42 P. L. I. Antitrust Law Institute 689, 803 (2001).

② Donald I. Baker, Barbara A. Reeves, The Paper Label Sentences: Critiques, 86 Yale L. J. 619, 1977, 623.

③ 王立峰：《惩罚的哲理》，清华大学出版社 2006 年版，第24页。

断者承担垄断民事责任的赔偿责任，弥补因垄断行为而受损方的合法权益，从而使合法权益得到最大程度的救济和恢复。反垄断民事责任要达到的最主要目的是补偿受害人的损害，以受害人保护为原则来实现补偿。需要说明的是，除较容易计算的直接损失外，垄断行为所造成的损害多表现为破坏有序的市场竞争环境，如限制交易、阻碍市场进入、强迫市场退出等，这些损害难以被"物权化"，其实际损害难以计算。因而法律通常通过停止损害、恢复原状等行为性措施来进行救济，但这些救济行为通常因客观不能而不符合等价赔偿原则，当事人的合法权益难以得到有效救济，因而民事赔偿的作用相对较小。且补偿的前提条件是受害人受到了实际损害，如果没有受到损害，其民事责任不可能产生；补偿的额度以实际损失为限，垄断行为的方式或情节轻重并不是考量标准；补偿的范围在绝大多数情况下只针对受损方的经济损失，只有在特殊情况下，经过法定程序认定，才可以对受害人的人身利益、精神损害进行赔偿。[①]

（四）承担对象不同

反垄断刑事责任主要是国家对国家利益和社会公共利益的维护，是因为垄断行为侵犯了公共利益，必须向国家承担的法律责任，这与向受害人承担的民事责任并不能相互代替，也不存在冲突。[②] 因此，在适用反垄断刑事责任时，涉及罚金、没收财产等财产刑，需要通过法定程序将收到的财产上缴国库。而在民事责任中，法律调节的是平等主体之间的关系，垄断者需要向受害人承担赔偿责任，补偿所得通常归提起民事诉讼的个体，由垄断行为者向利益受损方支付财产，只有不履行支付义务时，国家司法机关才会强制执行，受损方最终所得个人财产与国家无关。且由于垄断行为所造成的损害具有显著的"涟漪效应"或"伞形效应"，即其危害后果

---

①　Gary R. Spratling, *Making Companies an Offer They Shouldn't Refuse*. Presentation at the Bar Association of the District of Columbia's 35th Annual Symposium on Associations and Antitrust (Feb. 16, 1999). http: //www. usdoj. gov/atr/public/speeches/2247. html.

②　E. g. , David A. Balto. Antitrust Enforcement in the Clinton Administration. 9 Cornell J. L. & Pub. Pol'y 61, 65 (1999).

不但直接作用于同一层次的多个、多种相对人，而且像涟漪一样向不同层次传递。① 垄断民事侵害的对象具有不特定性，反垄断民事诉讼的原告资格通常较难确定。

（五）价值取向不同

刑法惩罚行为者的主观恶性与道德义务遵守有关，道德评断增强了刑法的权威性。② 反垄断刑事责任的设置体现了法律对垄断行为者的主观恶性最强烈的否定性法律评价与价值取向谴责，也是国家最为明显的道德评价。而反垄断民事责任通常来源于民事侵权法，其核心仍是私权自治原则，各国的反垄断民事责任构成也基本上延续了传统民事责任构成的基本内容。虽然普通的民事责任有时也体现对民事违法者的否定评价，但在反垄断领域，民事责任没有刑事责任那样强烈地体现出这种否定评价的价值取向，反垄断民事责任法律评价的关注点更在于对利益受损方的补偿，道德方面的否定或谴责因素体现得并不明显。③

（六）承担形式不同

反垄断刑事责任和民事责任的认定，适用不同的诉讼程序，刑事责任认定适用的是刑事诉讼程序，而民事责任认定适用的是民事诉讼或者刑事附带民事诉讼程序。不同的诉讼程序决定了不同的责任形式，刑事诉讼程序保障了刑法的实施，刑罚的种类决定了刑事责任的范围，主要对人身和财产进行惩罚，比如，限制或剥夺垄断行为者的人身自由，或对其处以罚金等。而民事责任的承担形式主要是一种财产责任，是一种金钱上的补偿，并未强调对违法行为的制裁与惩罚，是一种损害赔偿责任。

---

① 郑鹏程：《〈反垄断法〉私人实施之难题及其克服：一个前瞻性探讨》，载《法学家》2010 第 3 期。

② ［英］丹尼斯·罗伊德：《法律的理念》，张茂柏译，联经出版事业公司 1962 年版，第 56 页。

③ F. Joseph Warin. U. S. Department of Justice：Criminal Antitrust Prosecutions：1994 – 1998. 1999，3 – 7.

二、反垄断刑事责任与行政责任的比较

在反垄断法律责任体系中，刑事责任和行政责任具有一定的相似性，都属于公法责任，都具有公法责任的一般特征和性质，都由国家强制力来保障实施，虽然惩罚程度不同，但都具有一定的惩罚性，惩罚举措也具有一定的相似性，然而在否定性评价和制裁方式上，反垄断刑事责任均比行政责任要严厉得多。①

（一）产生的条件不同

刑事责任成立的前提是垄断者实施的垄断行为符合垄断犯罪的构成要件。按照刑法和刑事诉讼法的规定，只有少数情况下针对垄断犯罪情节轻微且不需要判处刑罚就能得到救济的垄断行为，司法机关才能依法作出不起诉或免予刑罚处罚的决定，否则某垄断行为只要符合垄断犯罪的构成要件，垄断行为者就应当承担刑事责任。反垄断行政责任根据垄断产生过程中是否有行政权力的干预，可将垄断划分为经济性垄断行政责任和行政性垄断行政责任。② 经济性垄断就是通常意义上的以企业为主体实施的垄断行为，如达成垄断协议、滥用市场支配地位、经营者过度集中等行为。为了遏制这种垄断，尽快恢复市场自由公平的竞争秩序，维护社会公共利益，行政执法机关对垄断企业会适用反垄断行政责任。如果垄断企业拒绝接受或者不配合行政机关的调查处理，或不执行行政机关的命令，垄断企业也会产生相应的行政责任。如在新修改的《反垄断法》中第62条大幅提升了拒绝、阻碍调查行为的罚款数额和处罚力度，以解决实践中有关单位和个人不配合反垄断执法调查的突出问题。行政性垄断的行政责任是政

① Gary R. Spratling, *Making Companies an Offer They Shouldn't Refuse: The Antitrust Division's Corporate Leniency Policy—An Update*, Address Before the Bar Association of the District of Columbia's 35th Annual Symposium on Associations and Antitrust (Feb. 16, 1999) http://www.usdoj.gov/atr/public/speeches/2247.html.

② Mark A. Cohen & David T. Scheffman, *The Antitrust Sentencing Guidelines: Is the Punishment Worth the Cost?*. 27 Am. Crim. L. Rev. 331, 335 - 36 (1989).

府部门作为市场主体的监管者，但出于行业垄断、地方保护和强制交易等动因的影响滥用行政权力。比如，发布行政规章、命令、决定来限制经营者的市场准入，排斥、限制或者妨碍企业间公平竞争的行为而产生的责任。对于这种特殊形态的垄断行为的规制，主要采取行政制裁为主的责任追究形式。① 我国新修改的《反垄断法》第 54 条新添了行政性垄断调查中有关单位或个人的配合义务，"反垄断执法机构依法对涉嫌滥用行政权力排除、限制竞争的行为进行调查，有关单位或者个人应当配合。"对拒不配合反垄断执法机构调查的单位或个人，应当依法追究其法律责任。相反，对积极配合反垄断执法机构的单位或个人，可依法对其法律责任作出减免。

（二）追责的主体与程序不同

反垄断刑事责任的有权追究主体，只有国家侦查机关、检察机关和审判机关，其他组织和个人都没有追究反垄断刑事责任的权力。由侦查机关、检察机关、审判机关严格按照刑事诉讼程序，依次经过侦查环节、公诉环节和审判环节进行追究，对垄断犯罪主体适用刑事责任。反垄断行政责任的追究主体除了反垄断行政执法机构，还包括其他依法享有行政责任追究权或获得合法授权的主体。如我国在 2018 年以前，反垄断行政实施具有"两层面 + 三机构"的特点（"两层面"是指反垄断公共实施分为中央实施和地方实施两个层面，在中央层面，由商务部、国家工商行政管理总局、国家发展和改革委员会分别行使各自的反垄断职能，在地方层面，则由地方政府相关部门负责。"三机构"则是指商务部、国家工商行政管理总局、国家发展和改革委员会），存在"九龙治水"的困局。且垄断行政责任的追究程序没有刑事责任严格和规范，主要是依据行政法以及相关法律法规进行追究，有时也可依据行政诉讼程序进行追究。②

（三）实现的形式不同

反垄断刑事责任是反垄断制裁的最终手段，只有在行政责任和民事责

---

① 郑鹏程：《行政垄断的法律控制研究》，北京大学出版社 2002 年版。

② 沈开举、王钰：《行政责任研究》，郑州大学出版社 2004 年版，第 83 页。

任都不足以惩罚和威慑垄断者时才采用，其实现形式主要是限制人身自由的人身罚和剥夺财产权利的财产罚。反垄断刑事责任的实现形式尽管严格，但与反垄断行政责任相比，在处理复杂多样的垄断种类时，其实现形式仍显单一。而种类繁多的反垄断行政责任更能够适合各种垄断违法行为。反垄断行政责任形式多样，可以是反垄断执法机构依法采取相应措施责令垄断行为者停止违法垄断行为；可以是运用强制性措施责令垄断者采取措施恢复到原有竞争状态；也可以将违法垄断者所获得的反垄断收益收缴国库；还可以在民事损害赔偿、没收违法所得之外，进行行政罚款；亦可以暂时或永久性剥夺垄断者某些经营活动的资格；抑或是通过向社会通报或公告垄断者的违法行为以及所受行政制裁的方式以对其声誉和名誉造成不利影响等。①

第二节　反垄断刑事责任设置的必要性

垄断行为主要是指实际支配市场或占优势资源地位的垄断状态，同时也包括一些实质性限制或阻碍市场公平自由竞争的行为。刑事责任所惩罚的垄断行为，其基本特征是刑事违法性和应受刑罚惩罚性，既可能是已经发生的垄断状态，也可能是正在进行的垄断行为，但重点针对的是那些对自由公平市场竞争秩序产生实质性损害且违反垄断法的垄断状态与垄断行为，即并不是所有的垄断状态和垄断行为都会被追究刑事责任。② 在垄断状态与垄断行为之间，各国反垄断法大都认为垄断行为的违法性、危害性、应罚性比垄断状态更为严重，更需制裁，因此针对垄断行为的制裁形式比制裁垄断状态更为多样、严厉，特别是针对关乎国民经济健康发展的重点领域的垄断行为往往设置最严厉的责任制度（即刑事责任制度）进

---

① 史际春：《反垄断法理解与适用》，中国法制出版社 2007 年版，第129 页。

② Gary S. Becker, *Crime and Punishment：An Economic Approach.* 76 J. Pol. Econ. 169（1968）.

行规制。

刑罚是一种最严厉的法律制裁手段，是否在反垄断法中设置刑事责任，以及如何界定刑事责任的范围和方式，一直是一个有争议的问题。从世界主要国家和地区的反垄断立法来看，美国认为可以对垄断行为实施刑罚制裁，而大多数欧洲国家更倾向于通过民事、行政措施预防和制止垄断行为。在司法实践中，随着理论研究的深入，越来越多的学者赞同把刑事责任作为垄断者需要承担的一种法律责任纳入反垄断体系中，同时越来越多的国家和地区正在积极增加防止垄断现象的手段，而刑事制裁就是一个颇受欢迎的选择。① 应该说，这在反垄断法律责任形式方面，也是一种国际发展趋势。我国新修改的反垄断法增加刑事责任条款符合现实需求。

一、反垄断刑事责任的评价标准

对于反垄断法是否应当引入刑事责任，不同的人基于不同的视角有不同的回答，可谓见仁见智。一些人认为垄断犯罪的社会危害性理论仅仅是应然层面上的犯罪标准，与现实中的实践标准并不一致，且严刑并不一定能减少犯罪，会造成威慑过度的问题，主张不应在反垄断法中引入刑事责任。一些人从垄断行为的实施后果、对市场经济秩序的扰乱程度大小、实施垄断行为的主体和主观方面等因素上考量，得出垄断行为"具有应受刑罚处罚性"的结论，主张反垄断法应当引入刑事责任。也有一些人认为对垄断行为必须引入刑事责任，但应当仅限于核心卡特尔之类易于识别的内容。② 实际上，对于反垄断法是否应当引入刑事责任，应基于反垄断法现有的实施效果理性地、历史地和全面地去看待。

（一）理性地看待

理性地看待反垄断法是否应当引入刑事责任，意味着我们首先要弄清

---

① Edward A. Snyder, *The Effect of Higher Criminal Penalties on Antitrust Enforcement.* 33 J. L. & Econ. 439 (1990).

② 徐铭勋：《论强迫交易罪对垄断行为的规制》，载《法学杂志》2018年第4期。

楚人们对于反垄断法实施效果的期待是否属于反垄断法本身所能解决的问题。在我国反垄断法的立法准备阶段，不少媒体、学者和公众都积极地建言献策，期盼该法的实施能够有效地预防和制止垄断，保护相关权益人的合法权益免受非法侵害。为保护反垄断法权威性的有效落实，在立法草案中也规定了反垄断刑事责任制度，但基于各方考虑，最终还是未能成型。虽然主张垄断行为入刑的观点在反垄断法立法制定过程中最终没有被立法机构所采纳，但是这种声音并没有在反垄断法实施以后就销声匿迹。近十几年来，不断浮现出来的各种垄断问题反而使得这种呼声似乎越来越高，其中还不乏学术界以外的实务人士，最终综合各方考虑，在新修改的反垄断法中又增设了反垄断刑事责任条款。我们需要明确反垄断法确实是反对垄断，维护和促进竞争的，但并不能解决所有的垄断问题。垄断分为垄断状态和垄断行为。对于垄断状态（地位），虽然反垄断法的很多规定都与其有关，但是垄断状态本身一般是不违法的，各国的反垄断法通常也不反对正当垄断地位的获得。我国反垄断法还专门规定了"国有经济占控制地位的关系国民经济命脉和国家安全的行业以及依法实行专营专卖的行业，国家对其经营者的合法经营活动予以保护"。并且我国的反垄断法所规定的制裁措施也没有分拆具有垄断地位企业的规定。因此，希望通过刑事责任的增设打破铁路、烟草、食盐等领域的垄断局面实际上是反垄断法实施所不能承受之重，因为这些问题主要由国家的产业政策或者其他的经济政策才能解决。

垄断行为是反垄断法直接规制的对象，世界各国的反垄断法律对此都作出了明确的规定。我国反垄断法明确规定的垄断行为包括经营者达成的垄断协议、经营者滥用市场支配地位以及具有或者可能具有排除、限制竞争的经营者集中三类。这些规定对诸如经营者单独或者共谋实施垄断高价等行为有制约作用，但是指望通过反垄断法的实施能让中石化、国家电网等国企降价是不切实际的，因为这些产品或者服务是实行国家定价的，不是市场经营者自主定价的行为，因此执行这种国家定价行为本身也不受反垄断法调整，也就不存在实施反垄断法是否能降低国有垄断行业定价的问题了。再者，即使是实施反垄断法现有的规定，也还存在一个规定本身不够完善（特别是执法机构、执法程序制度和法律责任制度）和不够具体

（现实操作性不强）的问题。尽管有很多垄断问题不是反垄断法所能解决的，但是刑事责任的制定为反垄断法的救济途径提供了新的选择。正如上文所述，反垄断法不能调控垄断状态，不能干涉垄断国企的市场定价，但刑事责任的设置能为其增设"达摩克利斯之剑"，通过双罚制，追究垄断行为人的责任，防止其滥用市场经济权利。且相较于行政责任而言，反垄断刑事责任在否定性评价和制裁方式上都要比其严厉得多，能更好地制裁垄断，预防垄断。即尽管反垄断法本身所具有的这些问题导致其实施效果很难满足绝大多数公众的期望，争议问题不断也是反垄断法实施的常态，但刑事责任的增设能在一定程度上减少这种争议。

（二）历史地看待

历史地看待我国反垄断法是否要增设反垄断刑事责任，意味着我们要从历史进程和历史背景来认识反垄断法的实施效果。与很多法律制度特别是民事法律制度相比，反垄断法属于新兴的，甚至有些"另类"的法律制度，有学者称之为"高级的市场经济的法"，其实施往往受到特定的社会环境、经济形势等因素的影响。

事实上，很多国家的反垄断法也都不是一颁布就得到严格实施的。例如，被公认为世界上第一部成文反垄断法的1890年美国《谢尔曼法》，在其颁布后的20年才开始得到严格实施，真正发挥其维护市场竞争秩序的作用；日本在美国占领下于1947年制定的《禁止垄断法》也是直到20多年后才得到比较严格的实施，其刑事条款的落实更是由于各方原因而无限后延。当然，这并不意味着我国的反垄断法也要等到一二十年后才能得到真正的实施，但这至少说明在我国反垄断法颁布实施才15年的时候来全面评价它还为时尚早。不过，关于是否应当增设反垄断刑事责任条款，这一点是可通过历史的观点来看待的。我国反垄断法的实施开始于2008年8月，恰逢席卷全球的金融危机，特殊的历史背景一般是不利于反垄断法的严格实施的。因为在金融危机的背景下，为了稳定和振兴经济，维护社会公共利益，反垄断法往往需要做出某些调整。鉴于此，我国反垄断法立法之初才未设置刑事责任条款。此外，我国目前的竞争文化也不利于反垄断刑事条款的实施。我国的传统文化是不重视竞争的，更加强调的是"和谐"和"协调"。传统文化的影响往往使得经营者对于固定价格等违反反垄断法的行为缺乏一种文化上和道德上的排斥心理。这也就不难解释为何在国外经营者非常隐秘的卡特尔行为（如垄断协议）在我国立法之初往往是公开进行的，也不难理解像微软、英特尔等真正的行业垄断者对自己的垄断地位避之不及，而我国的一些高市场份额却未达到垄断地位的企业竟公然宣布要"进入垄断"或者大肆宣传自己的市场占有率全国第一！正是基于竞争文化的缺失，我国反垄断法的修改才进一步确认了竞争政策的基础性地位，强调鼓励创新的执法目标，刑事责任条款才进一步得到增设。因此，反垄断法刑事责任的实施不仅仅是法律的、经济的问题，也同时是社会的、文化的问题。

（三）全面地看待

全面地看待我国反垄断法刑事责任的实施，意味着我们需要从各个不同的视角来看待反垄断法的实施，而不仅仅只看其"有形"的实施。

反垄断法的实施是作为反垄断法所确立的制度规则在社会经济生活中得以实现的活动，是反垄断法律规范通过一系列制度和机制从"书本上的法"转化为"行动中的法"的过程。反垄断法实施的具体形式和方法并不是单一的，而是多种多样的，基于特定环境的不同，反垄断法的实施也具有多样性。通常而言，基于法实施的一般分类，反垄断法的实施方式基本上可归纳为反垄断法的遵守（守法）、反垄断法的执行（以行政实施为主）和反垄断法的司法适用（司法），它们在反垄断法的实施中各有其作用和特点。其中，守法是通过社会主体的自主性与积极性，以及法律机制（包括激励机制、处罚机制、强制机制等）的促进作用，自觉地按照法律的相关规定约束自己的行为，从而使法律得以实施的活动，它通常不需要通过国家机关的介入和强制力量来保障反垄断法的实施，是反垄断法实施最符合经济效益的途径，也是最理想的实施形式；行政实施和司法均通过国家机关的介入和强制力来实施反垄断法，只是行政实施具有主动性和单方性，而司法适用则具有被动性、消极性和交涉性。由于法作为一种基本社会规范的特征之一便是得到国家强制力的保障或者依靠国家强制力保证实施。因此，运用国家权力进行的行政执法和司法活动在法的实施中具有非常重要的地位和作用，是更容易被感知的或者说是"有形的"法的实施方式。

从全面的角度来看待反垄断刑事责任的实施，不仅要看到刑事责任制度对反垄断守法的保障作用，还要看到刑事责任对反垄断行政执法和司法的威慑作用。保证执法和司法的有效性、权威性和强制性是反垄断法实施的基本要求。但是，法具有国家强制力并不意味着法律规范的实施都要求依靠国家强制力进行，国家强制力的运用程度实际上取决于法律规范所反映的社会上大多数人的利益和愿望的程度以及人们认识自己利益的程度。与运用国家强制力和公共资源的行政执法和司法相比，人们自觉地遵守法律是法实施成本最低、最理想的方式。反垄断刑事责任的设置让经营者通过法律规定明确其行为的规范性，增强了反垄断法的威慑力，减少了垄断犯罪行为的发生，实现了自愿遵从的最大化与国家强制的最小化，更有利于反垄断法的实施。当然，任何法律都不可能完全依靠当事人的自愿服从，也不能完全依靠习惯性服从乃至社会性强制服从，国家强制服从即带有国家强制力的执法和司法活动仍然是法实施的重要形式和有效保障。反垄断法的立法基础源于阶段性的市场经济状况，经济状况的不同必然会导致反垄断法律文本所蕴含的概念发生变化，反垄断法作用的有效发挥依赖于实施机关在相关法律的适用过程中明确说明法律的适用权限。尤其是反垄断法所涉及的反垄断执法机构、执法程序、法律责任的追究、宽恕政策的适用以及法院的反垄断审判（尤其是垄断民事纠纷案件的审判）和反垄断法的域外适用等都有其自身的特点。反垄断刑事责任的增设不仅延续了我国对于市场经济犯罪的规制，还完善了反垄断法律责任体系的建设，提高了反垄断法的执法效率，增强反垄断法的威慑力。即从总体上看，我国的反垄断法已经初步发挥了其规范市场竞争行为，维护自由公平的市场竞争秩序的作用，但与当初人们的期待相比仍然有较大的差距。这种差距既有期待超出实际的情况，也有实施本身不够理想的情况，反垄断刑事责任的增设能最大限度地满足人们对反垄断法的期待，达到反垄断法实施的应有效果。

二、反垄断刑事责任的应刑罚性

垄断行为因规制对象的不同可划分为经济性垄断行为和行政性垄断行为，而无论是经济性垄断，还是行政性垄断都具有显著的社会危害性，都应受到刑法的处罚。简言之，非法垄断行为直接破坏了自由、公平的市场竞争环境，损坏了市场经济发展的公平进路，通过对消费者个体利益的损害进而升级到国家利益、整体利益和社会公共利益的损害，其损害后果具有不特定性，应受刑法的处罚。

竞争和市场经济具有密切的关系，是市场经济发展到一定阶段的必然产物。市场经济以承认经济理性人为前提，鼓励多个主体平等参与市场经济活动，为引入市场竞争奠定了现实基础。当竞争发展到一定阶段时，就容易产生垄断，即市场经济具有滋生垄断的内在因素，如果不加强管理，市场经济发展到一定阶段必然会出现垄断。但在垄断的初级阶段，垄断规模还不足以大到控制市场价格、不具有显著的优势地位，不久就会被其他同类竞争者所超越，因而初级阶段的垄断行为类似于不正当竞争，其社会危害性并不大，并没有引起人们的重视，刑法的可罚性相对较弱。但随着市场经济的不断发展，垄断者的市场势力在不断增强，市场支配地位显著提高，这时垄断者的滥用行为具有显著的社会危害性，危害范围在不断扩大，应受刑法的处罚。现代经济学理论一般认为，可根据垄断的不同层次划分不同的责任承担方式。第一种是违反职业道德或公认的行业规则的垄断行为。这种垄断行为获取的利润一般会稍微高于正常竞争水平的利润，但其持续时间并不长，因而其社会危害性不大，不会招致严厉的法律惩罚，但可能受到道德的谴责，即可能招致道义上的责任，这种责任设计通常表现在垄断的初级阶段。第二种是违反经济法律规范的垄断行为。这种行为具有一定的社会危害性，但危害程度相对较轻，为一般的反不正当竞争违法行为，通常可以通过给予民事、经济、行政的制裁予以制止，这种责任设计通常表现在垄断的发展阶段。第三种是严重损害社会公共利益的垄断违法行为，即垄断犯罪行为。① 这种行为的危害性具有领域广、程度深、持续久的特点，市场经济比较成熟的国家基于社会危害性和应受刑罚处罚性，都设置了刑罚措施，这种责任设计通常表现在垄断的成熟阶段。当然，基于立法的滞后性，法律责任的设计通常也具有滞后性，通常通过

---

① Michael K. Block, Optimal Penalties: *Criminal Law and the Control of Corporate Behavior*, 71 B. U. L. Rev. 395, 400, 409 (1991).

司法实践活动来引导法律制度的变革，因而，有时在立法变革中，会同时将三个层次的法律责任进行修改或设计，以期满足实践中执法的需求。

垄断"是良好经营的大敌"①，是自由资本主义社会的"头号妖魔"②。垄断的社会危害性体现在诸多方面。下面就具体表现形式进行说明。

第一，垄断行为对普通消费者生活的影响。这种负面影响最明显表现在消费者购买商品的自由度降低，从而增加了生活成本、加重了生活负担，造成了普通民众的生活质量降低，最终导致社会利益的整体受损。特别是在关乎国计民生的行业和领域，比如，日用品、食品、药品等领域，这些物品都是群众基本生活中必不可少的，无论垄断企业制定多么昂贵的价格，消费者都别无选择，只能进行购买。其直接结果是导致大部分人生活水平下降，甚至一些人因为买不起生活必需品而陷入贫困不得不寻求国家救济，加重国家负担。同时，在垄断行为发生过程中，社会资源进行了不合理的转移，这种不合理性主要表现在社会财富由普通消费者向垄断企业的转移、转移方式不科学、转移规模庞大、转移前景不确定等。广大消费者向垄断企业支付了远远高于商品价值的价格，不对等的价值交换导致垄断企业能很快聚集起一批财富，为维护垄断地位，进而利用巨额财富创造更加不对等的市场交易环境，造成富者愈富、贫者愈贫的不合理现象。成千上万的民众为垄断行为埋单，成为受害者，用微薄的收入支撑起垄断企业惊人的利润。同时，当垄断企业发展到一定阶段，可能不仅只关注经济利益，还可能向制定规则和行使公权力转移。大的垄断企业完全可以利用其在某一个行业的影响力，制定该行业的规则指南，通过规则制定把自己的优势地位合理化、合规化，通过滥用优势地位限制其他市场主体进入该行业，或者以打击其他竞争对手为手段发展壮大自己，从而在该行业"一家独大"，由游戏的参与者转变为游戏规则的"制定者"。当发展到一

---

① ［英］亚当·斯密：《国民财富的性质和原因的研究》，郭大力、王亚南译，商务印书馆1972年版，第140页。

② ［美］约瑟夫·熊彼特：《资本主义、社会主义与民主》，吴良健译，商务印书馆1999年版，第168页。

定阶段，垄断企业可能就不仅仅是只满足自己在经济领域的垄断地位，转而寻求政治地位的提高，插足公权力、寻找利益代言人，在更大的范围内为巩固自身地位制定公共政策，促使政府作出有利于垄断企业的决策。①如果社会和经济按照这种模式发展下去，垄断财阀的出现难以避免，贫富悬殊、社会混乱、经济崩溃的局面就在所难免，这是每一个执政者都不愿看到的。

第二，垄断行为对市场竞争秩序的破坏。在有垄断的行业或者市场中，传统的价格与价值之间的对应关系存在严重失灵，各种资源不能按照市场规律科学地实现配置，市场对资源配置的基础性作用减弱，导致社会财富聚集在少数人手中，社会总体利益进一步下降。垄断企业由于能够获取超额利润，从而不再过多地注重提高技术、降低成本、改善劳动环境等科学有序的方法参与市场竞争，而是想方设法地参与公权力寻租，尽力维持垄断地位。消费者的选择性大大降低，不得不花费更多的资源和价格购买商品，原本有序的市场竞争环境受到破坏。在垄断的氛围中，市场主体减弱了竞争的动力，整个社会失去了活力，人们不再积极进取、精神面貌萎靡不振，这对国家和社会来说都是一种退步。在缺少市场竞争的环境中，社会的生产率会变低，物质财富会逐渐减少，消费者缺少货比三家选择商品的自由，甚至有可能侵害到消费者的生存发展权，这种减少市场竞争的行为造成的严重后果，比一般的不正当竞争行为更具社会危害性。同时，提到垄断，还绕不开行政垄断的问题。大多数垄断行为的发生，都和政府对经济活动的不当干预和控制具有一定的关系。公权力的过多介入混淆了政府和市场的关系，形成权钱交易、官商勾结、地方保护，对正常的市场竞争造成致命危害，腐蚀了社会秩序。②

第三，垄断行为的危害性还体现在对公权力的腐蚀。垄断企业主要通

---

① Jeffrey S. Parker, *Doctrine for Destruction: The Case of Corporate Criminal Liability*, 17 Managerial & Decision Econ. 381 (1996).

② Cindy R. Alexander, *On the Nature of the Reputational Penalty for Corporate Crime: Evidence*, 42 J. L. & Econ. 489, 498 – 99 (1999); Block, supra note 142, at 411 – 14.

过减少、限制竞争对手而获取垄断利润，这种高额利润会促使垄断企业采取非法手段打击破坏竞争对手，造成生产水平下降、经济萧条无活力、资源配置不到位，市场经济发展无序等。特别是垄断企业具有畸形发展的动力和超速发展的能力，如果对其不加以限制，就可能在某个行业、某个地区、甚至整个国家出现具有支配地位的垄断企业，控制该地区市场经济的发展。到了那个时候，垄断行为的危害就不仅发生在经济领域，而是利用资本优势腐蚀公权力，控制国家权力运行，严重影响国家经济、社会、政治安全，这对于一个地区，甚至一个国家来说都是一场不可承受的灾难。① 不可否认，垄断行为的确有可能对市场竞争、消费者权益保护，甚至国家利益、社会利益的保护产生积极影响，但应当明确，这样的积极效应存在阶段性（可能在垄断初期会降低产品的市场价格，保护某个地区或国家某个行业市场企业的发展等），从总体来看，垄断行为的弊大于利，因而应对其进行合理规制。

简言之，垄断行为和市场经济公平竞争的核心要求是背道而驰的，它违背了诚实信用的基本原则，打击了其他市场生产经营者的积极性、损害了消费者的合法权益，如果任其发展，就有可能损害到国家和社会的整体利益。近几年来，随着市场经济的蓬勃发展，市场竞争的不断加剧，我国也陆续出现了一些垄断行为，反垄断监管的重要性日益凸显。在地域方面，东部、中部和西部地区都有垄断企业，只是规模和程度的大小存在差异。特别是在东部沿海地区，一些市场经济发展较早、市场活跃度较高的地区，垄断行为较为明显。在行业方面，服务业、工业、商业等行业都出现过垄断行为，尤其是新兴的数字经济行业更是垄断行为的重灾区。在企业性质方面，与西方国家不同，我国的垄断主体不仅涵盖外资公司、合资公司、私营公司，更多地表现在国有企业和集体企业。在行为方面，一些企业通过制假售假、虚假宣传、权钱交易、垄断协议等方式，进行大范围、长时间的控制市场价格、扰乱有序的市场竞争环境，这些都是正常的

---

① Jeffrey S. Parker & Raymond A. Atkins, *Did the Corporate Criminal Sentencing Guidelines Matter? Some Preliminary Empirical Observations*, 42 J. L. & Econ. 423, 443 – 46 (1999).

市场经济所不具备的垄断元素，其不仅损害了消费者的权益，还造成了整个社会经济秩序的混乱和道德风尚的沦丧。比如，一些具有自主知识产权、合法经营的企业，被大量的冒牌货、仿制品所侵扰，市场销路逐步萎缩，商品信誉遭到严重破坏。个别垄断企业与公权力勾结在一起，运用公权力寻租形成地方保护主义、行业保护主义、企业保护主义，限制其他市场竞争主体的参与，维护自身一家独大的垄断地位，严重腐蚀了公共权力的廉洁性，给党和国家的形象造成不可挽回的重大损失。① 也有一些企业利用劳动力成本低廉等出口优势，把伪劣产品出口到国外，扰乱了正常的对外贸易秩序，对中国制造品牌造成了很大的负面影响。所有这些现象都表明，垄断行为不仅是市场经济的"顽疾"，也是广大人民群众切身利益的重大隐患。如果不及时对此进行预防和打击，就有可能会严重损害我国经济社会的健康发展。

各国政府都深刻认识到垄断行为的危害性，并对此高度警惕。长期以来，各国政府在采取多种措施鼓励市场竞争、防止滋生垄断行为的同时，还加大市场打击力度，特别是严厉打击制裁寡头垄断行为，取得了积极成效。② 而从我国经济发展情况来看，我国市场经济总体起步较晚、发展时间不长，虽然在某些行业出现了垄断现象，但总体尚未发展到也不可能发展到寡头垄断阶段。但这并不表明可以对垄断行为掉以轻心，垄断企业发展极快，稍不注意就会迅速壮大。最近几年，我国处于向工业化、城镇化、信息化、国际化转型的关键时期，市场发展变化较大，在某些领域已经出现了垄断的苗头，并严重危害了消费者的合法权益，破坏了有序的市场竞争环境，阻碍了我国市场经济的转型。比如，我国的房地产行业就出现了严重的垄断现象。在一些城市，主要房地产开发商形成价格合谋，由最先进入该市场的开发商指定价格，其他开发商以默示的方式追随该价格进行市场定价，从而形成实质意义上的操纵价格。而处于垄断地位的开发

---

① Bruce H. Kobayashi, *Deterrence with Multiple Defendants: An Explanation for "Unfair" Plea Bargains*, 23 Rand J. Econ. 507, 508 (1992).

② Edmund W. Kitch, *The Nature and Function of the Patent System*, 20 J. L. & Econ. 265, 266, 277 (1977).

商往往宣传的典型观点是"房价过高是由地价引起的，地价的不断上涨拉升了房价"，这种观点具有明显转移社会矛盾的意图，让政府扩大建设用地的供应量。但在缺乏充分竞争的市场环境下，即便政府增加土地供应量，或者降低地价，垄断开发商仍然有理由维持较高的房价水平，仍然可以找到诸多借口转移房价上涨矛盾。即在一个垄断的房地产市场环境中，政府的让利行为不可能惠及百姓，而只能被开发商收入囊中，垄断的最终受害者仍然是广大的人民群众。因此，导致房价居高不下的罪魁祸首仍然是垄断的市场环境，垄断行为破坏了有序的市场竞争环境，提高了售房价格，阻碍了政府宏观调控，造成人房矛盾日益突出。同时，由于处于垄断地位的房地产商占有了大量的土地资源，而土地资源具有稀缺性。因此，从某种程度上来说，房地产市场的失灵会威胁到国家安全。房地产市场仅是一个缩影，从我国市场经济的发展阶段来看，垄断行为正在不断发展和上升，如不及时制止，就可能导致经济发展由稳中求进向经济发展过热转变，价格由结构性调整转变为通货膨胀，这需要引起党和国家的高度警觉。一方面需要政府加强宏观调控，从整体上保障市场经济平稳健康发展；另一方面也要加大对垄断行为的打击力度，完善反垄断法律责任制度的建设，特别是将具有严重社会危害性的垄断行为作为犯罪处理，用刑罚的手段来制裁垄断行为。

一般认为，只有具备以下三个要件，才可以评价为应受刑罚处罚性。一是刑罚制裁要有效果。在犯罪行为中，并不是所有的犯罪嫌疑人都可以通过刑事责任进行矫正，比如针对精神病人、丧失行为能力人，刑罚就达不到应有的效果。从垄断行为的性质来看，大多是由具有较大控制力、较高智商的人实施的，都具有明确的辨别能力，刑罚能够对其发生作用。二是刑罚要具备谦抑性。刑罚是一种最严厉的处罚手段，如果一个违法行为能够通过赔礼道歉、和解、罚款等方式进行制止，则可以不介入刑罚处罚。从垄断行为的后果来看，对消费者、社会和国家都造成了巨大的损害，其自身扩张的意愿非常强烈，民事责任、行政责任的作用甚微，有必要通过刑罚予以制止。三是刑罚要具有经济性。刑罚的实施也是有成本和收益考量的，此处的经济性是指成本与收益的辩证关系。如果实行刑罚的成本远低于垄断行为对社会造成的危害，或者实施刑罚给社会带来的收益又远大于垄断行为的利益，则刑罚处罚是有必要的，反之则要考虑是否施加刑事责任。其实，垄断行为的不良后果是非常巨大的，执行刑罚的成本不可能超过垄断的负面效应，从这个角度考虑，对垄断行为进行刑罚制裁符合经济学原理，具有应然性。①

三、反垄断刑事责任的可行性

在反垄断法律责任中设置刑事责任，用刑罚的手段制裁垄断行为，不仅要在应然上具备合理性，还应当在实然上具备可行性，在实践中能够被理解、被接受、可操作、行得通。简言之，反垄断刑事责任的设计应当符合大众的预期，满足实践中执法的需要，符合最优制裁手段的成本考量。

垄断行为发展到今天，手段和方式越发的具有隐秘性，危害范围越发的扩大化。随着垄断程度的不断提高，垄断的跨区域性成为常态，以前的垄断行为往往只在一个地区具有独占地位，但现在的一些垄断企业可能控制一个国家的经济命脉，甚至控制整个行业在全世界的发展，获得的高额垄断利润往往是十几个中小国家或地区财政收入的总和，其经济影响力和政治影响力都是在不断扩大的。因而垄断行为越来越复杂，对社会的危害越来越大，对市场的破坏作用越来越严重，反垄断监管越发困难。面对这样大规模的集团式犯罪，民事责任和行政责任的威慑力太低，显然是力不从心的，效果并不良好。没有刑罚这把"达摩克利斯之剑"，垄断行为很可能失去控制，成为社会的梦魇。在分析垄断行为的刑事责任时，人们常常从经济性出发对比行政处罚与刑罚的成本收益。客观来说，无论是执法程序的烦琐性，还是实施成本的大小，刑事责任都比行政责任要大得多。因此，只有在刑罚的威慑性远远高于行政处罚的情形下，才有充分的理由对垄断行为施加刑事责任。然而实际情况却是面对越来越严重的垄断行为，民事责任和行政责任根本起不到应有的作用，只能依靠刑罚的监禁

---

① John C. Coffee, *Jr.. Understanding the Plaintiff's Attorney: The Implications of Economic Theory for Private Enforcement of Law Through Class and Derivative Actions*, 86 Colum. L. Rev. 669, 681 n. 36 (1986).

刑，从性质上提升法律责任的威慑性。监禁刑的突出特点体现在强烈的威慑性，同时还有强大的惩罚性，这一点在美国的司法实践中已得到体现。

美国是现代反垄断制度的发源地，也是通过刑罚手段制裁垄断行为的典范国家。它不仅对本土企业的垄断行为进行严厉的制裁，还将其刑事责任制度扩展适用到了在外国发生但对美国经济产生实质影响的市场经济活动中。1997 年的 Nippon 案①就是其中的典型一例。Nippon 案中的被告 Nippon 公司是一家日本企业。美国司法部指控该企业与某些不知名的企业合谋固定全北美传真纸的价格，这些传真纸通过日本贸易公司销往美国。美国司法部认为，Nippon 公司的这些活动损害了美国消费者的合法利益，并对美国的经济产生了不利影响，遂将 Nippon 公司起诉至联邦地区法院，请求法院判决被告有罪。联邦地区法院认为，反垄断刑事诉讼不具有域外适用的效力，驳回了美国司法部的指控。但第一巡回上诉法院认为，针对事实上的域外行为只要实际影响了美国，判例法已建立了适用其情况的民事诉讼制度，虽然本案属于刑事案件范畴，但《谢尔曼法》第 1 条不管民事案件还是刑事案件都具有域外适用的效力。自 Nippon 案之后，美国的反垄断机构已对来自 6 大洲的 25 个不同国家的公司进行了反垄断调查。

毋庸置疑，任何一个主权国家是不会轻易让美国官员将本国的企业家抓到美国去接受审判的。早先，许多国家和地区对美国的做法都持敌对态度，② 并采取了外交抗议与立法阻挠等措施进行抵制。外交抗议主要包括在竞争执法官员之间的双边或多边磋商中发表评论制止域外审判，高级政府官员递交外交通知与抗议书等。抗议直接指向美国行政部门与司法部门等。立法阻挠有"阻却"法（"blocking" statutes）和"赔偿金索还"法（"clawback" statutes）两种形式。赔偿金索还法为某些在外国反垄断诉讼中已经支付的损害赔偿创设诉因。最早制定阻却法的是加拿大，主要是指试图在外国反垄断诉讼中阻止本地证据开示，或规定某些外国反垄断判决

---

① United States v. Nippon Paper Industries，109 F. 3d 1（1st Cir. 1997）.

② Chris Noonan. *The Extraterritorial Application of New Zealand Competition Law*，22 NZULR 369（June，2007）.

在一个国家的法院是不可实施的。在 1947 年美国政府试图从一个美国公司的子公司加拿大纸业公司手中获取垄断材料之后，魁北克、多伦多就颁布了阻却法（《魁北克商业相关记录法》《多伦多商业纪录保护法》），禁止违反公共利益提供相关文件给外国政府。此外，还有英国 1980 年颁布的《贸易利益保护法》，澳大利亚于 1976 年、1979 年分别颁布的《外国诉讼程序（禁止某些证据）法》《外国反垄断裁决（限制实施）法》等都属于阻却法。这些法律的颁布反映了对美国反垄断域外适用的强烈不满。然而，美国政府并未因此感到不满，而是将其掌握的跨国企业如何相互勾结、合谋损害消费者的证据向各国政要展示。各国政要在看了这些证据后，不仅不再反对美国的刑事制裁，不再反对美国反垄断法的域外适用，还纷纷在自己的反垄断法律制度中引用了刑事制裁。因此，反垄断刑事制裁的适用范围在日益扩大，广受世界各反垄断立法国家和地区的青睐，成为反垄断法律责任制度的重要组成部分。这表明，通过刑罚手段制裁垄断行为不仅是必要的，而且是可行的。

第三节　反垄断刑事责任制度的理论基础

反垄断刑事责任的制度建设除具有刑罚的应罚性和可行性外，还需从反垄断法的角度出发进行理论检视。通常认为经济法所调整对象的本质特征是社会公共性[1]，而有着"经济宪法"之称的反垄断法是为了预防和制止垄断行为，促进市场公平竞争秩序而建立的，但随着垄断行为日渐复杂化和隐秘化，以执法来弥补立法的不足成为当前各国反垄断法实施的普遍选择。我国新修改的反垄断法仅 70 个条文，基于立法严谨性和法律权威性的考虑，每个条文的规定过于原则化，不可能事无巨细，即便后续陆续出台相应的配套法规、指南，但对于日常活跃的市场行为而言，反垄断立法总是存在一定的"滞后性"。实体规则的原则性和不确定性，导致反垄

---

[1]　王保树、邱本：《经济法与社会公共性论纲》，载《法律科学》2000年第 3 期。

断法要想发挥有效作用，必须依靠反垄断法律原则的指引和程序规则的保障。因此，反垄断刑事责任是否可行，前提是除符合一般的基础法律原则外（法律威慑理论、法律价值理论、刑罚谦抑理论等），还应符合反垄断基本法律原则（反垄断公平竞争理论与效率理论）的指引。

一、法律威慑理论

关于法律责任在社会治理中的功能，理论界和实务界有许多不同的观点。有学者认为法律责任的主要功能是补偿，即补偿被害人合法权益遭受的各种损失，弥补违法犯罪行为所撕裂的社会关系；有学者认为法律责任的主要功能是预防，即通过设置并公布法律责任，让行为人形成心理上的预期，按照正常的规则行事，警戒违法犯罪者；也有学者认为法律责任的主要功能是报复，通过施加负面评价手段，让行为人对自己的行为付出应有的代价等。尽管理论界和实务界对法律责任的功能认知至今仍众说纷纭，但有一种功能是理论界和实务界所公认的，那就是法律责任对于违法犯罪行为具有威慑作用。威慑是指通过威胁使对方感到恐惧而愿意听从于自己的安排，法律上的威慑则是指通过法律责任的合理设置及有效实施，警戒行为人的行为，让其遵循法律规定行事。根据作用对象不同，威慑可分为特殊威慑和一般威慑，特殊威慑可以使已经犯罪的人不再犯罪，一般威慑使企图犯罪的人认识到犯罪的成本大于收益，从而放弃犯罪。民事责任中的补偿、赔偿是一种威慑，行政责任中的高额罚款、吊销许可证件、限制从业等也是一种威慑。但相对于刑罚而言，民事责任和行政责任的威慑作用都是较低的，特别是在巨大利润的驱使下，这两种责任可能都不足以威慑垄断行为的发生。刑罚在法律责任中的威慑作用是显著的，相当于悬挂在垄断者头顶的"达摩克利斯之剑"，能够最大限度地威慑垄断行为、预防和制止垄断行为。被誉为近代资产阶级刑法学鼻祖的贝卡利亚曾指出，法律存在之主要目的在于威慑再犯。因而在研究反垄断刑罚的功能时，威慑理论是一个无法回避的课题，在相当长的一段时间内，人们都把威慑作为刑罚的主要目的，认为刑罚不仅能够威慑已有犯罪，还可以威慑其他人实施相同的犯罪行为。

通过设置法律责任预防、减少和打击垄断行为是国际社会的一个共识，通常认为，法律责任在打击垄断中的最大作用就是威慑。无论是美国、欧盟还是其他国家，无论是民事责任、行政责任还是刑事责任，都在于通过法律责任构建起一道威慑垄断的体系。① 美国学者波斯纳曾经说过："一个救济体系的基本目标是威慑人们不敢违反法律。"② 这和美国的实际情况是一致的。在美国，政府通过执行反托拉斯法，对垄断行为进行打击，除实施一般的民事责任和行政责任外，还强化垄断者的刑事责任，把主要责任人关进监狱，对垄断者和潜在的垄断者都起到了很好的威慑作用，警告行为人遵守法律、合法经营。在欧盟，一般通过对垄断者处以高额罚款的方式，剥夺行为人获得的垄断利润、损毁垄断者的垄断能力，同时威慑其他市场主体不得实施相应的垄断行为。③ 在英国，立法者修订了《2002 年企业法》，对卡特尔行为引入了刑罚处罚手段，其目的在于加重对垄断行为的打击力度，对企图从事限制竞争、控制价格的垄断者起到了很好的威慑作用。不可否认，通过反垄断刑事责任的设置，强化了反垄断法的威慑效应。

当然，无论是在理论还是实践领域，都有人反对通过施加刑事责任制裁垄断行为。比如有学者认为，垄断的本质是一种市场行为，只要对垄断者处以较大数额的罚款，就能达到减少垄断行为的目的。在实践中也有很多国家采取了此种态度，通过强化行政罚款取代反垄断刑事责任的作用，如欧盟第 17 号条例规定，对于涉嫌垄断的企业，政府可以处以上一营业年度销售总额 10% 以下的罚款。这一规定试图通过罚款的方式打击垄断

① F. Hoffman – La Roche, Ltd. v. Empagran, 124 S. Ct. 2359 (2004).

② 参见［美］理查德·波斯纳：《反托拉斯法》，孙秋宁译，中国政法大学出版社 2003 年版。

③ James M. Griffin, *The Modern Leniency Program After Ten Years*：A Summary Overview of the Antitrust Division's Criminal Enforcement Program. Address at the Ritz – Carlton Hotel, San Francisco, California (12, August 2003). http://www.usdoj.gov/atr/public/speeches/201477.html.

行为，目前受到了越来越多的批评。① 因为这种数额的罚款对于巨额的垄断利润而言简直是九牛一毛，垄断收入远远大于垄断者的违法成本支出，对垄断行为起不到相应的威慑作用。即便是支持通过罚款限制垄断行为的学者，通常也认为这个比例太低，不足以威慑垄断行为人。他们认为，罚款的数额必须和垄断利润具有关联性，需要达到违法收入一定的程度，如果非要用比例的话，这个数字应该是100%。也就是说，罚款数额要达到目前水平的十倍以上，才有可能发挥作用。但是，对垄断企业处以这么高的罚款，在实践中是很难执行的。第一，垄断公司的销售额并不是被公司完全占有，其中的一部分要通过工人工资、企业所得税、股东分红等形式从公司分流出去。同时从立法论来看，没收违法所得是对违法行为损害结果的补偿，让违法垄断行为无利可图；罚款则是在没收违法所得的基础上，进一步对违反法律规定的经营者实施的惩罚，二者是并罚的关系，并不能相互取代。但由于垄断行为越发的隐秘和复杂化，垄断公司的违法收入可能难以计算，可能出现"以罚代没"的现象。并且大多数公司的营业额要比其资产总额要高，也就是说，即使公司把所有的资产都变卖并上缴罚款，也可能无法达到应缴数额。这样的结果容易导致大部分垄断公司破产，这与反垄断法的立法初衷相悖。第二，对垄断公司处以高额罚款，影响的不仅仅是公司的利益，还可能会变相损害国家、社会公众以及消费者的利益，比如公司受到反垄断高额罚款导致股票价格下跌，股东、债券持有人、公司债权人的资产就会严重受损。公司上缴的税收将会锐减，影响政府财政收入。公司也可能会将罚款成本转移到产品价格上，提高市场产品的价格，对消费者造成额外负担。第三，对垄断行为施加销售额100%的罚款，是不完全符合法治社会普遍认为的公平正义、权责利相适应的基础理念的。② 在欧盟，一般认为，无论是民事责任、行政责任还是刑事责任，责任的大小都要和行为的危害性达到一定的比例，责任太小达

① William M. Landes, *Optimal Sanctions for Antitrust Violations*, 50 U. Chi. L. Rev. 652（1983）.

② John M. Connor, *Robert H. Lande. How High Do Cartels Raise Prices? Implications for Optimal Cartel Fines*, 80 Tul. L. Rev. 513, 519 - 20（2005）.

不到法律威慑效应的要求，责任太大又可能造成新的不公平。虽然提高对垄断行为的罚款具有必要性，但大多数法官都认为年营业额100%的比例还是太高了，严重制约了市场的经济活力。第四，也有学者通过考察美国和我国台湾地区的私人诉讼制度，认为其他市场竞争主体、消费者可以通过向法院提出诉讼，要求垄断者支付三倍损害赔偿来打击垄断行为。但从司法实践来看，民事诉讼三倍损害赔偿也会出现上述弊端，且如果行为人要求过高的赔偿，也可能导致民事诉讼的胜诉率大大降低，反而不利于遏制垄断行为。因此，除了美国和我国台湾地区外，其他国家的私人诉讼制度基本处于初创阶段，并没有建立民事诉讼三倍赔偿机制。尽管我国新修改的《反垄断法》第62条新增了反垄断民事检察公益诉讼制度，但其只是原则性规定，也并未规定民事诉讼三倍赔偿机制，因而，通过提高罚款额或诉讼赔偿的方式来保障反垄断法实施的威慑力从目前来看还存在较大争议，反垄断刑事责任的规定仍是必不可少的。

二、法律价值理论

在诸多法律责任形式中，刑事责任特别是刑罚具有明显的威慑性，不但能够削弱垄断主体的犯罪能力，还可以对其他潜在的类似犯罪嫌疑人形成威慑，使其放弃实施犯罪行为。通常而言，反垄断刑事责任根据责任对象的不同可以分为两种方式，一种是剥夺犯罪嫌疑人收入所得的财产刑，另一种是限制犯罪嫌疑人人身自由的监禁刑。罚金刑对犯罪嫌疑人的威慑作用一方面是把垄断主体获得的非法经营利润收归国有，使得行为人认识到实施垄断行为不能带来任何收益，甚至还要把自己固有的财产缴纳上去，让其减少继续实施垄断行为的动力。另一方面罚金刑具有道德评价功能，当一个公司或企业因为违法犯罪行为而受到执法机关制裁并需要缴纳罚金时，社会就会对这一家公司进行负面评价，认为该公司社会责任感较低，导致该公司的声誉受损，进而影响到该公司的生产经营活动。但是罚金刑也有其不足之处，法律规定的罚金刑一般是固定数额和固定比例，并没有完全考虑行为人本身的经济能力。① 因此，对于经济规模较小的企业而言，罚金刑可能导致其生产经营严重困难，威慑其不敢涉足违法领域，但对于规模庞大、资金雄厚的垄断企业而言，因为有足够的经济能力支付罚金，罚金刑的预防犯罪功能就会严重降低。且很多的罚金刑仅只针对垄断企业主体，并未涉及私人个人，这虽然有利于罚金刑的有效落实，但对垄断行为人的威慑效应明显不足。在这种情况下，很有必要改变制裁方式，一是可以通过增加垄断行为人的罚金刑来进行完善。新修改的《反垄断法》大幅增加了企业罚款数额的下限，提升了罚款幅度，针对尚未实施所达成的垄断协议的情形，将"可以处五十万元以下的罚款"改为"可以处三百万元以下的罚款"。针对行业协会，将"可以处五十万元以下的罚款"改为"可以处三百万元以下的罚款"；细化了垄断协议罚款规则，完善相关规定，"上一年度没有销售额的，处五百万元以下的罚款"；增加针对个人的罚款规则，"经营者的法定代表人、主要负责人和直接责任人员对达成垄断协议负有个人责任的，可以处一百万元以下的罚款"。同时第63条明确规定，违反本法规定，"情节特别严重、影响特别恶劣、造成特别严重后果的"，国务院反垄断执法机构可以在相关规定的罚款数额上，增加两倍以上五倍以下罚款，增加了反垄断法金钱罚的权威性，也为罚金刑的建设提供了样本。二是通过限制垄断行为人的人身自由，来产生更大的威慑效应。通常而言，很多垄断主体在某行业、某领域拥有较高的声誉和地位，非常注重自己的名声。对这类市场主体来讲，罚金刑的作用是微不足道的，但监禁刑通过限制人身自由，形成严重的心理落差，导致违法犯罪者遭受严重的身心摧残来抑制犯罪。并且，社会公众普遍对遭受监禁刑的违法犯罪者评价较低，通常认为被监禁的人都是品德不好的人，这会导致垄断主体产生耻辱感，并且会遭受严重的打击，促使其轻易不敢以身试法。因此，为提高刑事责任的效能，从根本上减少和杜绝垄断

---

① Gregory J. Werden. *Sanctioning Cartel Activity*：*Let the Punishment Fit the Crime.* 5 Eur. Competition J. 19，31（2009）.

行为，就有必要在设置罚金刑的同时，积极发挥监禁刑的制约作用。① 但应当注意的是，监禁刑毕竟侵害到垄断行为人的人身自由，因此其适用必须坚持罪责刑相适应原则，保障严格的程序规范，防止监禁刑的滥用、误用，保障垄断行为人的其他合法权益。

其实早在古罗马时期西方就出现了萌芽状态的反垄断法律规范，如禁止粮食供应商阴谋提高价格的规定等。但因为当时没有相应的立法，对垄断行为进行谴责的标准并不是法律，而是通过淳朴的善恶观念，也就是用道德标准对垄断行为进行负面评价，而道德标准由于缺乏强制力的保障，对垄断者的威慑并不足，对受害者的救济也不够。直到美国南北战争结束后，随着美国市场经济的迅速发展，全国地方性和区域性的市场获得发展机遇和活力，各种市场规则逐步统一完善，全国统一市场开始逐渐形成，这种迅速崛起的经济也为垄断组织的产生和发展提供了便利条件。为刺激经济增长，美国政府也在有意识地放宽市场监管，"管的越少的政府才是负责任的政府"，自由放任经济开始蓬勃发展，垄断成为行业经济发展的必然选择。但随着行业垄断日趋频繁，垄断的弊端开始显现。垄断造成经济集中、竞争失序，处于社会中下阶层的广大消费者为此付出了巨大的生活成本，市场活力也变得不如从前，社会变得动荡不安，国家安全受到威胁。为此，美国政府转变了对市场经济自由放仕的态度，国家由"守夜人"向主动干预市场经济转变。为应对金融危机，解决行业垄断问题，1890 年，美国国会众参两院正式通过了第一部反垄断法《谢尔曼法》即《保护贸易和商业不受非法限制与垄断之害法》，并在反垄断法中设立了刑事责任制度。② 在之后的几十年里，世界各国相继颁布了自己的反垄断法，虽然在反垄断法中设立刑事责任制度的国家为数不多，但随着垄断行为日趋隐秘和复杂化，原有的反垄断责任制度威慑力不足的现象日益凸

---

① Donald I. Baker & Barbara A. Reeves, The Paper Label Sentences: C ritiques. 86 Yale L. J. 619, 621 (1977).

② Mark A. Cohen & Ted R. Miller, "*Willingness to Award*" *Nonmonetary Damages and the Implied Value of Life from Jury Awards.* 23 Int'l Rev. L. & Econ. 165, 166, 179 (2003).

显，反垄断刑事责任的重要性开始显现。直到进入 20 世纪 90 年代以后，越来越多的国家和地区顺应这一趋势，纷纷仿照美国的做法，设立了刑事责任制度积极推进本国或本地区反垄断刑事化进程，大大提高了反垄断法的威慑力。

具体而言，基于法律价值理论的考虑，垄断行为的社会危害性、刑事违法性和应受刑罚处罚性主要体现在三个方面，一是垄断行为的本质就是限制自由竞争、获取垄断利润；二是刑罚制裁的目的是对现有的和潜在的垄断行为形成威慑；三是定罪处罚的前提是垄断行为发展到一定阶段，造成了严重后果。犯罪行为、刑事责任、刑罚是一种递进的关系，垄断行为构成犯罪，就要追究刑事责任，刑事责任的表现形式就是刑罚。刑事责任的追究要求严格的程序保障，相比而言要比民事责任、行政责任更为复杂，司法机关要按照刑法理论的基本要求，认真收集证实垄断行为构成犯罪的证据材料，支撑垄断者的法律责任从民事、行政中挣脱出来，进入刑事责任领域。而根据犯罪"四要件"说，犯罪构成可以分为犯罪客体、犯罪客观方面、犯罪主体、犯罪主观方面，也就是说，要追究垄断者的刑事责任，不仅要求垄断行为在客观上具有社会危害性，在主观上也应当具备非难可能性。在社会危害性方面，垄断行为最大的危害就是通过打击竞争对手，限制了自由的竞争秩序，使得整个经济失去了活力和动力，从而损害消费者权益和社会整体利益。[1] 在垄断的氛围中，市场主体之间的平等地位不再存在，大多数中小企业没有能力和垄断企业进行市场竞争，只能被垄断企业不断压缩利润空间，甚至被驱逐出这个行业。当垄断企业发展到一定阶段，往往就会和公权力发生联系，公权力和垄断企业的结合，必然导致市场经济秩序更加混乱，对消费者的掠夺更加肆意。正常的市场经济必然具备一些关键要素，比如市场主体地位的平等性、竞争的充分性、消费选择的自由性、市场规则的公平性等。在市场竞争充分的条件

---

① Kenneth Glenn Dau – Schmidt, *Criminal Penalties Under the Sherman Act: A Study of Law and Economics. in* 16 *Research in Law and Economics* 25 (Richard O. Zerbe, Jr. ed., 1994) available at http: //papers. ssrn. com/sol3/ papers. cfm? abstract_ id = 712721.

下，各个市场主体可以通过降低成本、提升服务、提高技术等合法手段，形成优胜劣汰的结果。然而当市场发展到一定阶段后，一些大的企业就会通过内部协议等方式，由充分竞争变市场合作，划分市场份额、固定价格，导致市场在资源配置中的基础性作用失灵，消费者不得不接受远远高于商品价值的市场价格，其合法权益受到严重侵犯。更严重的是，垄断行为对社会科技的进步也会造成致命的危害。对垄断企业而言，由于垄断地位带来的高额回报，其本身可能只注重垄断地位的维持，并没有提升科技的动力。对于中小企业而言，由于市场份额急剧萎缩，科技进步不能带来利润的增长，加之大企业"抄袭式开发"或企业兼并，也没有发展科技的积极性。这种情况会造成社会生产力停滞不前或者发展缓慢，整个国家的生产效率也会受到极大的影响，甚至影响到国家安全。即市场经济虽然能够促进市场资源的高效配置、提高生产效率，但也有其自身弊端。比如，市场主体天生具有利己主义，从其经济人理性来看，其是不愿意提高市场竞争程度的，有向垄断行为转化的内在倾向，特别是一旦形成垄断地位，更没有主动接受平等主体市场竞争的可能性。因此，依靠市场经济自身的调节和市场主体的道德法则，并不可能消除垄断现象。

简言之，垄断行为客观上的社会危害性是非常严重的，垄断者获得的利润不是通过提高劳动生产率、提升服务、提高技术等合法手段获得的，而是通过垄断手段排挤其他竞争者非法获得的，不仅损害了市场平稳公平的交易法则，还损害了消费者权益和社会整体利益。同时，垄断者的主观非难性也是存在的，他们明知自己的行为会造成危害社会的结果，而故意或者放任这种后果的发生，应当予以谴责和制止。① 因而，按照刑法上的犯罪构成要件说，垄断行为应受刑罚的处罚。这种特征主要表现在垄断行为的社会危害性极大，通过民事责任、行政责任都无法予以制止，只有施加刑罚才可以有效制裁。

---

① William M. Landes & Richard A. Posner, *Rational Judicial Behavior: A Statistical Study*, 6 - 7, 18, 46 *tbl.* 3 (Univ. Chi. Law & Econ., Olin Working Paper No. 404, 2009), 1 J. Legal Analysis 775 (2009) available at http://papers. ssrn. com/sol3/papers. cfm? abstract_ id = 1126403.

三、刑罚谦抑理论

德国刑法学家耶林指出："刑罚犹如双刃之剑，用之不得其当，则国家与个人两受其害。"① 因此，不到万不得已的时候，都不要施加刑罚手段，刑罚应为权益保护的最后手段，这就是刑罚的谦抑性。日本刑法学理论率先将德文 Subsidiarit sprinzip 翻译成了谦抑原则。② 按照日本现代标准的文意解释，谦抑是指"看到比自己身份低微的人，注意不做出过分的言行举止"③。在其语言渊源的基础上延伸出法学解释的"谦抑"含义，其强调的是国家对个人的节制态度。刑罚的谦抑性是由刑罚本身在法律责任体系中的地位所决定的。需要明确的是，法律是调整社会关系的重要手段，但不是唯一手段。除了法律之外，还有其他的手段可以调节社会关系，如道德手段、情感纽带、强权政治等。相应地，除法律责任之外，道德责任、纪律责任、社会评价责任等都可以对行为人的行为起到一定的指引作用。而即使是在法律责任内部，也可按责任对象的不同将其划分为民事责任、行政责任和刑事责任，各项责任所包含的强制力具有较大的差异，发挥效用的手段也存在较大差异。无可置疑的是，在所有的责任体系中，刑事责任具有最严格的属性，其强制力最强，对违法行为人的惩罚最严重，刑事责任对当事人的人身和财产都做出了极大的否定评价，在某种程度上有着以暴制暴的性质。因此，如果用其他责任条件就能解决社会纠纷时，可不必适用法律责任，能用民事责任、行政责任规制违法行为，就不要选择刑事责任。④

---

① 谢望原：《欧陆刑罚改革成就与我国刑罚方法重构》，载《法学家》2006 年第 1 期。

② 刘淑珺：《日本刑法学中的谦抑主义之考察》，载《刑事法评论》2008 年第 1 期。

③ ［日］金田－京助：《新明解国语辞典》（第四版），三省堂株式会社1989 年版，第 18 页。

④ Robert Bork, *The Antitrust Paradox: A Policy at War with Itself* 66 – 67 (2d ed. 1993).

刑法谦抑性理念已被学术界和实务界所广泛接受。从理论来看，刑法谦抑性理念要求罪责刑相适应原则，在穷尽其他救济途径的情况下，才可采用刑事救济。从实践来说，刑法谦抑不仅要求人们的思维上要有谦抑理念，更重要的是要规范人们的行动，只有经历了从观念认同到实践遵行的完整过程，才能称之为理念践行。刑法谦抑实现的目的是按照一定的规则，控制刑法调控的范围、程度以及行刑的人性化，这种调控具有广泛性，贯穿于刑事诉讼的全过程，而从这个角度来说，刑罚的适用应是法无明文规定不可为，不可逾越法律的界限适用刑罚。而从经济学的角度看待刑罚的实施，应要保障"成本—收益"相一致原则，或者收益应大于成本。国家为实施刑罚，每一个刑事步骤都需要花费大量的人力、物力和财力，刑事立法、侦查、审查起诉、审判、执行都要付出巨大的成本，行为人也要失去最宝贵的自由或相应的财产，因而刑罚的成本是巨大的。尤其是在经济领域，如果当事人之间的纠纷能够通过和解或仲裁等方式解决，即使严重危害了社会利益，如果民事法律和行政法律能够有效调解，则不需要引入刑罚。① 需要注意的是，刑罚的谦抑性是所有行为主体都要考虑的因素，无论是在立法阶段、司法阶段还是执行阶段，行为主体都要坚持谦抑原则，能规定民事、行政法律责任的就不规定刑事责任，能通过罚款达到效果的就不施加刑罚，能通过较轻刑罚进行纠正的就不施加较重刑罚。因而尽管世界各国立法普遍肯定了某些垄断犯罪及其社会危害性的存在，并明确规定了这些犯罪及其刑事责任制度，但是对这类犯罪行为的刑罚规制都进行了极为严格的防控。②

垄断内生于市场经济，是市场经济无法避免的现象，因为市场经济是竞争经济，只要有竞争存在，就会有优胜劣汰，就会有"大鱼吃小鱼，小鱼吃虾米"的现象，最后可能只剩下几条势均力敌的"大鱼"。这是达

---

① J. Thomas Rosch, Fed. *Trade Comm*, *Remarks to the Antitrust Modernization Commission* 9 – 10 (June 8, 2006), available at http：//www. ftc. gov/speechesl.

② William M. Landes. Optimal Sanctions for Antitrust Violations, 50 U. Chi. L. Rev. 652 (1983). L.

尔文"物竞天择，适者生存"的进化理论在市场经济中的体现，不管是在资本主义市场经济中，还是在社会主义市场经济中，都逃不脱市场竞争规则的限制。基于此，政界、产业界、学术界对垄断一直有两种截然不同的看法。为垄断唱赞歌的人认为，垄断可以实现规模经济，提高经济效益，可以从总体上增加消费者福利，可以提高一国企业的国际竞争力；垄断是一种创造性的破坏，颠覆了市场竞争环境，可以刺激创新，促进人类技术的进步。而对垄断唱衰者则认为，垄断是自由企业之大敌，是"强盗"，是巧取豪夺。它使社会财富从消费者手中转移到垄断者的口袋中，使富人变得更富，穷人变得愈穷。它剥夺了中小企业的竞争机会，剥夺了消费者的选择机会，从某种程度上来说，垄断就是一种经济霸权。这种争论在每一国家和地区的反垄断立法中都存在。所以，世界各国的反垄断法，不管是立法、还是法律的实施，都是各种意见妥协的产物，都没有针对全部的垄断行为，而只是针对部分对社会危害极大的垄断行为。目前，世界各国普遍规制的垄断只有三种：限制竞争的协议、滥用市场支配地位、经营者集中。从司法实践来看，即使被纳入反垄断法规制的这三种行为，也不必然导致反垄断法上的责任，因为绝大多数国家的反垄断法都设置了适用除外制度，即对那些虽然违反了反垄断法，但有利于其他社会政策，譬如国家安全、产品安全、环境保护政策实施的垄断行为或有利于市场经济健康发展的垄断行为，可不追究它们的法律责任。另外，反垄断法具有很大的不确定性，这不仅表现在垄断行为难以被发现，而且对同一垄断行为，运用不同的方法进行分析，可能会得出不同的结论，因此反垄断法的实施普遍具有较大的争议。反垄断法的这些特征，要求在追究垄断行为的刑事责任时，必须妥善处理好经济自由与经济公平、个人利益与社会公共利益、国家安全与保护主义之间的关系，即必须坚持谦抑性原则，尽可能地协调好各方利益的冲突。从目前对垄断行为实施刑事制裁的司法实践来看，谦抑性原则得到了较好的贯彻，其主要表现为：第一，只对极少数严重危害市场竞争秩序的垄断行为如价格卡特尔、串通招投标等进行刑事制裁，限定反垄断刑事责任的适用范围；第二，在反垄断刑事制裁中，引入了宽大制度，即对那些能主动坦白垄断罪行的垄断组织，反垄断执法机构可以给予一定的豁免权，从内部突破调查垄断行为，提高反垄断执法效率。

四、公平竞争理论

"公平"这个词有着悠久的历史，同时又具有鲜明的时代内涵。从人类社会产生开始，公平问题就是一个被所有人关注的问题，对公平的追求是每一个人发自内心的愿望。在不同的历史时期，政治学、哲学、伦理学等都对公平进行了研究，作出了不同的诠释，可以说，时代不同、民族不同、文化氛围不同、研究视角不同，对公平的认识也不同。从"公平"内涵的发展历史来看，主要经历了从形式主义公平观向实质主义公平观的转变。形式主义公平观主要发生在古罗马时期和自由资本主义时期，其核心内容是个人本位和自由主义。在古罗马，尽管还存在严重的社会阶层划分，但每一个社会阶层都非常尊重个人权利，把社会最核心的目标定位为个人的权利以及行使个人权利的自由。强调私权的神圣不可侵犯性，每个人都可以充分发挥自身能力，以实现自身利益的最大化。当时的法律从这一实际出发，抽象出理性人的观念，赋予了每个人平等的法律地位和社会交往的资格，一切个人都可以公平地参与市场经济活动，在参与机会上实现平等。在自由资本主义时代，个体的经济实力相对较弱，在整个经济活动中处于弱势地位，且当时的经济规模并不大，市场经济整体呈自由放任状态。如果国家进行干预可能导致市场经济的崩盘，在这种情况下，只需要市场经济发挥自我调节作用，就可以初步实现规范有序。因而这个时期的法律没有过多地介入市场经济活动，只是给予了每个市场主体平等参与市场竞争的机会，市场主体可以根据自身的利益考虑，自由的参与经济活动。① 应该说，在这样的一种经济秩序中，很少存在占据市场支配地位的企业，市场主体能够根据市场价格信号自由地决定进入市场或退出市场，个体的经济利益与社会的整体利益在总体上是一致的，每个主体基本上都

---

① A. Mitchell Polinsky, *Steven Shavell. Should Employees be Subject to Fines and Imprisonment Given the Existence of Corporate Liability?*, 13 Int'l Rev. L. & Econ. 239（1993）.

实现了自身利益的最大化，社会也就实现了总体利益的最大化。因而，国家通过立法、执法、司法的方式，加强对个体权益的保护，在很大程度上也间接保护了国家利益和社会整体利益；加强对公平的保护，也就保护了社会整体规范有序。但从整体来看，无论是罗马时期还是自由资本主义时期，公平体现在机会公平和个体公平，这样的公平只是形式上的公平，给予公众参与市场经济活动的平等地位，并未注意到因个体实力的差距导致的公平竞争失序。

到了垄断资本主义时代，个人本位思想逐步向社会本位过渡，人们对竞争的关注由强调自由竞争转向有序竞争，逐步形成了实质意义上的公平观。究其社会原因，是因为随着市场经济的发展和科学技术的进步，生产的社会化程度越来越高，社会分工成为必然，经济规模逐渐扩大，市场参与主体越发增多，一些企业通过利用技术优势、信息优势、人工优势等，占据了越来越多的市场份额，在某些行业出现了垄断。在这种情形下，自由放任的竞争状态导致市场经济成为弱肉强食的丛林，为维护垄断地位，垄断企业可能采取不正当竞争的行为限制竞争对手参与市场竞争，整个市场经济技术创新动力不足、资源配置科学性差、商品的价格与市场需求产生了距离，市场经济开始逐渐失灵。此外，一些垄断组织或者占据市场份额较大的企业，可能通过优势地位提高价格，变相强迫消费者购买产品，损害了消费者的合法权益。在这种情况下，个体的利益和社会整体的利益已经不能完全保持一致，有的时候甚至南辕北辙，坚持个人主义至上的形式主义公平观已不适应社会经济发展的需要。① 人们开始反思自由主义的弊端，认为在理性主义支配下的个人，很容易为了自己私益的无节制膨胀、发展，甚至不惜牺牲别人的或者社会的利益谋取个人私利，从而产生实质意义上的不公平，破坏有序的市场竞争秩序。经过这一时期的思想争论和社会实践，人们逐渐认识到对市场经济并不能完全放任，开始通过立法手段，建立了一系列市场经济规则，规定了市场主体参与市场竞争的基本法则，确立了良好的竞争秩序。也就是说，从这个时期开始，个人主义

---

① Jonathan Karpoff, John R. Lott. , Jr. . *The Reputational Penalty Firms Bear from Committing Criminal Fraud*, 36 J. L. & Econ, 757 (1993) .

和自由主义开始逐步淡出市场舞台。人们开始相信政府，希望政府建立经济运行制度来提高生活整体质量，并且减少优势企业滥用私权，最终形成了以社会为本位，以过程公平为核心的实质公平观。①

公平观念的发展影响了反垄断立法理念的变革，即由形式公平向实质公平转变，以美国《谢尔曼法》的出台为例进行说明。美国学者谢尔曼指出，内战之后，美国人口数量迅速增长、铁路规模日益庞大、制造业得到快速发展。但是无序的扩张造成了周期性的经济危机，一些大企业家、金融家曝出一个又一个丑闻，社会评价普遍较低。工人、农民等社会底层人员对大企业主等资产阶级日益不满，进而转化为强烈的反对垄断的呼声，这为反托拉斯法的出台奠定了坚实的民意基础。美国学者伯吉斯认为，反托拉斯法的制定是由诸多因素造成的，比如，许多消费者的合法权益在垄断的市场氛围中受到侵害，为保护自身的合法权益，消费者群体普遍要求出台反托拉斯法进行规制；一些中小企业在与垄断企业的竞争中明显处于劣势地位，为谋求发展，获取平等的市场竞争地位，中小企业也普遍支持反托拉斯法的出台；农民和以农业为基础的社会团体在快速工业化、城市化转型中受到排挤，合法权益遭受非法侵害，也要求政府放慢转型速度，更多地关注农业发展；一些国会议员力推通过更高的关税，但又不想被指责为大资本家的代言人，因而主张反对垄断。② 可以说，在推动反托拉斯法颁布的过程中，很多群体形成了统一战线，即使他们之间还存在矛盾，但在反对垄断的意见上具有一致性。"人心齐，泰山移"，众志成城的社会群体最终促成了反托拉斯法的出台。这种立法过程可以解释为，市场主体之间的利益冲突已经无法通过私人途径解决，需要有强制力保障的政府来协调解决，最终只能走向立法，导致实质公平意义上的干预主义和反托拉斯法的产生。

法律是立法者意图的集中反映，是社会群体利益协调的产物，从

---

① William M. Landes. *Optimal Sanctions for Antitrust Violations.* 50 U. Chi. L. Rev. 652（1983）.

② Donald I. Baker. *The Use of Criminal Law Remedies to Deter and Punish Cartels and Bid - Rigging*，69 Geo. Wash. L. Rev. 693（2001）.

《谢尔曼法》以及美国以后的反垄断立法来看，基本上都是在市场经济中处于弱势地位的阶层推动立法，相应的立法自然也就主要体现这一群体的利益。反垄断法主要针对大企业，调整的对象是垄断力的不正当使用，其目的是保护消费者的权益，中小企业不在其调整范畴。① 当然，随着市场经济的发展，小企业也可能成为反垄断法调整的对象。当一个企业市场份额达到一定水平或者联合企业的市场份额达到一定程度，具备对市场的垄断力，那么无论是其直接的垄断行为，还是与其他企业签订的限制竞争协议，都应受到反垄断法的制约。从《谢尔曼法》的实施情况来看，美国政府主要针对的是大型垄断企业。1897 年，美国联邦政府认定火车公会会员协议规定收费价格违反《谢尔曼法》。1911 年，美国标准石油公司因为涉嫌垄断，被判定内部分拆，成为今天的 Mobile、Amocco、Chevron 等数家公司。但需要注意的是，早期的反垄断立法是实践推动的产物，法学理论较为滞后，在立法和司法活动中几乎没有发挥应有的作用。反垄断立法价值取向经常出现混乱，有些条款不但不能提升竞争，反而鼓励了垄断，正是这些情况，促使法学理论不断成长并走向成熟。②

五、反垄断效率理论

刑事责任具有严厉性、严肃性，每一个罪名的设置都需要经过严密论证和精心考虑。通过刑罚处罚的方式制裁垄断行为，绝不是政府的随意之作，更不是为了解决一时之急而采取的一种短期行为，而是有其内在的经济学理论根基，符合反垄断法效率理论的指导。

从经济学的角度来看，美国的经济学者道格拉斯·诺斯认为，可以根据成本—收益的经济学模型，对潜在犯罪行为进行分析，对已有犯罪行为及其法律后果进行判断，提高犯罪学研究的量化程度。③ 在分析犯罪的成

---

① Jonathan R. Macey, *Agency Theory and the Criminal Liability of Organizations*, 71 B. U. L. Rev. 315（1991）.

② Barry D. Baysinger, *Organization Theory and the Criminal Liability of Organizations*, 71 B. U. L. Rev. 341, 341 –42（1991）.

③ Limone v. United States, 497 F. Supp. 2d. 143, 152（D. Mass. 2007）.

本时，必须考虑多样化因素。可以说，被拘留、逮捕、审判、监禁对潜在的犯罪者而言都是不得不考虑的成本，特别是随着司法公开水平的不断提高，这种成本变得显而易见，成为行为人实施犯罪行为所不得不考虑的因素。即收益应当大于违法成本支出，否则潜在的违法犯罪者一般情况下不会做"亏本买卖"。而在司法实践中，并不是每一个犯罪行为都会被发现，也并不是每一个犯罪嫌疑人最终都会被追究刑事责任。天网恢恢、疏而不漏在大多数情况下只是一种理想状态。这种执法现状在一定程度上会导致违法犯罪者存在侥幸心理，在巨额利润的驱动下，市场主体的经济人理性可能会让其采取机会主义行为，损害社会公共利益、集体利益和个人利益。因此，根据经济学中的成本效益理论，法律要想达到惩罚、威慑犯罪的目的，就需要从多个方面增加犯罪成本，让违法犯罪行为的成本支出远远大于其收益。具体到垄断领域，与自由竞争、合法经营相比，垄断行为在承受一般的经营成本之外，还要考虑受到刑事调查的可能性，以及由此引发的刑罚的可能性，这些都会额外增加垄断成本，成为垄断者不得不考虑的内容。垄断者也是市场经济理性人，如果他认为垄断成本明显低于垄断利润，或者部分垄断成本出现的概率较低时，就可能会罔顾法律规定，继续实施垄断行为。当然，如果垄断成本被拔高，使得行为人认为成本支出远远高于预期收益，垄断者可能就会收敛自身的垄断行为，从事合法经营活动。从经验层面来看，垄断行为特别是卡特尔协议往往发生在少数几个企业之间，其隐秘性相当强，外人很难发现或察觉。换言之，垄断犯罪可能比其他经济犯罪更难被发现，而且垄断行为获取的利润也相当高，所以，企业特别是大企业从事垄断行为的积极性非常强。对此，现代经济学鼻祖亚当·斯密曾一针见血的指出："同行同业的人士是很少会集合在一起的，甚至就是为了娱乐，他们也很少会这样做，但是，只要他们在一起聚谈，则最后产生的必是一种对大众不利的阴谋，或是一种哄抬物价的勾当。"在反垄断法中设置刑事责任，通过刑罚的手段制裁垄断行为，能够有效增加垄断成本、降低垄断收益，行为人在实施垄断行为前，都要考虑刑罚的威慑性，从而减少垄断的冲动、降低垄断的机会，从而将大量的潜在垄断行为限制在萌发阶段。因此，从经济学的角度考虑，对垄断行为施加刑事责任是必不可少的，能够最大限度地体现法律责任的威慑性，有效提高犯罪成本、减少犯罪收益。

在刑事责任体系中，如果刑罚的力度显著提升了犯罪成本，使得犯罪成本支出远远高于犯罪收益，那么可能会非常有效地对垄断者造成威慑，从根本上遏制垄断行为的发展。美国法学教授史蒂芬·科金通过调查研究发现，刑事罚金比三倍损害赔偿对垄断违法行为人的威慑更大。一个公司的 CEO 曾直言不讳地对他说，如果让其公司支付民事层面的惩罚性赔偿，那么，只需在董事会例会上讨论五分钟，但如果是同样数量的刑事罚金，就要召开专门的董事会予以讨论。① 特别是刑事责任体系中的监禁刑，对垄断企业负责人的威慑更大。因为对于企业负责人或者经理人而言，他们并不在乎一定数额的罚款，因为巨额的垄断利润能够弥补经济上的损失。但是，他们非常在意人身监禁处罚，这对他们来说是一种人格上的侮辱，并且导致其社会评价降低，可能会丧失继续在这个行业发展的资格，剥夺其继续从业的权利。② 而且，监禁刑能够向犯罪行为人和社会发出非常清晰和强烈的信号，这种信号传播得更快更广，起到的教育意义远超其他的法律责任效果。如果一个大企业主被处以罚款，可能并不会被社会所关注。但如果一个高级白领被监禁，就可能会具有较大的新闻价值，社会公众的关注度非常高，各种社会媒体也愿意广泛传播，犯罪行为人的名誉会受到处罚，让其产生强烈的自卑感。

需要强调的是，设置垄断行为的刑事责任时通常需要考虑两个方面，一是刑罚的可能性，也就是刑罚和垄断行为的相关性。二是刑罚的严厉程度，比如，刑罚的种类是监禁刑还是财产刑，监禁刑的期限是多少等。这两个方面都会明显影响垄断行为的成本和预期，对市场主体判断是否实施垄断行为具有极大的影响力。如果反垄断法中设置了刑事责任，那么垄断者就会认真考虑，当其实施垄断行为时，会不会受到刑事处罚，以及受到何种形式的刑事处罚。如果现实中大部分垄断行为都没有受到处罚，或者

---

① Stephen Calkins, *Corporate Compliance and the Antitrust Agencies' Bi-modal Penaltise*, 60 Law & Contemp. Prob. 127（1997）.

② Bravo v. Giblin, No. B125242, 2002 WL 31547001（Cal. Ct. App. Nov. 18, 2002）.

法律规定执行不力，那么即使随之而来的监禁刑规定得很重，刑事责任的整体威慑力也会降低，垄断者也会铤而走险，继续实施垄断行为谋取高额利润。[①] 同样地，如果政府加大执法力度，能够保证大多数垄断行为很快受到处罚，垄断行为和刑事处罚的相关性非常明显，但是刑罚的力度较小，大部分是罚金、管制、拘役，或者缓刑等，也难以对垄断行为产生有效的威慑作用。在追究垄断行为刑事责任时，只有既提高刑罚的不可避免性，又适当提高刑罚的严厉性，双管齐下，从整体上提高垄断成本，使得垄断成本高于犯罪收益，才有可能导致市场主体没有动力实施垄断行为。

① Howard P. Marvel, *Price Fixing and Civil Damages: An Economic Analysis.* 40 Stan. L. Rev. 561, 573 (1988).

第三章　反垄断法律责任归责根据论

反垄断法律责任，顾名思义就是对违反反垄断法律规定的违法主体依法科以义务，强制要求其必须承担一定的责任。其本质主要表现在对合法权益的保护，对违法行为的否定及惩处，对受侵害权益的救济，对潜在违法的威慑，防止合法权力的滥用、误用。而垄断行为的归责根据，顾名思义就是在已经发生垄断事实的情况下，寻求确认和追究垄断行为人法律责任的根据，是法律上确定垄断行为依法承担法律责任的方法论问题。归责根据对垄断行为的构成要件、反垄断法的实施效果、行为人的意识行动等方面都有重要影响，是反垄断法法律责任的理论支柱。因此，有必要对反垄断法律责任的归责原则进行讨论。

第一节　反垄断法律责任的归责根据

法律责任具有概括性，包括了不同的责任类型，并且随着法律制度的进步以及法律部门的分工细化，其内涵还在不断丰富发展。一是由于法律调整的社会关系种类越来越多、范围越来越广，相应地，法律责任制度的内涵也必将日益扩大、其作用会越来越明显、强制力也越来越强。二是部分法律随着市场经济的发展变化，也在不断得到细化，法律部门的种类越来越多，与此相对应的新的法律责任类型也会不断出现。如依据传统的法律"二分法"，法律部门可分为私法部门与公法部门，相应地，法律责任也可划分为私法责任与公法责任。而随着经济的不断发展，社会化分工的不断细化，原来泾渭分明的公私法界限逐渐模糊，出现了近代所谓的"社会法"，法律责任的形式相应地发生了变化。当然法律责任的类型与法律部门不是一一对应的关系，不同法律部门的法律责任类型有可能发生重合，也可能存在差异。但总体来说，法律责任主要包括违宪责任、刑事责任、行政责任、民事责任、诉讼责任五种类型。

一、反垄断法律责任的一般归责根据

反垄断法本质上是国家规范、干预市场竞争行为的法律，主要体现为公法性质，但同时又保护私人主体的合法权益，兼具私法性质。反垄断法律责任作为反垄断法的重要组成部分，其责任体系也应当是以行政责任、刑事责任、民事责任为主要内容的，并且基于威慑效应的考虑，应当以公法责任为主，即以行政责任与刑事责任为主，私法责任为辅，即民事责任起到的是辅助作用，由此建立的一套综合法律责任体系。① 当然公法责任为主、私法责任为辅的说法只是从反垄断法律责任制度的功能而言的，实践中的个案，还是要以具体的案情为主来决定适用何种责任。反垄断首先要解决的问题是行为人在什么情况下其行为构成了反垄断法意义上的垄断行为，其判断依据是什么；进而要解决的问题是该垄断行为在什么情况下构成何种法律责任，即垄断责任的法律构成在兼顾形式要件的同时，还要兼顾实质危害要件，这些都可称之为反垄断法律责任的归责根据。

在反垄断实践中，不管行为人承担何种责任，无论是民事责任、行政责任，还是刑事责任，判断的前提是其必须存在垄断行为。垄断行为是垄断法律责任产生的一般条件，也是前提条件，但是垄断行为的概念难以界定，各国的反垄断法也没有相对一致的定义。事实上，各国反垄断法并非反对所有的垄断，而是根据经济发展现状和维护市场秩序的需要，将一部分垄断列入反垄断法的规制行为中。从法律意义来看，反垄断法规制大企业并非因为其规模大，所占市场份额多，而是反对其独占市场的企图。同样，保护小企业也并非因为其弱小，而是维护市场应该拥有的自由平等的竞争机会。反垄断法反对的不是企业发展先进技术、采取优秀经验策略，

---

① John M. Connor & Robert H. Lande, *How High Do Cartels Raise Prices? Implications for Optimal Cartel Fines*, 80 Tul. L. Rev. 513, 519 –20 (2005).

从而取得市场的支配地位以及由此获得的巨大利润回报，而是企业采取不正当的手段减少竞争对手、维持与滥用长期获得的市场支配地位而轻松获取的高额利润。即反垄断法保护的不是市场竞争者，而是有序的市场竞争机制。从垄断实施个体的数量来看，垄断行为的实施者既可以是单个企业，也可以是多个企业联合在一起；从手段来看，主要表现在直接限制竞争或者在实质意义上限制了竞争，有的时候部分限制了自由竞争；从目的来看，是为了限制他人自由竞争的权利，获取非法高额垄断利润。依垄断主体的不同，垄断行为还可以划分为经济垄断和行政垄断，经济垄断是企业或者其他市场经营主体采取经济手段来限制自由竞争，行政垄断是非市场经营主体以非经济手段限制自由竞争。① 具体包括以下几种形式：一是限制竞争性协议，即垄断协议，也称为"卡特尔"。这是对市场自由竞争秩序损害最为严重的反竞争行为，世界各国普遍都将其认定为违法垄断行为。二是滥用市场支配地位。企业采取合法手段发展企业规模从而取得市场支配地位并不受反垄断法的规制，反垄断法规制的是具有垄断地位的企业不受竞争的制约，无节制地利用其市场支配地位，无视市场经济本身应有的自由竞争环境，剥夺其他市场主体公平参与市场竞争的机会，最终损害消费者的合法权益的行为。三是企业合并。企业通过大规模购买或者兼并其他企业形成规模效应，从而顺利地消灭其他市场竞争主体，导致其在某一市场中形成垄断地位。当然并不是所有的企业兼并都需要进行反垄断，根据我国《反垄断法》第34条规定，"经营者能够证明该集中对竞争产生的有利影响明显大于不利影响，或者符合社会公共利益的，国务院反垄断执法机构可以作出对经营者集中不予禁止的决定。"四是行政垄断行为。政府及其所属部门为了财政收入或者个人利益，加强地方保护力度，用行政权力强制企业之间交易或者联合，以及通过地方立法的方式限制竞争，而采取的限制市场自由公平竞争的行为。依据不同的标准，可以划分不同类型的垄断行为，相应的反垄断法律责任也具有较大的差异。

反垄断法律责任制度是一个非常抽象、宽泛的概念范围，一般在经济

---

① Gregory J. Werden, *Sanctioning Cartel Activity*: *Let the Punishment Fit the Crime*, 5 Eur. Competition J. 19, 31 (2009).

法责任体系中研究垄断行为的法律责任。在传统的经济法责任体系中，责任性质按照行政、民事、刑事责任依次进行排列，责任主体按照市场主体、主管机关进行排列，其内在依据是先处理市场经济本身失灵、再惩罚监管机构，这也符合行为危害性的发展规律①。同样，也可从狭义反垄断法律责任制度与广义反垄断法律责任制度两方面来研究反垄断法律责任制度的范围，狭义上的反垄断法律责任制度只是指反垄断法中规定的责任制度，广义的反垄断法律责任制度不仅包括狭义的内容，还包括刑法、民法等其他法律法规对垄断行为责任的规定。我国现行的反垄断法律责任制度在《反垄断法》第七章中做了专门规定，主要分为两类：一是反垄断执法者的违法执法责任；二是经营者垄断行为责任和妨碍反垄断执法责任。而新修改的《反垄断法》在原有法律的基础上，进一步强化了反垄断法律责任的威慑效果。一是大幅充实法律责任体系，增加个人违法责任，建立双罚制，提高违法垄断的成本。细化垄断协议罚款规则，加大对垄断协议的罚款力度，明确了组织者、帮助者参与垄断协议的责任。二是分类配置法律责任，有力震慑违法实施经营者集中。将罚款作为经营者集中的强制刑，提升罚款幅度，增加罚款考虑因素，做到罪罚相当。三是确立反垄断检察民事公益诉讼制度，维护社会公共利益，保障不特定多数人的合法权益，严惩拒绝、阻碍调查行为，增设失信约束机制，创新法律责任方式。

二、反垄断行政责任的归责根据

反垄断法属于经济法，是市场经济的基石，在一些市场经济比较发达的国家，反垄断法被称为"经济宪法""自由企业大宪章"等。正如有学者所言，反垄断法的主要任务是为了维护自由公平的市场竞争秩序，其实施主要是依靠国家的强制力加以保证，依靠法律责任的实现而实现。② 垄

---

① 郑鹏程：《经济法责任特征新论》，载《财经理论与实践》2010年第4期。

② Donald I. Baker & Barbara A. Reeves, *The Paper Label Sentences*: *Critiques*, 86 Yale L. J. 619, 621 (1977).

断行为的追责，如限制竞争协议的规制、滥用市场支配地位的禁止、企业合并的审查等，也主要由国家行政机关完成，行政机关负责了绝大多数国家和地区的反垄断执法。垄断行为人的行为要承担行政责任，除了符合实施垄断行为的一般条件外，其行为还必须具备行政法上的违法性和危害性两大条件。

一是违法性。违法性是指某种具体行为或事实状态违反了行政法的明确规定，包括对垄断行为的列举，或对垄断状态条件的规定。从整体上看，自我国《反垄断法》颁布以来，到 2020 年已形成以《反垄断法》为核心，1 个行政法规、8 个部门规章、5 件反垄断指南、15 份规范性文件构成的较为完备的反垄断法律体系①，基本上保障了反垄断执法机构有法可依的需求。但"反垄断法政策的健全不仅依赖于法律规则，还依赖于执法机制。只有好的规则是不够的，还必须有执法机制保证法律以合理的成本获得合理程度的遵守"。② 而在绝大多数国家和地区的反垄断立法中并不认为单纯的垄断状态或者市场支配地位违法，只有滥用这种垄断状态或者市场支配地位，才会被认为违法。过去有时在判断一个企业是否存在垄断的标准时，就看企业的某种单一产品在市场上的份额是否超过一半，如果超过一半就能证明其构成垄断。③ 而随着现代反垄断理论的不断完善，市场份额判断标准的弊端日益显现，如在技术领域，市场竞争的核心不再是传统意义上的商品价格，垄断企业的市场支配地位也不能通过市场份额表现出来，有时即便市场所占份额很小的企业也能形成垄断。多样化的市场支配地位判断方法开始出现，如我国《反垄断法》第 23 条规定，除市场份额方法外，还可以通过"该经营者控制销售市场或者原材料采购市场的能力；该经营者的财力和技术条件；其他经营者对该经营者在交

---

① 国家市场监督管理总局反垄断局：《中国反垄断立法与执法实践》，中国工商出版社 2020 年版，第 23 页。

② ［美］理查德·A. 波斯纳：《反托拉斯法》，孙秋宁译，中国政法大学出版 2003 年版，第 313 页。

③ Christopher D. Stone, *Sentencing the Corporation.* 71 B. U. L. Rev. 383, 385（1991）.

易上的依赖程度；其他经营者进入相关市场的难易程度；与认定该经营者市场支配地位有关的其他因素"等来判断经营者的市场支配地位。即市场份额不再是认定市场支配地位的唯一标准，多样化的原则标准更有利于反垄断法的实施，更有利于保障个案的公平。反垄断的目的是保护公平自由的市场竞争秩序和消费者的合法权益，所以企业规模、所占市场份额并不是关键因素，主要看其是否滥用了市场支配地位，以及是否存在违法打击其他市场竞争主体和限制竞争的行为。二是危害性。危害性是指某种行为或状态对某一市场领域的公平自由竞争秩序产生了实质性限制和损害的可能性或结果。各国反垄断法对垄断的危害性认定标准不完全相同，但重点都是在规制实质性的限制和损害竞争秩序的垄断状态和垄断行为。对于一些企业合并或者利用竞争优势的行为，只要不具有危害性（经营者集中的危害不仅要看当前市场，还要看潜在市场是否存在危害），没有对市场造成损害结果，反垄断法对此不会禁止。有些行业虽然也存在实质上限制公平自由竞争的状态或行为，但基于国家利益或社会利益的考量，反垄断法也会不禁止。即反垄断法存在适用例外，如公用企业垄断，是受法律所允许的。① 考察各国立法，反垄断法中的行政责任主要有以下几种责任形式：

（1）劝告。劝告主要针对那些虽然有非法垄断行为但尚未造成严重后果的违法垄断者所适用的一种行政措施，它是对违法者停止违法行为的行政建议，具有法律的约束力。如根据日本《禁止私人垄断及确保公正交易法》第48条规定，公正交易委员会可以对市场主体的行为进行初步调查，如果有证据证实市场主体的行为涉嫌垄断，公正交易委员会可以先对垄断主体进行劝告，要求采取适当措施停止垄断行为、减少危害后果。在规定时间内，垄断主体会将自己的答复意见反馈给公正交易委员会。在绝大多数的非法垄断案件中，相关被调查人员通常都会接受公正交易委员会的劝告。在这种情况下，公正交易委员会可以直接作出相应的判决，判

---

① John Collins Coffee, Jr., *Corporate Crime and Punishment*: *A Non - Chicago View of the Economics of Criminal Sanctions*, 17 Am. Crim. L. Rev. 419, 458 – 59 (1980).

决与劝告内容一致，而无须进入司法程序，从而节省了司法成本、提高了审判效率。

（2）发布停止非法垄断行为的禁令。反垄断执法机构对于严重的垄断行为，比如违法卡特尔、行政垄断行为、滥用市场支配地位的行为等，可以向违法者下达禁令，责令违法者立即停止实施各种非法垄断行为。发布禁令是反垄断执法机构主要的执法方式，在日本、俄罗斯等国的反垄断法中对此都有相应的规定。如根据日本的《禁止垄断法》规定，如果违反《禁止垄断法》的行为一经查实，公正交易委员会可以责令行为人停止违法行为。但禁令在作出之前必须履行听证程序，以确保裁决的公正。根据欧盟理事会《第1/2003号条例》，执法机关不仅有权认定企业的违法行为，并且可以根据其违法行为发布禁止令和进行制裁。

（3）拆分企业。反垄断执法机构可以直接插手垄断企业内部事务，要求其采取资产拆分措施减少垄断行为。当反垄断执法机构确定部分企业已经实施垄断行为，对自由竞争造成严重危害时，可以要求该企业出售自己的资产以减少规模，或者分成两个以及多个企业从而减少市场份额，形成正常的竞争秩序。① 拆分企业在德国、日本、韩国等很多国家和地区的反垄断法中都有规定，但是规定的适用条件不同，有适用于单纯的垄断状态的，如日本《禁止私人垄断及确保公正交易法》第8条第4款的规定正是如此。根据该条规定，公正交易委员会对于已经确认的垄断行为，可以命令垄断企业转让部分资产，或者采取其他措施，以恢复市场竞争秩序。有的则为制止滥用垄断行为而适用拆分企业的制裁手段，例如，韩国《限制垄断和公平交易法》第16条规定，对于从事违规的企业联合行为以及企业从事其他法定的不法行为，公正交易委员会可以命令其让渡部分业务。吉尔吉斯斯坦共和国《反垄断与发展保护竞争法》第19条规定，可将滥用市场支配地位的经营主体"划分成几个小经营单位"。还有的是为消除违规的企业合并结果而适用拆分企业的制裁手段，如德国《反限制竞争法》第41条规定，企业实施联邦卡特尔局明文禁止的合并或联邦

---

① Joseph E. Aldy, W. Kip Viscusi. *Adjusting the Value of a Statistical Life for Age and Cohort Effects*, 90 Rev. Econ & Stat. 573, 579 (2008).

卡特尔局已撤回其准许的合并的，应解除此项合并，但联邦经济部长依第42条批准合并的除外。美国虽然在反托拉斯法中未明确规定拆分企业这种制裁手段，但它作为法院审理反托拉斯案件时使用的一种衡平救济手段，在实践中广为运用。① 如美国电报电话公司案中，美国电报电话公司因被联邦地区法院认定其垄断电话业务违反了《谢尔曼法》第2条，于1984年被拆分为4家公司。拆分企业之所以受到各国反垄断法的青睐，是因为通过对企业的拆分，使原本具有垄断地位的企业失去了垄断地位，从而改善相关市场上的竞争环境，可以有效保证市场竞争的正常运行。

（4）行政罚款。反垄断执法机构对于滥用市场支配地位、经营者集中、垄断协议等非法垄断行为，可以向垄断企业施加一定数额的罚款，使得其为垄断行为付出应有的代价。世界上几乎所有国家的反垄断法都规定了行政罚款这种制裁手段，只不过在具体适用范围和罚款数额的确定上大相径庭。② 在罚款适用的范围上，各国反垄断法的规定差异较大，有的国家规定的适用范围较宽，有的国家规定的适用范围较窄，前者如德国，后者如日本。德国《反对限制竞争法》对罚款适用的垄断行为范围规定得极为详细，该法第三编第二章规定了以下三类行为可以进行行政罚款：一是基本的行为。这主要是指各种违反反垄断执法机构关于行为有效性的禁止性规定的行为。如无视《反对限制竞争法》关于合同或者决定的无效性规定；通过不正确的说明欺骗卡特尔局或者阻碍卡特尔局的行动；违反法定的禁止性规定；以给他人造成经济上的损失为目的，向卡特尔局申请或鼓动卡特尔局采取干涉措施，或者使用法律规定的解除合同的权利等行为。二是附属的行为。它包括各种违反反垄断执法机构发布的各种明令禁止的行为。例如，反垄断执法机构已经明确表示合同无效，仍然无视这一决定的行为。三是不服从垄断执法机构命令或工作需要的行为。如反垄断

---

①　Mark A. Cohen、Ted R. Miller，"*Willingness to Award*" *Nonmonetary Damages and the Implied Value of Life from Jury Awards*，23 Int'l Rev. L. & Econ. 165，166，179（2003）.

②　Howard P. Marvel，*Price Fixing and Civil Damages：An Economic Analysis*，40 Stan. L. Rev. 561，573（1988）.

执法机构具有索取信息权，企业应当在类似执法时予以配合。在日本，反垄断法上的行政罚款被称为课征金，它只适用于影响商品和劳务价格的卡特尔行为，具体包括两种形式，一是行为人违反了相关规定进行不正当交易，二是在国际贸易中由于操纵商品价格或者供应量而故意控制价格，对于这些情形，公正交易委员会可以要求垄断行为者缴纳课征金。如垄断价格、串通投标等违反《禁止垄断法》第3条、第8条规定的经营者以及经营者团体应当依法缴纳课征金。而在罚款数额的确定形式上，世界各国反垄断法规定了两种形式：一是规定固定的罚款数额。这种方式的运用较为简单，只需执法者根据违法行为的具体情节从既定的罚款额度中选择一个具体数额即可。采用这种方式的国家如德国，根据《反对限制竞争法》第38条和第39条的规定，对于基本行为和附属行为，即使违反了市场秩序，最高罚金也不超过100万马克；对于有的违反秩序行为，垄断者不服从处分，罚金额最高为5万马克。二是以百分比进行罚款。运用这种方式确定罚款数额时，要先以违法行为存续期间的总销售额或通过违法行为获得的额外收入的总额作为计算基础，再以一定的百分比或倍数进行计算，计算方法较为复杂。例如，日本《禁止私人垄断及确保公正交易法》第7条第2款规定，公正交易委员会对于影响商品和劳务的价格的卡特尔行为，可责令行为人向国库缴纳课征金。课征金缴纳的比例一般为6%，以违反者在实施相关卡特尔行为开始之日到结束之日相关商品或劳务销售额为基数进行计算。如果违法活动持续三年以上，则从活动结束起向前追溯三年计算销售额。再如，英国《1998年竞争法》、捷克斯洛伐克《保护竞争法》和爱沙尼亚《竞争法》中规定的罚款数额，都是以营业额的10%来进行计算的。需要说明的是，罚款数额并不是一成不变的，随着市场经济的不断发展，垄断势力的不断增强，为保证反垄断法的威慑力，行政罚款的数额也应随之增长。如我国新修改的反垄断法在垄断协议罚款一条中，提升了罚款幅度，针对尚未实施所达成的垄断协议的情形，将"可以处五十万元以下的罚款"改为"可以处三百万元以下的罚款"；针对行业协会的罚款幅度，将"可以处五十万元以下的罚款"改为"可以处三百万元以下的罚款"；新增个人罚款规则，即"经营者的法定代表人、主要负责人和直接责任人员对达成垄断协议负有个人责任的，可以处一百万元以下的罚款"。针对经营者集中，对应当申报而未申报即行实施集中、申报后未经批准即行实施集中等行为，罚款数额由"五十万元以下"改为"五百万元以下"；经营者违法集中，"且具有或者可能具有排除、限制竞争效果的"，国务院反垄断执法机构可以处"上一年度销售额百分之十以下的罚款"，情节较轻的，可以处五百万元以下的罚款。针对拒绝、阻碍调查的行为，大幅提升罚款数额和处罚力度。针对单位的拒绝、阻碍调查行为，罚款数额由"一百万元"改为"上一年度销售额百分之一"；针对个人的拒绝、阻碍调查行为，罚款数额由"十万元"改为"五十万元"。同时，增补罚款考虑因素，反垄断执法机构在确定具体的罚款数额时，应当考虑违法行为的性质、程度、持续时间和消除违法行为后果的情况等因素。

（5）没收违法所得。追求垄断利润是行为人的根本动因，反垄断执法机构可以通过法定程序，收缴垄断者通过垄断行为获取的利益，以打击其犯罪和再犯罪的能力，对潜在垄断者形成威慑。[1] 如德国《反对限制竞争法》第34条规定，一个企业如果因其故意或过失，通过滥用市场支配地位的行为获得了额外的利益，卡特尔当局可发出命令令其缴交。吉尔吉斯斯坦共和国《反垄断与发展保护竞争法》第19条也规定可以对滥用市场支配地位的责任人"没收所获取的不正当利益"。需要说明的是，从立法论的角度来看，没收违法所得是对违法行为损害结果的补偿，让违法垄断行为无利可图；罚款则是在没收违法所得的基础上，进一步对违反法律规定的经营者实施的惩罚，二者是并罚的关系，并不能相互取代。通常而言，除极少数案件不存在违法所得或违法所得无法计算外，其他案件都应在没收违法所得的基础上，处以罚款。但在实践中，由于垄断违法所得难以计算，反垄断执法机构通常采取"以罚代没"的方式进行收缴。例如，截至2019年底，我国共查处垄断协议案件183件，累计罚款数额超44.7

---

① John M. Connor, *Problems with Prison in International Cartel Cases*, 56 Antitrust Bull.（forthcoming Spring 2011）.

亿元；查处滥用市场支配地位案件 62 件，累计罚款数额超 69 亿元。① 其中绝大多数的反垄断案件都以罚款告终，并未没收违法所得，且在绝大多数反垄断案件中也未说明未没收违法所得的缘由。

三、反垄断民事责任的归责根据

民事责任的目的是用道歉、补偿等方式，恢复被损坏的社会关系，在当事人之间重新建立权利义务的平衡。这种责任以国家的强制力为后盾，如果行为人不履行民事义务，就要接受一定的民事制裁。反垄断法中包含有民事法律规范，而且还对违反这些规范的行为设定了法律责任，这种法律责任就是民事责任。在一个法治社会中，对于垄断造成的损害进行救济是反垄断法的首要任务。因此，对于垄断受害人而言，民事责任是一种最有效、最实用的法律责任。综观世界各国的反垄断立法，无论是以德国、日本、韩国为代表的统一立法模式，还是以美国为代表的分散立法模式，大多设有民事救济条款，明确规定了非法垄断行为侵犯他人利益时所应承担的民事赔偿法律责任。垄断者应当赔偿因其实施垄断行为而给其他民事主体所造成的损失，只有这样才能从根本上保障市场经济中每个主体都能有序发展，体现和维护公平竞争秩序的反垄断法的基本理念。民事责任是多样的，不同的民事责任有不同的构成要件。在多样化的民事责任中，损害赔偿是一种普遍适用并被证实有效的一种方式，它的有效性既体现在削弱侵害者的经济能力，进而打击其继续实施违法行为的实力，又体现在用金钱的方式弥补被害人的损失，对被害人进行抚慰。② 由于损害赔偿在修复被损害的社会关系中具有明显的优势，因而被多数国家所采纳，成为通行做法。例如，美国的《谢尔曼法》第 7 条和《克莱顿法》第 4 条均规

---

① 国家市场监督管理总局反垄断局：《中国反垄断立法与执法实践》，中国工商出版社 2020 年版，第 23 页。

② William M. Landes & Richard A. Posner, *Rational Judicial Be havior. A Statistical Study*, 6 – 7, 18, 46tbl. 3 (Univ. Chi. Law & Econ. , Olin Working Paper No. 404, 2009), 1 J. Legal Analysis 775 (2009) available at http：//papers. ssrn. com/sol3/papers. cfm? abstract_ id = 1126403.

定，任何因其他人或公司从事反托拉斯法所禁止或宣布为违法的事项而遭受营业或财产损害的个人，都可以提起损害赔偿诉讼。为了保证损害赔偿的严肃性，各国通过立法或者司法的方式，对损害赔偿责任进行了严格的规定。只有侵害人的行为符合一定条件，才需要对自己的行为负责，并承担赔偿责任。例如，在美国独具特色的三倍损害赔偿制度中，就需要符合以下条件才能提起：原告要符合法律规定的资格，被告实施了反垄断法所禁止的行为，原告因为这些行为受到直接的损害，并且这种损害可以用金钱进行计算，原告的损失和被告的行为具有相当的因果关系。① 垄断中的民事责任主要是损害赔偿责任，因而其责任的构成要件主要是损害赔偿责任的构成要件。在我国民事法律制度中，损害赔偿责任要件一般包括四项：行为的违法性；损害事实的存在；违法行为与损害事实存在因果关系；违法行为人主观上存在过错。综合垄断特征，垄断民事责任的构成要件，除了要符合垄断行为的构成要件外，还要考虑以下几个要件：

（1）垄断行为的违法性要件。与反垄断行政责任上的违法性要件不同，反垄断民事责任的违法性是违反了民事法律规范而应承担民事赔偿责任，而不是违反行政法上的强制性规定。我们认为在一个法制健全的国家中，通常违背行政法规范并不意味着一定违背民法规范，违背民法规范也不意味着 定违背行政法规范，二者虽然在规制内容上具有一定的相似性，在保护的法益上具有一定的共通性，但由于服务对象不同，导致其立法目的存在差异。所以对垄断者课以民事责任必须因为垄断者的行为具有民法上的应受非难性，即一定具备民事违法性。②

（2）反垄断法损害赔偿责任的请求权人必须适格，即提起反垄断赔偿的主体必须是因为垄断行为受到民事损害（主要是财产损失）的民事主体。反垄断民事诉讼的原告资格问题，关乎哪些市场主体能够拥有法律

---

① 郑鹏程：《美国反垄断法三倍损害赔偿制度研究》，载《环球法律评论》2006 年第 2 期。

② John C. Coffee, *Jr.. Understanding the Plaintiff's Attorney：The Implications of Economic Theory for Private Enforcement of Law Through Class and Derivative Actions.* 86 Colum. L. Rev. 669, 681 n. 36 (1986).

所规定的起诉权问题，它是垄断受害者提起反垄断民事诉讼的法律前提。在这里，有必要区分请求权人和垄断行为侵害的对象，垄断行为对整个市场经济、社会、国家都具有较大的危害，具体而言可能是同一行业的竞争者、不同行业的竞争者、上下游行业的合作者，甚至消费者等。他们的利益虽然受到了垄断行为的侵害，但是并不一定都具有起诉资格。综观世界各国的反垄断执法，反垄断民事诉讼的起诉人资格主要有两种判断标准，一种是以美国为首的"损害"标准，凡是因垄断行为受到损害的主体都可以成为反垄断民事诉讼的原告；另一种是以德国为首的"影响"标准，受垄断行为影响的相关权益人都可提起民事诉讼。一般而言，大多数国家都允许和垄断者存在竞争关系的个体具备起诉资格，因为他们的利益与垄断者的关系非常紧密，所受到的侵害非常直接，能够被一般人理解和接受。① 但是对于消费者是否享有请求权的问题，各国有不同的看法，日本学者大多支持给予消费者反垄断法损害赔偿请求权，而美国在反垄断法上则不同意给予消费者损害赔偿请求权，根据美国《克莱顿法》第 4 条的规定，提起反垄断民事诉讼的"人"应当包括自然人和法人，其中法人包括公司和社团。我国应当根据本国的具体情况，给予消费者请求权人的主体地位，因为保护消费者是我国反垄断法的基本任务之一。我国的《最高人民法院关于审理因垄断行为引发的民事纠纷案件应用法律若干问题的规定》第 1 条明确规定了，提起民事诉讼的原告应当包括"因垄断行为受到损失以及因合同内容、行业协会的章程等违反反垄断法而发生争议的自然人、法人或者其他组织"，赋予了私人主体反垄断民事诉讼的原告资格，并细化了相关的起诉条件、案件管辖、举证责任等配套制度。

（3）存在损害。按照损害赔偿理论，有损害才会有赔偿，赔偿的数额与损害的程度密切相关。并且，反垄断法上的这种损害应当仅限于财产损失，而不包括精神赔偿，这是为了保障法律责任的严密性而采取的一种限制措施。相对于精神赔偿，财产损失具有现实性，容易计算和定量，在

---

① Robert H. Lande & Joshua P. Davis, *Of Myths and Evidence*: *An Analysis of 40 U. S. Cases for Countries Considering a Private Right of Action for Competition Law Violations*, 2 Global Competition Litig. Rev. 126, 18 – 19 (2009).

审判时能够精确地进行界定。也就是说，受害人即使感觉到自己因为垄断行为受到了严重的心理创伤，也不可以通过损害赔偿诉讼的途径进行救济。需要注意的是，民事责任的损害和行政责任的危害是有区分的，行政责任的危害具有抽象性，不仅包含对受害人造成的财产损失，还有对经济秩序和管理秩序所造成的危害。因此，不能认为垄断行为在行政领域造成了严重后果，就想当然地要求垄断行为人承担民事赔偿责任。各国对损害赔偿的界定也不尽相同，比如美国在处理类似事件时，法官会按照传统民事诉讼原则"谁主张，谁举证"，要求原告证实自身因为垄断企业的行为受到了财产损失，或者营业行为受到负面影响。① 即根据美国《克莱顿法》第 4 条的规定，在反垄断民事诉讼中，"原告必须证明他的'损害'与被告的非法行为之间的某种因果联系"，"所起诉的损害必须是原告的'营业或财产'所遭受的，并且这些术语要按照它们一贯和通常的含义进行理解"。总体而言，可以认为，可以提起损害赔偿诉求的"损失"，具体包括以下几种情况：经营利润减少、商品信誉受损、企业遭到破产等后果、自身经营机会受到挤压等，而这些损害具有一个特点就是可以用金钱衡量，并能够用金钱予以赔偿。

最后，垄断主体主观上的过错，是否构成反垄断民事责任上的一个构成要件，各国并没有统一。日本实行的是严格责任，垄断者即使被认定没有故意和过失，也要承担赔偿责任，因而不需要判断主观过错。美国的做法有所不同，虽然没有明确规定是否必须判断垄断者的主观过错，但是也认为垄断行为都是被告人故意实施的，即使被告人辩解自己过失或者无意识地实施了控制商品价格的行为，也会被认为不符合行为特征和生活经验，而不会被法官采纳。② 由此可见，过错在反垄断民事损害赔偿责任中几乎是不予考虑的因素，很难成为一个必备的责任构成要件。从实践和生活常识来看，从事垄断行为的经营者的主观恶意是明显的。垄断经营者通

① Stephen Calkins. *Remarks at the George Washington University Law School Antitrust Conference*（Feb. 27，2009）.

② 李国海：《反垄断法损害赔偿制度比较研究》，载《法商研究》2004年第 6 期。

过实施垄断行为，逃避竞争压力，获得稳定的交易机会和超额的竞争利益，由于这种机会和利益是以牺牲其他相关行业主体的利益和社会公共利益为代价的。因此，行为人主观上都是具有恶意的，而且这一点似乎相当明显且无须证明，至少这种证明责任不能分配给原告人。反垄断案件的原告和被告之间存在严重的信息不对称，很多反垄断案件都需要经过高密集度的信息收集、加工和处理，反垄断案件审理机关面临处理时效限制和高昂的管理成本等现实问题，基于成本效益和诉讼效率的考虑，对于主观恶意明显的案件事实可以不用进行举证、质证。

从实践来看，排除侵害和损害赔偿是反垄断执法机构打击垄断行为常用的两种反垄断民事责任，具体而言：

（1）排除侵害。这是法律赋予垄断被害人的一种权利，其依据是市场经济自由竞争的本质，当垄断行为危害了市场自由竞争秩序，被害人有权利对这种危害行为予以回击。各个国家和地区的反垄断立法大多规定了"排除侵害"这种民事制裁措施。例如，美国《克莱顿法》第15条直接授予受害人以请求救济的权利，任何个人和公司，只要因垄断行为受到侵害，就有权利向有管辖权的法院提起诉讼，要求对方禁止实施垄断行为。我国台湾地区的"公平交易法"也规定了市场主体违反公平交易的规定，实施垄断行为并侵犯他人权益的，被侵犯人有权利要求对方停止垄断行为，行为人发现有些市场主体可能实施垄断行为时，可以提前要求对方预防此种行为。我国《最高人民法院关于审理因垄断行为引发的民事纠纷案件应用法律若干问题的规定》第14条规定了被告实施的垄断行为，给原告造成损失的，人民法院可以依原告的申请和查明的事实依法判令被告承担停止侵害等民事责任。从上述规定可以看出，排除侵害只适用于反垄断法有明文规定的情形，不论侵害有无过失或故意，只要存在侵害，受害人就可请求排除。①

（2）损害赔偿。损害赔偿是针对垄断主体进行的一种常见的、非常有效的责任方式，它是通过直接弥补垄断受害人所受到的经济损失，来修

---

① Janet L. Mc David, *Megan Dixon. Antitrust Update：Criminal Antitrust Enforcement in a Down Economy*, in Antitrust Institute 2011, 1011 – 1015.

复垄断行为破坏的社会关系。在所有的法律责任中，损害赔偿既能补偿被害人的损失，同时也可以削弱侵害人的违法能力，因而被绝大多数反垄断国家和地区所采用。依实施方式的不同，反垄断民事诉讼可分为直接执行和"审前决议"两种不同的模式。直接执行以美国为代表，相关权益人的合法权益只要受到反竞争行为的影响，就可以直接提起反垄断民事诉讼。"审前决议"以日本为代表，私人实施的发动必须以反垄断执法机构的调查和决议为前提，否则无法启动。但各国反垄断法在提起反垄断赔偿的主体、赔偿额度和规则原则的适用等方面的规定不尽相同。

首先，就提起反垄断损害赔偿的主体而言，凡是因违反反垄断法的行为而受到损害的人都可以提起损害赔偿的请求。具体而言，享有反垄断法损害赔偿请求权的主体，既可以是因违反反垄断法的行为而受到损害的经营者，也可以是消费者。如我国《民事诉讼法》第51条规定了"公民、法人和其他组织可以作为民事诉讼的当事人"；第58条认为"对污染环境、侵害众多消费者合法权益等损害社会公共利益的行为，法律规定的机关和有关组织可以向人民法院提起诉讼"等。其次，关于赔偿诉讼请求，应根据我国的具体国情，合理设置损害赔偿倍数惩罚。综观世界各国的反垄断立法，除美国的三倍损害赔偿制度外，还有单倍损害赔偿、双倍损害赔偿等。如根据我国台湾地区的"公平交易法"第31条规定，其允许在三倍损害范围内由法院依据侵害者的主观心理过错确定具体的损害赔偿额度，但不得超过已证明损害额之三倍。为稳妥处理有效激励与抑制投机的均衡性，损害惩罚倍数应视具体情况的不同，采取不同的救济措施，对于群体利益损害严重的情形，原则上应采取倍数制，具体数额的确定应由法院视具体案情而定；对于群体利益损害较轻微的情形，则可以采取定额制，规定具体的罚款范畴，惩罚力度的大小也应由法院视具体案情而定。当然，除惩罚性赔偿外，我们也不能排除其他救济措施的行使。最后，关于举证责任分配问题。作为法律应对控辩双方诉讼实力不对等、信息收集加工处理难的主要制度之一，举证责任的合理分配不仅事关个案诉讼的成败，还事关反垄断法益目标的实现。司法实践已经充分证明传统民事诉讼中"谁主张，谁举证"的责任分配在反垄断领域并不充分适用，反垄断民事诉讼中原告通常处于弱势地位，获取证据的途径和能力有限。为此，在实质公平理念的指导下，可引入"举证责任倒置""证据开示制度"等，减轻原告的举证负担或加重被告的举证责任。

第二节　反垄断刑事责任的归责根据

文明社会的一个重要标志，即不管国家使用何种方式侵犯公民权利，都必须要有充分的理论依据和程序规则，尤其是刑事责任的施行更是如此。国家对垄断者施加刑事责任，用刑罚的方式制裁垄断行为也需要有理论依据和程序规则，否则容易导致刑罚的滥用、误用，二者共同构成了反垄断刑事责任的规责根据。且通常而言，设定法律责任就需要确定这种责任的归责原则和构成要件，确定符合正义标准的规则和程序。无论是行政责任，还是民事责任，其各自的归责原则和构成要件都是法律规定必不可少的内容。同样地，垄断犯罪刑事责任的产生、成立、追究和承担，也就取决于垄断犯罪刑事责任的归责根据。由于垄断犯罪刑事责任的归责根据的特殊性，即不同于一般法律责任的研究。因此，需要进行阐述和论证。同时，基于在刑法理论中，犯罪、刑事责任和刑罚具有递进关系，当一种行为符合犯罪构成，被认定为犯罪后，就不可避免的要承担刑事责任。即犯罪构成要件既决定其犯罪，又决定其刑事责任。所以，垄断犯罪的构成要件，不仅是垄断行为构成犯罪必须具备的主观方面与客观方面的有机统一，还是垄断犯罪刑事责任直接的归责根据。因此，在研究垄断犯罪时，没有必要从传统的归责原则和构成要件两个维度展开，可以直接依据刑事犯罪的构成要件展开论述。

关于犯罪的构成要件，刑法学界至今也还争论不休，主流观点包括苏联等国采用的"四要件说"（犯罪构成要件分为犯罪主体、犯罪客体、犯罪主观方面、犯罪客观方面）、以德国和日本为代表"三阶层说"（构成要件符合性、违法性、有责性）和以英美等普通法系国家为代表的"犯罪论体系说"（将犯罪成立条件分为犯意和犯行）。四要件说认为，犯罪构成要件是某行为构成犯罪所必须满足的主客观条件的有机整体，对犯罪行为的主观判断和客观评价同时地、一次性地完成。三要件说认为，一个行为要构成犯罪，除了行为符合构成要件并属于违法之外，行为人还必须负有责任，也就是说一个行为要构成犯罪必须符合三个递进式组合的条件，对行为的客观判断和主观判断是分层次进行的。两者最大的区别在于出罪方面，三要件中的有责性规定了阻却事由的出罪，对于无期待可能性这样的阻却事由一般不认为可以出罪，三要件说能更好地解决共犯、紧急避险等问题。尽管犯罪三要件说理论有着更严密、体系更强的优势，但是，一方面，出于法律维稳的需求，鉴于我国法官群体素养还有待提高，且四要件说在我国颇有实践基础，简洁明了，便于司法实务操作的实践现状，并不能贸然地推广三要件说；另一方面，四要件说在出罪上受到更大的限制，体现了严格的法治精神，更符合反垄断刑罚审慎适用的需要。因而，在分析反垄断刑事责任的归责根据时，仍应坚持犯罪四要件说。依据刑法学的犯罪构成要件理论以及犯罪的构成要件与刑事责任之间的密切关系，垄断犯罪刑事责任的归责根据主要包括以下几个方面的内容。

一、垄断犯罪的客体

垄断犯罪的客体，是垄断犯罪的必备构成要件之一，直接体现了垄断犯罪侵害的实质，因此，垄断犯罪的客体是其刑事责任的归责根据之一。正确认识垄断犯罪的客体，对于掌握垄断犯罪的成立、垄断犯罪的危害性以及垄断犯罪刑事责任的承担具有重要意义。

犯罪的客体涉及的是犯罪的本质问题，也即对法益的侵害问题。界定法益的概念必须遵循下列原则：（1）法益必须与受法律保护的利益相关联。利益是能够满足人们需要的东西，当某种状态所反映的是人们所需求的一种秩序时，它便是利益。所有的法律，都是为着社会上的某种利益而服务的，离开利益，就不存在法的观念。"说法是利益的规律，和说法是正义的规律，不相抵触。利益是法所规律的目的，而正义则是法所规律的最高标准。"而且这种利益必须受法律保护，在法律中得到规定和体现。（2）法益作为犯罪所侵害或者威胁的利益，必须具有可侵害性。所谓侵害或者侵害的危险，都必然是一种事实的或因果的现象，所以价值观本身不是法益。（3）法益必须与人相关联。刑法的目的是保护人的合法利益，所以只有人的利益才能称为法益，只有人的利益才值得刑法去保护。

（4）法益必须与宪法相关联。刑法将什么利益作为法益予以保护，必须符合宪法的规定，刑法上的法益应是宪法要求刑法所保护的法益。

法益的确定是指具体罪刑所保护具体利益的法律确定，是法律条文所体现出来的该罪保护何种法益的行为过程。例如，《刑法》第 234 条有关故意伤害罪的规定，是为了保护什么法益？这是需要确定的。关于刑法保护的法益的总体内容，从《刑法》第 2 条到第 13 条的相关规定中，可以得到明确；关于刑法分则各章所保护的法益内容，也可以从刑法分则各章的章名中得以明确；而刑法分则具体条文所保护的法益内容，一般没有明文规定下来，故需要确定。确定法益的内容，实际上是确定刑法目的的内容。确定刑法分则具体条文保护法益的内容，就是确定规定该具体犯罪的刑法条文的目的。例如，确定了《刑法》第 288 条的保护法益为无线电通讯的正常使用，那么《刑法》第 288 条的目的，就在于保护无线电通讯的正常进行。

垄断罪属于经济犯罪，经济犯罪的客体是侵犯社会主义市场经济关系，而所谓的经济关系是社会经济秩序和公共财产所有权关系，经济犯罪的本质在于对社会经济市场秩序的侵害。[①] 所以，垄断犯罪所侵害的客体是社会主义市场经济关系，或者说是社会市场经济秩序，属于我国刑法分则第三章"破坏社会主义市场经济秩序罪"的范畴。市场经济秩序就是垄断犯罪的一般客体，侵害市场经济秩序是一切垄断犯罪危害本质的共性。具体来说，垄断所侵害的是市场竞争秩序，"市场竞争秩序作为市场机制运行中的一种状态，有以下特征：一是客观性，只要存在市场竞争现象，市场竞争秩序就表现出一定有序或无序的实际状态；二是主观性，市场竞争秩序的实际状态是在规则和科学规制条件下才能形成的；三是主导性，占主要地位和数量的经营者行为，主导市场竞争秩序的有序程度；四是稳定性，市场竞争秩序的一定实际状态是在相当条件下形成的，这种相当条件不变化，这种秩序的实际状态一般不会变化。"[②]

---

① 陈宝树：《经济犯罪与防治对策》，河南人民出版社 1992 年版，第 7 页。

② 张平：《反竞争犯罪研究》，法律出版社 2008 年版，第 92 页。

关于反垄断法所保护的法益，在理论界与实务界一直存在争议，其中最主要的争议是，反垄断法保护的是市场竞争秩序，还是市场竞争者。这一争论在美国的布朗鞋案①中爆发并最终由美国最高法院予以澄清。布朗鞋业公司案涉及美国第四大制鞋公司与第十二大制鞋公司之间交换股票的行为是否违反《克莱顿法》而展开争论。布朗鞋业公司（以下简称布朗公司）是美国第四大制鞋公司，其产量占美国鞋子总产量的4%，同时也是全美第三大鞋子经销商，拥有、经营或控股1230家零售鞋店。布朗公司主要是通过收购、兼并各类鞋业制造商、经销商取得了其市场支配地位。金奈（Kinney）公司是美国第十二大制鞋公司，它有四个制鞋企业，1955年的产量占全美0.5%的市场份额，但它却是美国最大的便鞋连锁店公司，在全国270个城市拥有400多个商店，其销售额约占全国鞋子零售总额的1.2%。在1955年布朗公司与金奈公司合并之前，金奈商店20%的鞋从金奈公司进货，且从来没有从布朗公司进货，但到了1957年，布朗公司成了金奈公司最大的供货商，其供货量占金奈商店总需求量的7.9%。1955年，美国政府向密苏里地区东区法院提出诉讼，要求法院禁止布朗公司与金奈公司之间的合并，理由是该计划违反了1950年《克莱顿法》第7条修正案，即《塞勒—凯尔佛尔法》，有可能实质性限制鞋子行业的竞争或在鞋子的生产、销售行业形成垄断。地区法院经审理发现，尽管美国有许多制鞋企业，但是少数几家大型企业占据了支配性地位。如果布朗公司与金奈公司合并将会使鞋子行业更加集中，导致垄断加剧。最后，地区法院作出了有利于美国政府的判决，要求被告解除或返回上述股票或资产给合并的另一方。被告不服上诉至最高法院，最高法院维持了地方法院的判决。也就是说，反垄断法所保护的是有序的市场竞争，而不是市场竞争者。

自布朗鞋案之后，反垄断法所保护的法益是市场竞争或者是市场竞争机制，而不是市场竞争者的观点已经得到了世界各反垄断立法国家和地区的广泛认同。竞争之所以成为反垄断法所保护的法益，不仅仅是因为竞争是实现稀缺资源最优配置的基础，还因为竞争集中体现了、满足了人类社

①　Brown Shoe Co. v. U. S. , 370 U. S. 294 （1962）.

会生存发展最基本的两种价值追求：自由和公平。所以，反垄断法所保护的法益可以进一步细分为经济自由与经济公平。所谓经济自由，即经济活动不受他人强制的一种状态，行为人可以自由的选择为一定行为或不为一定行为，不受他人的干预。经济自由是反垄断法最基本、最原始的价值目标。1972 年，美国最高法院法官马歇尔曾振聋发聩地指出："反垄断法，特别是《谢尔曼法》，是自由企业之大宪章。"简言之，反垄断法是现代市场经济建设进程中至关重要的法律规范，在保护市场经济运行有序竞争中应运而生，以营造和保护良性有序的竞争格局和竞争环境为核心内容，其法益主要表现为由竞争者利益、国家利益以及社会公共利益等所构筑的利益保护体系。[1]

二、垄断犯罪的客观方面

垄断犯罪的客观方面是指垄断行为构成犯罪，在事实行为和侵犯对象方面所应当具备的条件。在刑法认定由主观向客观转化的过程中，客观方面扮演着重要作用，执法者越来越注重收集证据、证实犯罪的实行行为，而不是想方设法地获取犯罪嫌疑人口供，即越来越重视客观证据的证明作用。犯罪客观方面包括犯罪客体和客观行为，犯罪客体是客观行为的内在价值，客观行为是犯罪客体的表现行为。在具体实践中，垄断者为获取高额利润，违反市场经济中的民事、行政、刑事法律规定，滥用自身的支配性地位，排挤和打击其他市场竞争者，对市场经济正常的竞争秩序和社会稳定的交往秩序形成危害。[2] 从客观方面研究垄断行为，能够防止先入为主的主观偏见，既打击了严重危害市场秩序的垄断行为，又能保障被告人的合法权益。且司法机关在查明垄断犯罪时，主观方面往往是最难认定

---

① 金善明：《反垄断法法益研究：范式与路径》，中国社会科学出版社 2013 年版，第 119 页。

② Gary R. Spratling & D. Jarrett Arp，*International Cartel Investigations：Evaluating Options and Managing Risk in Multi - Jurisdictional Criminal Antitrust Investigations. Antitrust Counseling & Compliance*，1788 PLI/Corp 229，241 – 42，338（Feb. 9，2010）.

的，这时候就需要认真审查垄断者实施的具体行为，由客观认定主观，全面构筑垄断犯罪的犯罪构成，准确认定犯罪行为。

应该说，所有垄断犯罪行为都违反了调节市场经济的民事法律、商事法律、经济法律和行政法律，但这并不是判定垄断行为刑事违法性的本质标准。判断垄断行为刑事违法性的最重要标志是这种行为违反了刑事法律规定，被刑事法律认定为犯罪并应受到刑事法律的处罚。从这个角度出发，可以区分垄断犯罪行为和垄断民事、行政违法行为的区别。与垄断犯罪行为相比，垄断民事、行政违法行为尽管也违反了民事法律、商事法律、经济法律、行政法律等相关法律的规定，但其并未违反刑事法律的规定，社会危害性不足以达到刑事犯罪的程度，因而不构成犯罪。垄断行为的违法性可以从两个层面考虑，它不仅违反了民事、行政法律，具有民事违法性和行政违法性，但这并不是其本质特征，还具有一定的社会危害性，当社会危害性达到一定程度，便可以构成犯罪。即垄断犯罪的特征在于其具有较大的社会危害性，不但具有民事违法性和行政违法性，还具备刑事违法性，因而要受到更重的处罚。

判断垄断犯罪的刑事违法性，要重点把握两个方面：一是全面考察违法性的依据。大多数情况下，犯罪违法性的依据就是刑事法律，犯罪行为符合刑法中的犯罪构成，行为人就应当承担刑事责任。但是，有些犯罪的构成要件过于复杂，刑法条文不可能罗列所有方面的犯罪构成，就会借助民事法律、经济法律、行政法律的手段，对犯罪构成要件进行补充。特别是像垄断犯罪这种经济型犯罪，其本身属于一种经济行为，需要综合运用刑事法律、经济法律的规定，认真审查垄断行为，并给予全方位法律评价才能作出审判。二是准确区分不同性质违法性的竞合。从不同部门法律的角度来评价垄断行为，往往会得出不同的违法结论。垄断行为是市场经济的一部分，其违反市场法则的部分具有经济违法性；垄断者在与竞争对象、消费者进行经济活动时，借助垄断地位获取高额利润，具有民事违法性；垄断行为违反刑事法律规定，对国家、社会造成危害，构成刑事犯罪。由此可见，垄断行为的违法性是民事违法性、行政违法性、刑事违法性的竞合，不能认为垄断行为构成犯罪就减轻了其民事、行政责任，更不能以偏概全，用一种责任代替全部的法律责任。垄断犯罪是一个类罪名，包括多个具体垄断罪名，而刑法中犯罪构成是针对具体罪名的。也就是说，刑法分则以罪状的形式，规定了每一个具体垄断犯罪的犯罪客观方面、犯罪客体、犯罪主体、犯罪主观方面，便于对犯罪进行认定，有利于行为人建立心理预期，合理从事自己的行为。由此可见，垄断犯罪的客观方面是多种多样的，可能是暴力的，也可能是和平的；可能是高科技型，也可能是普通型；可能是控制价格，也可能是形成交易垄断协议；可能是公开的，也可能是隐秘的。不管哪一种类型，垄断犯罪都需要通过作为的方式实施，不作为不构成垄断犯罪。

从客观要件来看，垄断犯罪属于行为罪，即只要经营者实施了法律所禁止的垄断行为，不管这种行为是否产生了社会危害后果，都构成垄断罪，此即"本身违法"规则。"本身违法"规则肇始于环密苏里案①。在该案中，美国政府指控由密西西比河西岸 18 家铁路公司组成的环密苏里运输协会通过协调协议各方的运输价格，其行为违反了《谢尔曼法》的规定。由于《谢尔曼法》的立法文本非常简单，最高法院的两位法官怀特（White）与贝克汉姆（Peckham）就如何解释《谢尔曼法》发生了分歧。怀特认为，贸易限制有合理限制和不合理限制之分，《谢尔曼法》只禁止不合理的贸易限制而不禁止合理的限制。贝克汉姆反对这种解释，认为《谢尔曼法》对"任何限制贸易的合同"的谴责，包含了全部限制贸易的合同。根据贝克汉姆的解释，只要合同限制了贸易和商业，不管签订这一协议的当事人的主观目的是什么，它都是非法的。② 根据本身违法规则，只要反垄断执法机关提供了经营者实施价格固定等方面的证据，则此类行为"是否导致了价格的显著提高或产量的显著减少"就"变得无关紧要"。③ 然而，由于多数反垄断立法国家和地区对垄断行为采取民事、刑事或民事、行政、刑事责任相结合的综合追责体制，如果根据"本身

---

① United States v. Trans – Missouri Freight Assn, 166 U. S. 290（1897）.

② Robert H. Bork, *the Antitrust Paradox：a Policy at War with Itself*, *Basic Books*. 115 Inc., Publisher New York, 1978, p. 24.

③ ［美］理查德·A. 波斯纳：《反托拉斯法》，孙秋宁译，中国政法大学出版社 2003 年版，第 62 页。

违法"规则来追究垄断行为的刑事责任，则有些案件可以直接通过民事制裁或行政制裁来解决，如果诉诸刑罚手段，可能不仅会浪费司法资源，而且还会严重挫伤经营者的积极性。即卡特尔行为的刑事制裁具有一定的可替代性，对理性的经营者而言，大部分的处罚和威慑可以通过民事责任和行政责任实现，刑罚作为最后的保障措施并不一定需要。所以，在司法实践中，价格固定等卡特尔所采用的手段，譬如是否有强迫、产生的危害是否影响经济总量的大小等因素，也会成为垄断犯罪的客观要件之一。

三、垄断犯罪的主体

犯罪主体要件，即实施犯罪行为的主体本身所必须具备的条件，是由刑法明文规定的。我国刑法总则规定了犯罪主体的一般要件，如《刑法》第 17 条对犯罪主体的年龄条件作了规定；《刑法》第 18 条对犯罪主体的辨认与控制能力条件作了规定。由于刑法总则对犯罪主体的一般要件作了明确规定，所以，当具体犯罪的成立在犯罪主体方面没有特别要求时，刑法分则条文便没有、也无必要重复规定主体要件。如《刑法修正案（十一）》规定在"特定情形、特别程序"的前提下，已满 12 周岁不满 14 周岁的未成年人实施严重暴力犯罪也将承担刑事责任，个别下调了刑事责任年龄，后续刑法分则有关暴力犯罪的刑罚年龄认定如果符合该要件，则按该要件处理，不再重复规定。在这种情况下，并非不需要具备主体要件，而是具备刑法总则规定的犯罪主体要件即可。如果具体犯罪的成立，除要求主体具备总则规定的一般要件外，另需符合某种特殊要件，分则条文便会具体规定这一特殊要件。根据刑法的规定，犯罪主体分为两类，即自然人犯罪与单位犯罪。自然人犯罪主体的一般要件是达到刑事法定年龄、具有辨认和控制自己行为的能力，其特殊要件是指除了符合一般要件外还必须具备的特殊身份，如国有公司、企业、事业单位人员失职罪，国有公司、企业、事业单位人员滥用职权罪，徇私舞弊低价折股、出售国有资产罪，背信损害上市公司利益罪等。而单位犯罪具有以下特点：第一，单位犯罪，是指单位本身犯罪，而不是指单位中的所有成员或大部分成员共同犯罪。第二，单位犯罪是由单位的决策机构按照单位的决策程序决定，由直接责任人员实施的。第三，单位犯罪是为本单位谋取非法利益或以单位名义为本单位全体成员谋取非法利益。为本单位谋取非法利益，是指为单位本身谋取非法利益，违法所得由单位本身所有，但不排除以各种理由将非法所得分配给单位全体成员享有。需要说明的是，我国对单位犯罪实行双罚制，除对单位判处罚金外，还要对其直接负责的主管人员和其他直接责任人员判处刑罚。

垄断犯罪的主体，是实施垄断犯罪行为，依法应承担刑事责任的行为人的总和。垄断犯罪的主体既是垄断犯罪的构成要件之一，也是垄断犯罪刑事责任的归责根据之一。垄断犯罪种类多且具有其特殊性，垄断犯罪的主体也具有多样性。从逻辑上来看，垄断行为的主体是经营者，即从事商品生产、经营或者提供服务的自然人、法人和其他组织，所以，不管是自然人、法人或者其他组织都符合垄断犯罪的主体要件，都可以成为垄断犯罪的主体。从经验上考察，垄断犯罪的主体绝大多数是单位，这里的单位外延非常广泛，公司、企业毫无疑问属于单位的范畴。除此之外，行业协会、医院、学校、行政机关都符合垄断犯罪的主体要件。当然，不同的垄断犯罪对主体的构成要件是有差别的，譬如，滥用市场支配地位罪的主体一般是大企业，即不具有市场支配地位的企业、中小型企业、自然人是不可能实施这种犯罪行为的；再如，行政垄断罪的主体也只能是行政主体，即在犯罪主体的身份构成上具有特殊要求，非行政主体是不可能构成行政垄断罪的。自然人作为垄断罪的主体，主要有两种情形，一种情形是自然人作为经营者参与了垄断行为，譬如卡特尔，另一种情形是自然人作为经营者的高级管理人员或直接负责人员参与了垄断行为，实践中，往往以后者居多。虽然随着社会化分工的不断加剧，经营者与自然人之间的身份关系在形式上越来越趋于分离，但是无论经营者究竟采取何种组织形态或者商业规模多大，它们在实质上始终被自然人所控制，无论是单位，还是社会组织都可能成为他们谋取非法利益的经济平台，只是在被控制的具体方式上和利益的具体输送形式存在差异而已，如果只对实施垄断行为的经营者而不对其背后的自然人强加法律责任，那么必然导致经济性垄断的竞争规制难以达到标本兼治的理想效果。因而，自然人应成为垄断犯罪的主体。如根据《谢尔曼法》（1980 年）第 3 条第 2 款规定：如果参与人是公司，将处以不超过 100 万美元的罚款；如果参与人是个人，将处以 10 万美元以下的罚款，或 3 年以下监禁，或由法院酌情两种处罚并用。2004年的《反托拉斯刑罚提高暨改革法》规定，对公司违法者的罚金增加到 1 亿美元，个人刑事罚金提高到 100 万美元，最高监禁也从 3 年增加到 10 年。虽然从理论上，自然人和法人都符合垄断犯罪的主体要件，但在立法实践中，各国的做法整体上仍存在差异，有的只追究自然人的刑事责任，如英国、澳大利亚、法国等国家；有的只追究法人或其他组织的刑事责任；有的既追究自然人的刑事责任，也追究法人的刑事责任，如日本、韩国、加拿大等国家。

四、垄断犯罪的主观方面

犯罪的主观方面是指犯罪行为人对其实施的危害行为及其危害结果所持的心理态度。犯罪主观要件是刑法规定的要素，主要包括故意与过失。刑法总则明文规定了故意与过失的两种心理态度，故意是指明知自己的行为会发生危害社会的结果，并且希望或者放任这种结果发生；过失是指应当预见自己的行为可能发生危害社会的结果，因为疏忽大意而没有预见，或者已经预见而轻信能够避免，以致发生危害社会的结果。两种不同的心理态度，决定了不同的刑罚适用规则，故意犯罪，应当负刑事责任；过失犯罪，法律有规定的才负刑事责任。刑法分则通过多种方式规定了具体犯罪的主观要件，如有的条文明确规定某种犯罪由故意或者过失构成，有的条文通过规定"意图""以……为目的"等标明某种犯罪只能由故意构成，有些条文则通过对客观行为的描述间接表明主观要件内容。而按刑法的明文规定，没有故意与过失行为，即使造成了损害结果，也不成立犯罪，这便肯定了故意与过失是一切犯罪的主观要件。

垄断犯罪的主观方面，是指垄断犯罪主体实施垄断犯罪行为时的心理状态。垄断犯罪的主观方面作为垄断犯罪的构成要件之一，对决定经济犯罪主体刑事责任的产生和承担具有极其重要的作用。因此，它是垄断犯罪刑事责任的归责根据之一。对垄断犯罪刑事责任归责根据的分析，应重视垄断犯罪的主观方面。由于垄断行为具有主动性，没有积极的动机和主动的行为是不可能达到垄断的效果的，因而垄断犯罪的主观方面只能是故意，过失不构成垄断犯罪。所以区分垄断犯罪刑事责任中犯罪主体主观上的故意与过失，在司法实践中并没有太大的意义，按照刑法总则的规定，故意犯罪可以分为直接故意和间接故意，直接故意是行为人希望这种行为的发生，间接故意是行为人放任这种行为的发生。从实际来看，绝大部分的垄断犯罪都是直接故意，垄断行为人积极主动的实施垄断行为，排除或限制市场竞争。故意可以分为认识因素和意志因素两个方面，认识因素是指行为人对自己行为社会危害性的认识程度，比如精神病人、无刑事责任能力人就不具备认识能力。意志因素是指行为人对危害后果的态度，比如是希望这种结果的发生，还是放任这种结果的发生，还是尽力阻止结果的发生。对于垄断犯罪而言，行为人具有认识能力，并且对危害后果一般都是持积极态度的。

关于垄断犯罪的主观要件，域外司法实践也做了大量的研究，美国最高法院曾在美国石膏公司案中作了详细说明。该案的争议点主要涉及几家石膏板生产商交换价格信息的行为是否构成垄断犯罪，其核心争议点是主观意图是不是反垄断刑事犯罪构成的必要条件。初审法院认为垄断行为人的主观意图不是垄断罪的构成要件，作出了有罪判决，第三巡回上诉法院和美国最高法院推翻了有罪判决。最高法院认为，被告的心理状态或意图是反托拉斯刑事犯罪的一个要件。最高法院在判决中指出，"意图总体上仍然是刑事犯罪不可或缺的一个要件"，虽然存在不需要证明犯罪意图的所谓"刑事严格责任"，但那只是极个别或极特殊的情况。就一般刑法而言，要证明废弃意图要件的正当性，所需要的远远不能只是简单地制定法定义，反垄断法的特殊情况更加强化了这一结论。与多数传统刑事制定法不同，《谢尔曼法》没有以明确和直截了当的条款来准确地指明其所禁止的行为。"各国的反垄断法基于立法语言的模糊性、规制对象的不确定性、法律目标的多元化，表现出传统法律所不具备的不确定性。"①《谢尔曼法》的语言抽象模糊，同时适用于民事和刑事案件，法院进行解释时也主要不是在刑法的背景下进行解释，这种抽象性要求对《谢尔曼法》刑事责任的认定加以限制。由于除了少数本身违法的垄断行为以外，反垄

---

① 刘进：《法律不确定性视角下的反垄断法实施机制选择》，载《竞争政策研究》2016 年第 2 期。

断法调整的行为通常都涉及复杂的经济现实和判断,同时具有反竞争和促进竞争的双重效果;加之法律规范模糊不清,商业人士往往很难判决一种行为是否会违反《谢尔曼法》。在这种情况下,如果仅仅因为所从事的行为因其反竞争效果而被判定违反了反托拉斯法,而不问从事这些行为的意图,就对一个公司的高管或者直接对公司施加刑事责任很可能会造成过度恐吓。如果哪怕是善意的判断错误也可能遭受刑事制裁,商业人士将选择过度谨慎来面对这种不确定性,就会避免从事靠近受禁止行为边界的、有益的且促进竞争的行为。另外,这种情况下使用刑事制裁将难以与公认的刑法功能相符。因为这样做的结果将是,刑事制裁不是被用于惩罚与制定法的禁止规定相左的有意识的且有算计的违法行为,而是被简单地用于管制商业行为,而不问采取这些行为的意图如何。鉴于以上原因,《谢尔曼法》界定的刑事犯罪应该被解释为包含主观意图这一构成要件。在刑事诉讼中审查一个精心筹划的行为时,行为人对于预期后果的知晓就构成了认定刑事犯罪意图的充分依据。[1]

第三节 典型垄断行为的入罪

市场经济的本质特征是竞争,市场经济越发展,竞争就越普遍。价值规律和竞争机制的共同作用,推动市场经济的发展,实现优胜劣汰。公平竞争是市场经济发展的核心,公平竞争制度是建设高标准市场体系的重要内容,是推动国家高质量发展的内生动力,是国际经贸往来的重要基础。但竞争同时也是把"双刃剑",正当的竞争能促进生产力的不断提高,而不正当的竞争则会破坏市场正常的运行,造成市场失灵,各种市场资源不能得到有效配置,特别会造成侵害市场发展的垄断行为有恃无恐,加大对有序市场竞争秩序的进一步破坏。这时需要"看不见的手"进行市场调节,即需要政府干预,通过追究垄断的民事责任、行政责任甚至刑事责任

---

① 黄勇、董灵:《反垄断法经典案例选读》,人民法院出版社 2008 年版,第 144 页。

等震慑手段，来达到规制竞争的目的，从而修复被创伤的市场秩序。当前市场经济较为成熟的国家和地区已普遍设置了专门针对严重的反自由竞争行为者的刑事责任，以应对民事和行政追责不足以保护自由竞争秩序免受侵害的情况，启动国家之手的终极手段即刑事制裁，惩治侵害者，保护诚实信用者，让市场参与者真正得到自由竞争的权利，从根本上保障和维护现代市场竞争秩序。① 但并非所有的垄断行为都是刑法打击的对象，大多数反垄断立法国家通常认为竞争者之间通过共谋达成垄断协议是一种最粗暴的违反竞争的行为，被称为"核心卡特尔"，通常表现为固定价格、串通投标、限制产量、分割市场等行为，较其他垄断行为而言，其主观恶性更强，侵害市场自由竞争秩序的程度更严重，是垄断行为入罪的首选。除了核心卡特尔之外，一些国家和地区也将经营者集中入罪，这点在美国《谢尔曼法》中体现最为明显，但随着市场经济的发展，目前对经营者集中行为追究刑事责任的判例越来越少。同时，还有一些国家将严重滥用市场支配地位的行为入罪。面对愈演愈烈的行政垄断，基于行政责任不能有效对其进行制裁，一些国家也选择将行政垄断列入刑事责任追究的范畴。需要说明的是，垄断犯罪和证券犯罪、保险犯罪一样，只是一类犯罪的统称，下面将选择三种典型的垄断犯罪行为予以叙述。

一、垄断协议罪

垄断协议，美国法称之为"合同、联合、共谋"，欧盟法称之为"限制竞争协议"，德国法称之为"卡特尔"，日本法称之为"不正当交易限制"，还有些国家和地区称之为"联合行为""限制性贸易行为""共同行为"或"协议"等。垄断协议在市场经济条件下普遍存在且对自由市场竞争秩序危害严重，其基本含义一般是指两个或两个以上的经营者，以协议、决议或者其他联合经营的方式，共同打击、排挤其他竞争者以达到排除、限制市场竞争的目的。具体形式有三种，一是相关经营者以限制市

---

① John M. Connor. *Effectiveness of Antitrust Sanctions on Modern International Cartels*. 6 J. Indus. Competition Trade 195（2006）.

场竞争为共同目的，通过口头的形式明确订立限制竞争协议，即口头协议行为；二是相关经营者以限制市场竞争为共同目的，通过书面的形式明确订立限制竞争协议，即书面协议行为；三是相关经营者虽未以口头或书面的形式明确订立限制竞争协议，但其以限制市场竞争为共同目的协调其市场行为，即协调行为。在现实经济生活中，经营者达成协议而采取的具体行为多种多样，大体可分为横向垄断协议、纵向垄断协议和轴幅垄断协议。横向垄断协议包括固定价格协议、限定产量协议、限制技术协议、分割市场协议、联合抵制协议等，这种协议是指同一行业或者领域中的两个或多个经营者之间达成的限制竞争协议，产生和存在于具有竞争关系的经营者之间，是平等主体之间的关系。① 纵向垄断协议通常是经营活动的上下两个链条之间的限制竞争关系，如供应商与经销商之间、生产商与批发商之间的限制竞争协议，这些经营者之间并不存在真正意义上的竞争关系，更多地表现为买卖关系，主要形式有搭售、纵向价格约束、附加条件协议、特许协议、独家交易协议等。轴幅垄断协议也被称之为"轴辐共谋"，是处于产业链条不同层级的经营者为了追求共同的非法利益而设计的商业方案。它是横向协议与纵向垄断协议中间的一种特殊形态，也是经营者规避法律而产生的一种更加隐秘的垄断协议形式。轴辐垄断协议大致可以界定为：以特定主体为中心，多个具有竞争关系的主体之间达成的限制产品的价格、数量、销售地域等条件的垄断协议形式。轴辐协议实质上是具有竞争关系的企业通过与一个居间方的沟通而最终达成的横向垄断。② 需要说明的是，我国新修改的《反垄断法》第 19 条"经营者不得组织其他经营者达成垄断协议或者为其他经营者达成垄断协议提供实质性帮助"被认为是有关轴辐协议的具体条款。

　　对于如何理解垄断协议，司法实践中存在目的论和效果论之分。目的论认为，只要存在排除、限制竞争的目的，即构成垄断协议；效果论认

---

　　① John M. Connor, *Global Antitrust Prosecutions of International Cartels*: *Focus on Asia*. 31 World Competition 575，582（2008）.

　　② 王先林：《论我国垄断协议规制制度的实施与完善——以〈反垄断法〉修订为视角》，载《安徽大学学报（哲学社会科学版）》2020 年第 1 期。

为，只有存在排除、限制竞争的效果，才能构成垄断协议。从实践来看，尽管垄断协议的形式多种多样，但其共同的特征就是若干个占据统治地位的垄断主体联合起来，通过制定规则或统一行动的方式，排挤其他市场竞争者，阻碍形成所有市场主体自由竞争的秩序。现代市场经济是市场在资源配置中起决定性作用的经济，具有平等性、竞争性和开放性等特征，而垄断协议本质上是人为地操纵资源配置，与公平、公开、公正的商业伦理完全背离，损害了市场上广大消费者的自由选择权，有时甚至是直接的财产掠夺。市场经济中如果过多地存在垄断协议，那就意味着其他市场主体不可能平等地与垄断企业参与市场竞争，失去了市场选择的自主权，现代经济市场就失去了存在的基础。在世界各国的反垄断实践中，垄断协议一直是重点关注并严厉处罚的对象，情节严重的，甚至要追究刑事责任，即垄断协议行为可以升级确定为垄断协议罪。垄断协议罪表现在违反国家关于市场经济的民事交往、经济交易、行政管理、刑事犯罪的规定，以排挤和限制其他市场主体的竞争为目的，彼此之间建立起协议，从而获取高额垄断利润，破坏市场秩序，造成严重后果的行为。① 具体而言：

垄断协议罪的犯罪客体。垄断协议犯罪所侵害的社会关系是多层次的，危害性极大。首先，垄断协议罪侵犯了其他市场主体的平等竞争、交易权，垄断者通过建立协议，在市场中维持自己的优势地位，排除或限制市场竞争，导致其他市场主体不能与之公平竞争。其次，垄断者通过协议维持商品较高的价格，对消费者造成更重的经济负担。最后，垄断协议破坏了井然有序的市场秩序，导致市场竞争的混乱，增加了管理成本，侵犯了社会整体利益。

垄断协议罪的客观方面。客观方面是指垄断协议罪在客观方面的行为表现，在具体实践中，占据较大市场份额的两个或多个市场主体，彼此之间签订协议，共同实施某一方面的行为或维持商品价格，对其他竞争者形成明显的优势，打击其他市场主体的生存空间。垄断协议罪是行为犯，这就意味着，行为人之间只要形成了垄断协议，罪名即告成立。垄断协议执

---

① R. Hewitt Pate. Assistant Att'y Gen., Antitrust Div., U. S. Dep't of Justice. International Anti – Cartel Enforcement (Nov. 21, 2004).

行到什么程度，以及对市场造成的危害，不在认定犯罪考虑的范围之内。实践中垄断协议的内容主要包括以下几个方面，一是对生产的商品进行限制，减少商品数量，提高商品价格；二是划分市场份额，在彼此的领域不进行竞争；三是对技术进行限制，维持现有技术水平，不再投入资金研发新技术；四是联合起来排挤其他竞争者。① 需要说明的是，尽管司法实践中，对垄断协议的认定还存在目的论和效果论之争，如果垄断协议构成犯罪，那么目的论将入罪问题提前，即只要存在"可能"便构成违法，效果论将入罪问题推后，即只有显现为现实的损害才构成违法。但实际上，违法行为的目的很难以证据证实，除非当事人自己明确承认。因此，垄断协议罪的犯罪客观方面应以经营者的行为产生了或者可能产生排除、限制竞争的效果为主要判断标准。

　　垄断协议罪的犯罪主体。一般刑事犯罪的主体包括自然人和法人，对垄断协议罪而言，自然人和法人也都可以构成犯罪，并且彼此之间不影响犯罪成立和刑罚制裁。在自然人方面，不需要特殊的资格，只要年满16周岁，具有辨别和控制自己的能力，就可能构成犯罪。此罪在犯罪主体方面的特殊之处是，需要两个或两个以上的犯罪主体达成协议，因而只能是共同犯罪，单独主体不能构成此罪。并且此罪的参与者应具有独立性，一是在法律上具有独立的人格，拥有独立的财产，能够独立地承担法律责任。法人的分支机构和职能部门，或者没有领取营业执照、不能独立承担责任的分公司，不具有法律上的独立人格，不能成为垄断协议罪的主体。二是应当具有实质上的独立决策能力，有些经营者虽然具有独立的法律人格，但不具备独立的决策能力，也不能成为垄断协议的主体。如母子公司之间达成的垄断协议，因子公司不具备独立决策能力，不能成为此罪的犯罪主体。

　　垄断协议罪的主观方面。由于本罪需要积极的犯罪行为才能成立，因而在主观方面只能是故意，并且是直接故意，过失和间接故意不可能构成本罪。也就是说，两个或两个以上的行为人明知自己的垄断协议会侵害他

----

① Harry First, *The Vitamins Case*: *Cartel Prosecutions and the Coming of International Competition Law*. 68 Antitrust L. J. 711, 713 – 14 (2001).

人自由竞争、扰乱市场秩序、可能造成严重后果，但基于自身利益的考虑，还是积极地希望这种后果的发生。即构成垄断协议罪，主观上要求经营者之间积极行为，主动达成某种形式上的共谋，意思表示可以是书面或者口头协议、默示一致的行为等，并且要基于共同的意思表示积极主动地实施共同的行为。

二、滥用市场支配地位罪

滥用市场支配地位的行为前提是行为人在市场上具有支配地位，有的占据较大市场份额，有的具有先进的生产技术，有的具有明显的成本优势，使得该市场主体在与其他企业竞争时处于明显的优势地位。不同国家对于市场支配地位的定义不同，其起源于德国《反对限制竞争法》和《欧洲经济共同体条约》的规定，而美国反托拉斯法将其称为市场力量，日本的反垄断法使用了"垄断状态"一词。尽管称谓不同，但其所指的经济现象大致相同，即某个企业或者某些企业在特定的市场上具有一定的市场力量，通过运用这种力量"支配"或"控制"市场，不受有效竞争的制约，对市场运行产生严重的影响。如果企业为了进一步维持或者增强这种优势地位而采取了不正当竞争举措，限制其他市场主体参与该行业的竞争，并造成严重后果，就会构成滥用市场支配地位罪。虽然有些企业在实施滥用行为时，针对的是该行业特定的市场主体，但行为一旦实施，其所侵害的对象就不仅仅是特定竞争对手的权益，而是广大消费者的利益和社会整体利益，因而具有较大的社会危害性。[①] 绝大多数反垄断立法国家和地区都将此类行为界定为犯罪，对此予以严厉的打击。应该说，在市场上占据支配地位不是与生俱来的，很多企业经过改进技术、加强管理等各种手段，克服重重困难才最终具有支配地位。因此，现代市场经济国家并不禁止企业占据市场支配地位这一行为和事实，认为这是市场经济发展的

---

① Hugh Hollman & William E. Kovacic, *The International Competition Network: Its Past, Current and Future Potential*, 20 Minn. J. Int'l L. (forthcoming 2011).

必然产物。但当企业占据了支配地位，就有了控制市场价格和份额的条件，就能够利用这种支配地位较轻松地获取高额利润。在利润的驱使下，占据支配地位的企业就会在制定价格标准、设置交易规则等方面，过多地施加自己的影响，以期更长时间的维持自己的支配地位，更大可能获取更多的利润。这种行为的危害规模比较难以预测，危害产生的时间较长，结果与行为之间的因果关系比较模糊，在认定犯罪方面存在一定的困难。正是因为滥用支配地位的隐秘性、后果的严重性，各国都把此类行为作为打击垄断的重点，将其作为反垄断法的三大支柱内容进行规制，以期真正保障市场公平竞争的秩序。

滥用市场支配地位的行为具有极大的社会危害性，不仅严重地破坏了市场竞争秩序，而且也极大地损害了市场相对人的合法权益，破坏了社会公共福利。滥用市场支配地位，破坏社会和市场的分配机制，经营者滥用市场支配地位，一般采取控制产品的产量、市场供应量和差别待遇来实现获得较优厚利益的目的，使市场相对人变成被宰割的"羔羊"。滥用市场支配地位恶化市场环境，破坏了市场竞争秩序。长期滥用市场支配地位，可能会让垄断企业形成一种养尊处优的特权，长此以往形成懒惰、寄生的习性。不但会阻碍生产发展，还会影响产品质量、服务质量，阻碍社会生产技术的进步和科技水平的提高。经营者滥用市场支配地位的行为，对社会的危害是明显的，所以，世界各国竞争法都把它作为反垄断法的重点支柱内容对待，现今已形成了一套完备的规制体系。虽然刑事责任是最严厉的法律责任，轻易不会动用，但基于滥用市场支配地位的危害性，现代市场国家还是通过刑事责任追究、制裁滥用市场支配地位的行为人，以期能够扼制住不断泛滥的滥用市场支配地位。对于我国而言，滥用市场支配地位的入罪，应根据我国社会主义市场经济的特点，参照有关国家和地区对滥用市场支配地位的刑罚规制，视其危害后果严重程度予以相应的刑罚规制。

滥用市场支配地位罪的犯罪客体。本罪侵犯的社会关系既包括其他经营者的合法权益，也包括消费者的权益和社会的整体利益，具有广泛性特征。垄断行为人通过自己的竞争优势实施了滥用市场支配地位的行为，直接侵犯的对象就是同类市场竞争对手的自由、公平交易权，一些企业可能因此受到巨大损失甚至破产。同时，这种妨碍竞争的行为一般会造成商品价格居高不下、售后服务停滞不前等乱象，消费者不能自由地选择商品，不能享受较好的服务，其合法权益也受到了损害。自由竞争是市场经济发展的基石，在行为人滥用支配地位的情况下，市场由竞争变为专制，由繁荣变得萧条，国家利益也会因此受到损害。

滥用市场支配地位罪的客观方面。从本质上看，滥用市场支配地位本身也是一种经营行为。但是，由于这种行为是由占据市场支配地位的主体实施的，并且造成了一定的危害后果，因而要通过刑罚进行处罚。即具有市场支配地位的企业实施了滥用行为。而对于"滥用"的一般定义，立法和司法裁判中都很少有明确、概括性的表述，一般只能就个案具体情况作出认定。实践中比较常见的方式包括不公平定价行为、强制交易行为、搭售行为等，这些行为对社会造成的危害程度很难判断，特别是违法行为和后果之间的因果关系难以确定。因此，在研究滥用支配地位罪的客观方面时，一定要明确实施主体是否具有支配地位、实施行为是否造成危害后果、后果与行为之间是否具有因果关系等。

滥用市场支配地位罪的犯罪主体。本罪的犯罪主体要符合一定的条件，即犯罪者应在市场上占据支配地位。只有这样的企业实施的滥用行为，才能妨碍其他市场主体的公平竞争权，才能限制消费者的自由选择权，才能扰乱正常的经济秩序。一般企业实施类似的行为，其危害性较小，是一种正常的市场经营活动，不得作为犯罪处理。对于市场支配地位的界定，通常包括市场绩效标准、市场行为标准和市场结构标准等。依市场绩效标准，企业的销售价格过分高于生产成本而产生的非同寻常的盈利可归结为该市场缺乏竞争，从而可以认定该企业具有市场支配地位；依市场行为标准，一个企业如果在确定其销售和价格策略的时候，不必考虑其他竞争者的销售和价格策略，这个企业在市场内就占有支配地位；依市场结构标准，一个企业在特定市场上占据相当大的市场份额，就能够认定该企业具有市场支配地位。在各国实践中，市场结构标准被使用得较多，但是，要准确认定市场支配地位，应结合具体案情的需要，综合考虑各类认定标准。

滥用市场支配地位罪的主观方面。滥用市场支配地位是一个积极主动的行为，行为人需要确定行为目的、制订实施计划、组织人员落实具体措施。从行为性质方面可以看出，行为人对滥用市场支配地位的危害后果是非常清楚的，并且乐于见到这样的行为后果发生。因此，本罪的主观方面只能是直接故意，间接故意和过失不构成本罪。

三、滥用行政权力限制竞争罪

滥用行政权力限制竞争罪是指政府机构为了地方保护或者获得更多财政收入，或者出于其他目的，滥用审批、税收等行政管理权限，扶持某些市场主体，减少市场竞争，对经济秩序、消费者权益、社会公共利益造成损害的行为。① 滥用行政权力限制竞争，俗称行政垄断或行政性垄断，是与经济垄断相对应的另一种性质的不法垄断概念。反垄断法上的行政性限制竞争行为是指政府及其所属机构滥用行政权力限制竞争的行为。这些行为之所以被称为是滥用权力，是因为它们既不属于政府为维护社会经济秩序而进行的经济管理活动，也不属于政府为实现对国民经济的宏观调控而采取的产业政策、财政政策等经济政策和社会政策。行政垄断是一种与经济垄断性质根本不同的垄断行为形式，行政垄断在行为主体构成上、垄断行为性质上、主观动机和目的上以及社会危害程度上，都与经济垄断行为存在较大差异。我国复杂的、客观的改革开放历史和现实表明，滥用行政权力的行政垄断，比经济垄断的社会危害性更大。滥用行政权力排除或限制竞争，其产生原因是多方面的，我国社会主义计划经济体制、政治管理体制等历史遗留在国家机关、社会各界中都留有深厚印迹。在社会观念中，"行政本位"没能从根本上改变，以"国家主义""政权主义"推进经济发展还有广泛的现实"市场"存在，这是滥用行政权力管理现代市场、管理经济的基础原因。学术界认为滥用行政权力实施行政垄断的原因，主要有以下七个方面：第一，体制改革不彻底；第二，经济结构不合理，各地产业结构发展呈现严重的趋同性；第三，利益驱动；第四，利益

---

① Eleanor Fox. Linked – In: *Antitrust and the Virtues of a Virtual Network*. 143 Int'l Law. 151, 160 (2009).

配置不合理；第五，对行政垄断的监督检查力度不够；第六，政府干预意识太强，法治意识淡薄；第七，商品经济不发达，公民缺乏市场竞争意识。由于行政垄断有着极大的社会危害性，所以反对滥用行政权力限制竞争行为，成为全社会的呼声。在社会主义市场经济条件下，行政机关是市场经营活动中的裁判员，担负着规范经营者的经营行为、保证市场公平竞争、维护市场竞争秩序的职责，滥用行政权力就如同裁判员"吹黑哨"，会对现代市场竞争机制和竞争秩序造成极大的危害。一方面，滥用行政权力限制竞争，直接排除或限制了某些经营者的竞争行为，破坏了生存竞争机制，使其不能发挥优胜劣汰的功能；破坏市场配置功能，使其失去正确导向作用；破坏了全国统一市场的形成，造成国内市场条块分割，自成门户、相互对峙；恶化市场环境、交易条件，破坏了社会主义市场经济秩序。另一方面，不经过竞争就能获得优胜的经营者，也会滥用自己的经济优势，抛出质次价高的商品或服务，损害市场相对人包括消费者在内的合法权益。另外，行政垄断不但损害了自由竞争的市场经济秩序，还腐蚀了国家权力，影响了政府的公信力，其危害性远远高于官员个人腐败。行政垄断通过披着合法外衣的方式，对社会资源进行不公正的分配，变相掠夺社会财富，败坏社会风气，影响国家公信力。鉴于行政垄断的巨大危害性，在我国刑法中增设滥用行政权力限制竞争罪，已获得越来越多理论界和实务界人士的认同。

滥用行政权力限制竞争罪的犯罪客体。本罪侵犯的社会关系具有多样性，既包括其他市场主体自由、平等参与市场竞争的权利，也包括政府对市场经济正常的管理权，还包括公权力的廉洁性。滥用行政权力限制竞争，作为一种滥用行政权力的违法行为，它侵害了社会主义市场经济赖以生存发展的动力机制，即平等、自由、公平。地位平等、选择自由、竞争公平是市场经济发展的基石，也是有效发挥市场资源配置基础性作用的手段，是市场经济健康发展的必要条件。需要明确的是，行政垄断干预经济主要是干预市场的自由竞争与公平竞争，在竞争领域之外的政府对经济的干预行为不属于行政垄断的范畴。

滥用行政权力限制竞争罪的客观方面。本罪在客观方面表现为滥用行政权力实施限制竞争行为，这种行为要具备两个要素，才能够成立犯罪：

一是不正当地使用了行政权力。行政权力是一种法定的权力，它由国家通过立法的方式赋予执法者，由行政机关和法律法规授权的具有管理公共事务职能的组织及其工作人员代表国家具体实施，目的是维持国家秩序正常运作。行政职权依一定的行政职务身份而成立，应当依照法律的要求而行使。只有滥用行政权力情节严重的，才能构成本罪。滥用行政权力是指执法者为了自身或本地的利益，或基于其他目的，违背法律宗旨，违反法定程序，不正当履行法定职责的行为。二是实施了限制竞争的行为。行政限制竞争行为繁多，可以归纳概括为四类：（1）限定消费者买卖指定经营者的商品，或者接受指定经营者提供的服务，以排挤其他经营者。（2）行政强制限制竞争。例如，强制把本地区、本系统的若干个企业联合成立大企业，在市场上占据主导地位，规定市场价格等。（3）限制市场准入。如为了保护本地区企业利益，对其他地区企业设置了不公平的进入条件，限制其进入本地发展。（4）通过与经营者签订合作协议、备忘录等方式，妨碍其他经营者进入相关市场或者对其他经营者实行不平等待遇，排除、限制竞争等。

滥用行政权力限制竞争罪的主体。由于本罪强调的是滥用"行政权力"，因而犯罪主体多是行政机关和法律、法规授权的具有管理公共事务职能的组织及其工作人员，在实践中，一些行政机关和公务人员委托和授权其他人员代为行使行政权力，也可能构成该罪。需要注意的是，授权和委托必须经过法定的程序，且被授权者还必须具有管理公共事务的职权，否则仍然可运用间接正犯理论来追究授权者和委托者的刑事责任。行政机关之外的执法者、司法者，如党委、人大、政协、司法机关及其工作人员等，由于其行使的不是本罪所要求的行政职权，因而不是本罪的犯罪主体。如俄罗斯《关于竞争和在商品市场中限制垄断活动的法律》（1995年）规定："联邦行政权力机构、俄联邦各部门的行政权力机构和各市政当局的官员，商业性组织、非营利性组织以及它们的经营者，以及公民，在被判处犯有违反反垄断法规定时，将被追究民事、行政或刑事责任。"

滥用行政权力限制竞争罪的主观方面。滥用行政权力是一个需要积极的意思表示才能完成的行为，行政机关和法律、法规授权的具有管理公共事务职能的组织及其工作人员在排除和限制其他市场竞争主体目的的驱使下，通过正当的程序实施限制竞争的行为，整个过程体现了计划、实施、反馈的管理链条。因此，滥用行政权力限制竞争罪只能由具备行使公权力职权的行政机关直接故意行使，间接故意和过失不是本罪的主观方面。

第四章　反垄断刑事责任比较论

尽管我国《反垄断法》自颁布以来，十余年间取得了巨大成就。为建设高效有序的市场竞争格局，十年来依法查处垄断案件794件，不正当竞争案件23.4万件，审结经营者集中案3822件，及时预防和制止平台经济、医药、公用事业等领域的竞争违法行为，全面落实公平竞争审查制度，审查政策文件468万件，纠正废止排除限制竞争的5.3万件，有力地促进了全国统一大市场的建设，营造各类所有制、大中小企业协同发展的良好格局。为建设公平透明可预期的竞争规则，积极适应市场经济发展的要求，相关的法治建设也在与时俱进，到2022年《反垄断法》完成了首次修订，两次修订《反不正当竞争法》，制定了配套规章7部，还有平台经济、知识产权等反垄断指南8部①。党中央首次制定了《关于强化反垄断深入推进公平竞争政策实施的意见》，明确了顶层设计和战略方向，同时加强了政策解读和宣传引导，增强监管执法的透明度和可预期性。同时，积极参与全球竞争治理，与美国、俄罗斯、日本等35个国家和地区签署合作文件，在RCEP、中韩等十个自贸协定中设立了竞争政策专章，同时成功举办了第七届金砖国家国际竞争大会，现在中国与美国、欧盟并列为全球三大反垄断的司法辖区。但是，鉴于各国反垄断立法目的和基本框架制度大体一致，基于先进经验理论的分享，我国的反垄断刑事责任制度建设也可借鉴域外先进的实践经验。从各国的立法实践来看，制定反垄断法的基本目标都是为了保护市场的公平竞争，维护市场机制的正常运

---

① 以上数据来源参见：《过去十年我国查处不正当竞争案23.4万件》，载中国青年报，https：//cf. sina. com. cn/articles/riew/1726918143/bbeead-ff02001etb5.

行；在规制对象方面，各国的反垄断法基本以禁止垄断协议、禁止滥用市场支配地位和控制经营者集中为主要内容；且各国的反垄断法理论都以实践为导向，具有很强的时代特征。

第一节　域外反垄断刑事立法概况

20世纪90年代以前，在反垄断法中设立刑事责任制度的国家为数不多。但随着现代市场经济的发展，反垄断执法需求日益旺盛，基于垄断执法威慑力的考虑，进入90年代以后，对垄断行为进行刑事制裁的国家和地区越来越多，继加拿大、美国之后，日本、英国等国家也在自己的反垄断法中规定了刑事责任。新近制定反垄断法的国家和地区也大多借鉴其他反垄断国家先进的立法经验，立足于各国国情，在各自的反垄断法中规定了反垄断刑事责任，可以说，在反垄断法中设立刑事责任制度为越来越多的反垄断立法国家和地区所接受。近年来，我国正以越来越快的速度融入世界经济体系，法律制度等一些上层建筑也在与世界日益趋同，现行反垄断法中的绝大多数法律责任规定都是在比较和借鉴国外相关规定的基础上制定的，且我国新修改的《反垄断法》第67条也规定了，"违反本法规定，构成犯罪的，依法追究刑事责任。"以此为立足点，对反垄断刑事责任进行比较研究，便成为研究完善我国反垄断刑事责任制度的落脚点和出发点。

一、加拿大竞争立法中的刑事责任

学术界普遍认为，美国是世界上第一个制定反垄断法的国家，反垄断刑事责任也是滥觞于美国，其实这种观点是值得商榷的。实际上，加拿大才是现代西方国家第一个制定反垄断法的国家。1888年，一个以 Wallace Committee 著称的 Select Committee of the House of Commons 在对各个经济部门的合并进行调查之后，撰写了调查报告，称有足够的损害可能性证据与影响证据表明通过立法抑制因合并或类似合并垄断产生的危害是有正当理由的。作为这一报告的结果，加拿大立法机关于1889年颁布了《预防和禁止限制贸易的合并法》。该法第 1 条规定：（1）任何人与他人或与任何铁路、汽船、汽艇或交通运输公司非法合谋、合并、约定或商定，（a）不正当地限制用于运输、制造、供应、储存或交易物件或商品的设施；（b）不正当地限制或损害与此类物件或商品有关的贸易或商业；（c）不正当地阻止、限制或减少此类物件或商品的制造或生产，或因此不合理地提高价格；（d）不正当地阻止或减少此类物件或商品的生产、制造、购买、交换、销售、运输或供应方面的竞争，或不正当地阻止或减少人身保险、财产保险方面的价格竞争，将构成轻罪，一经定罪，将处以200 加元以上 400 加元以下的罚金，或处以不超过 2 年的监禁；如果是公司，将处以 1000 加元以上 1 万加元以下的罚金。虽然加拿大的立法名义上所规制的对象是合并行为，但事实上，它所禁止的行为与美国 1890 年《谢尔曼法》所禁止的行为基本上相同。

1892 年，《预防和禁止限制贸易的合并法》被废除，相关内容被纳入《刑法典》第 520 条之中。随后，1910 年，加拿大议会颁布了《合并调查法》，1919 年又颁布了《合并与公平价格法》和《商业委员会法》，旨在借助行政力量对竞争行为进行监管。1923 年，新的《合并调查法》取代了这三部法律，并恢复了刑事制裁手段，该法第 32 条就属于刑事条款，1923 年的《合并调查法》一直适用至 1952 年。1960 年，《刑法典》第520 条被重新纳入《合并调查法》，并取代了《合并调查法》的第 32 条规定。其后，经历了 1970 年、1976 年等多次修改后，《合并调查法》最终于 1986 年被废除，改为沿用至今的《竞争法》。《竞争法》第 1 条开篇即明意其立法目的，"维持与保护加拿大的竞争，促进加拿大经济的效率与适应性，扩大加拿大企业参与世界经济的机会及外国企业参与加拿大经济的机会，保护中小企业的机会，为消费者提供更优惠的商品与更多的选择机会。"该法主要通过刑事制裁与民事赔偿两种手段对竞争行为进行规制，其关于刑事责任的规定主要集中于该法的第 45 条。该条规定：（1）任何人与他人合谋、联合、达成协议或安排，（a）不正当地限制用于运输、制造、供应、储存或交易的任何产品的设施，（b）不正当阻止、限制或减少某种产品的制造或生产或因此不合理地抬高价格，（c）不正当地阻止或减少某种产品的生产、制造、购买、交换、销售、储存、租赁、运输或供应方面的竞争，或不正当地阻止或减少人身保险、财产保险价格方面的竞争，或者（d）其他不正当限制或损害竞争的行为，构成可指控的犯罪（an indictable offence），处以不超过 5 年的监禁或不超过 1000 万加元的罚金，或者两者并罚。显然，加拿大关于合谋的刑事责任立法，自1889 年往后的 100 余年间虽进行了数次修订，但除了增加罚金，对举证责任的某些方面进行澄清，增加服务内容外，其实质内容并没有多大变化。

2009 年 3 月，加拿大对《竞争法》进行了修订，废除了该法第 45 条原有的合谋条款，以无须竞争专员就竞争者之间的卡特尔协议可能减少竞争承担举证责任的本身犯罪规定代之。现行第 45 条（1）的内容如下：任何人与其竞争者就某种产品合谋、约定或商定，（a）固定、维持、提高或控制商品供应的价格，（b）为该种产品的生产或供应划分销售额、地域、顾客或市场，或（c）固定、维持、控制、阻止、减少或消除该种产品的生产或供应，是犯罪。修正后的刑事禁令专门针对竞争者之间达成的明目张胆限制竞争的固定价格、划分市场或限制产品的协议。竞争者合作的其他形式，如联营与战略性联盟可能受民事条款的调整，民事条款禁止可能实质减少或阻碍竞争的协议。

二、美国反垄断立法中的刑事责任

与加拿大一样，美国也是从反垄断立法伊始就规定了刑事责任。1890年颁布的《谢尔曼法》规定："任何契约，以托拉斯形式或其他形式的联合、共谋，用来限制州际间或与外国之间的贸易或商业，是非法的，任何人签订上述契约或从事上述联合或共谋，是严重犯罪。如果参与人是公司，将处以不超过 100 万美元的罚款。如果参与人是个人，将处以 10 万美元以下罚款，或 3 年以下监禁。或由法院酌情并用两种处罚。"此后，基于基本国情的变化，美国对其反垄断刑事责任制度进行了不断的修改完善。现在美国关于反垄断的刑事责任规定主要由三部分组成：

第一部分是国会制定的法律。国会制定的法律包括《谢尔曼法》《克莱顿法》《威尔逊关税法》《罗宾逊—帕特曼法》《刑事罚金实施法》，其中起主要作用的是《谢尔曼法》。《谢尔曼法》全文共 8 项条款，其中第 1

条、2 条、3 条规定了反垄断刑事责任的适用，最初只将垄断行为作轻罪处理，1974 年，国会又将"轻罪"（misdemeanor）改成"重罪"（felony）。自颁布以来，《谢尔曼法》历经多次修订，每次修订的重要内容都包括刑事责任部分，主要是与时俱进提高罚金数额和监禁期限。如 1890 年规定的最高罚金为 5000 美元，最高监禁为 1 年；到了 1955 年，罚金数额提高到 5 万美元；1974 年，将最高监禁期上升至 3 年，将对个人的罚金增加至 10 万美元，对公司的罚金提高到 100 万美元；对个人的罚款提高到 35 万美元，对公司的罚款提升到 1000 万美元。2004 年 6 月，美国国会又通过了修订《谢尔曼法》的《反垄断刑事惩罚加强与改革法》，将公司罚金提高到最高 1 亿美元，个人罚金提高到最高 100 万美元，个人监禁时间最长提高到 10 年。除《谢尔曼法》之外，1984 年颁布的《刑事罚金实施法》也是适用于垄断罪的重要法律文件，该法的主要目的是规定计算刑事罚金的方法，对所有类型的犯罪都适用，即如果存在因犯罪获得的经济收益，或者犯罪给被告人以外的其他人造成了损害，那么对被告征收的刑事罚金不能超过非法收益或所受损失的两倍，除非征收罚金过于复杂或延长了审判时间。

第二部分是 1987 年由美国判决委员会制定的《反垄断判决指南》。该指南明确了反垄断刑事制裁所需要考虑的因素。这些因素包括但不限于受违法行为影响的商业量、被告在犯罪中的作用、是否妨碍司法、被告在反垄断调查与起诉中与反垄断局的合作诚意、是否愿意承担责任、公司规模、高级职员卷入犯罪、犯罪历史等。为防止自由裁量权的滥用、误用，该判决指南还对这些因素进行了量化处理，法官必须在该指南所规定的范围内根据成文法所规定的最轻惩罚与最重惩罚进行判决。判决指南确定了标准化的刑事罚金与监禁期限的计算方法，保障了联邦判决的一致性、透明性与公平性。[1]

第三部分是美国司法部颁布的宽大政策。1978 年，美国开始推行刑事宽大政策。司法部颁布的宽大政策，虽然是由执法机关制定的，但是对

---

① Anne Marie Herron. *The Antitrust Sentencing Guideline: Deterring Crime By Clarifying the Volume of Commerce Muddle*. 51 Emory L. J. 929（Spring，2002）.

于经营者具有普遍约束力，因而也属于立法层面的内容。宽大政策规定，对那些在政府发现违法行为之前自愿报告自己的价格固定行为的公司或官员给予宽赦待遇。但这种宽赦是非自动的，反垄断局要考虑诸如该行为是在不久的将来可合理地被预期意识到的计划，宽免申请者的时限与坦诚等因素。初期由于政策要求比较严格，实施的效果并不理想，为了创造一种囚徒困境，鼓励参与者成为"告密者"而向反垄断执法机构报告垄断行为实行的情况，通常只有第一个提出申请的公司才能被考虑给予宽免。宽大政策的制度设计基础在于，由于垄断案件的隐秘性往往很强，成员之间能够秘密实施垄断行为而不被第三方知晓，通过制度设计鼓励垄断行为参与者"告密"的宽大政策，力求在调查中甚至在调查之前就可以结束调查，从而降低反垄断成本。该政策的实施理念除了利用囚徒困境外，还在法律与经济政策的刚性之余，尝试着引入和依靠人的善良本性的自我发现以及国家法律，特别是刑罚的震慑使得违法者能及时地迷途知返。

三、英国竞争立法中的刑事责任

早在 1623 年，英国就颁布了世界上第一部以"垄断"命名的法律——《垄断法》，该法不仅对国王授予的垄断经营权进行规制，而且还建立了三倍损害赔偿制度。该法规定："因垄断的原因或情境而被妨碍、扰乱、打搅，或其货物或动产被以任何方式侵占、扣押、掠夺及扣留的任何人"，"应获得三倍于其所受损失的赔偿"。① 尽管该法的适用范围只限于行政垄断，但其立法理念与基本价值和现代反垄断法立法是基本一致的。②

英国现代竞争法的发展始于第一次世界大战后。经过 30 余年的酝酿，英国于 1948 年颁布了第一部竞争法：《垄断与限制性行为（调查控制法）》该法第 18 条规定，违反本法规定者，处 3 个月以下有期徒刑或科或

---

① Clifford A. Jones, *Private Enforcement of Antitrust Law in the EU, UK and USA, Oxford University Press*, 1999, 35.

② ［英］F. A. 哈耶克：《自由秩序原理》（上），邓正来译，三联书店 1996 年版，第 211 页。

并科 100 万英镑以下罚金；违反本法规定而构成犯罪的，再有拒绝或懈怠之情事者，就其新违法行为另行处罚之。① 简言之，英国关于反垄断刑事责任的立法也是较早的。不过，1948 年立法的重点在于建立一个机构——垄断与限制性行为委员会，负责调查反竞争行为，所以，反垄断刑事责任的实施效果并不好。1956 年，英国又颁布了《限制性贸易行为法》该法是英国国内各利益集团博弈的产物，即限制性贸易行为并不当然违背公共利益，但应当进行登记，所以，该法设立了两个机构：限制性贸易协议登记处和限制性行为法院，其中前者负责登记，后者负责合法性审查。此后，英国又根据本国政治经济发展的实际需要，制定了 1973 年《公平贸易法》、1976 年《转售价格法》、1976 年《限制性贸易行为法》、1980 年《竞争法》等多部竞争规范。

20 世纪末，全球掀起了新一轮的经济合并浪潮，加之经济全球化速度的不断加快，同时欧盟竞争法的不断发展也要求英国的竞争法律制度尽量与欧盟竞争法的内容保持一致，特别是在处理涉及欧盟范围内的竞争事务方面，更是要求成员国的法律不得与欧盟的竞争法律相冲突。在这一宏观背景之下，英国工党和保守党开始就竞争法的改革进行了长达十年之久的讨论，最后于 1998 年颁布了《竞争法》。1998 年的《竞争法》是一部综合性法律，它取代了之前英国政府颁布的多部竞争法，如 1976 年《转售价格法》、1976 年《限制性贸易行为法》等，初步完成了英国原有竞争立法的整合。1998 年的《竞争法》不仅在规制对象方面与欧盟竞争法基本保持一致，而且完善了竞争执法机制。新的立法加强了公平交易总局长在竞争法实施中的地位和作用，导致公平交易总局长在竞争法的实施方面处于核心地位。根据该法规定，公平交易总局长既有调查权，也有裁决权，集执法与司法于一体，《竞争法》的威慑力有所加强。不过，由于工党和保守党的意见分歧较大，到 20 世纪末，英国一直未对垄断行为进行刑事制裁。

有学者指出，英国不愿意通过严厉手段来制裁垄断行为的主要原因在

---

① 　尚明：《主要国家（地区）反垄断法律汇编》，法律出版社 2004 年版，第 99 页。

于，长期以来，英国奉行自由市场经济模式，政府仅承担"守夜人"的角色，对市场经济活动不作过多干预。即英国人"二战"前普遍认为，管理最少的政府是最好的政府。随着凯恩斯主义的盛行，"二战"后英国政府对市场经济的干预虽有所加强，但与其他的发达资本主义国家相比，英国的干预程度仍然是相当低的：凡是市场能够解决的，政府一般都不加干预。另外，"二战"后，世界各国形成了大规模的以法典化、非犯罪化与非刑罚化倾向的刑罚改革趋势，在相当程度上影响着英国竞争法的非刑事化。①

然而，反垄断实践证明，仅仅依靠罚款并不能对垄断行为进行有效威慑。英国政府认为，一个因实施垄断行为而受到罚款处罚的公司可能导致公司解散或破产，这会产生不良的经济、社会影响。如果对个人进行了刑事制裁，对加强反垄断法的威慑力可能会更为有用。② 由于 1998 年《竞争法》的威慑力不够，2001 年 7 月，英国财政部和贸工部联合发布了《生产力与企业：一个世界级的竞争制度》白皮书，提出了要改革英国竞争制度。2002 年颁布了《企业法》，在该法的第六编"卡特尔犯罪"中，英国政府规定了垄断行为应当承担的刑事责任。该法第 188 条规定："（1）如果个人非诚实地（dishonestly）与一个或一个以上的人达成或实施或受权达成或实施至少与两企业 A 与 B 有关的协议，即构成犯罪；（2）作为当事方打算签订的协议，是（a）除了向 B 之外，直接或间接地固定 A 在英国提供的商品或服务的价格，（b）限制或阻止 A 的商品或服务在英国的供应，（c）限制 A 在英国生产某种产品，（d）在 A 与 B 之间分配向英国的某一客户或某类客户提供商品或服务的数量，（e）在 A 与 B 之间划分在英国的商品或服务的客户，本罪只针对个人，而不针对公司；（f）串通招投标；（3）除上述第（2）（d）（e）（f）之外，作为当事方打算签订的协议，是（a）除了向 A 之外，直接或间接地固定 B 在英国提供的商品或服务的价格，（b）限制或阻止 B 的商品或服务在英国的

---

① 张平：《反竞争犯罪研究》，法律出版社 2008 年版，第 48 页。

② Mark Furse, *Susan Nash. Partners in Crime - the Cartel Offence in UK Law*, I. C. C. L. R, 2004（5）.

供应，（c）限制 B 在英国生产某种产品；（4）上述（2）（a）到（d）和（3）提到的产品供应或生产是指'特定环境'（in the appropriate circumstance）中的供应或生产（第 189 条有规定）；（5）'串通招投标'是一种协议，根据这种协议，为了回应在英国发生的对商品或服务的招标要求，或在英国生产产品的要求，（a）A 可以投标，而 B 不可以投标，（b）A 和 B 每方都可以投标，但在每种情况或两种情况下，只有一方中标……"① 但我们也应当注意到英国即便进行了反垄断刑事责任立法，但由于多方原因，其成功率其实很低，刑事责任追究难以达到立法者的初衷，如英国 2002 年将卡特尔行为入刑后，至 2015 年只有 1 起卡特尔案件被成功起诉，其余案件多因证据不足而被撤诉。②

四、日本反垄断立法中的刑事责任

日本属于后发资本主义国家，自明治维新之后，日本国内逐渐形成了三菱、三井、住友等几大财团，控制着日本的政治、经济、军事命脉，成为第二次世界大战的策源地。第二次世界大战，日本战败后，国内的政治、经济形势发生了重大变化。为了去除日本军国主义的政治、经济基础，以美国为代表的占领军在日本推行了政治、经济体制改革。占领军认为，反垄断法是推行经济民主化、消除军国主义经济基础的有效手段，在美国的高压下，日本国会于 1947 年颁布了《禁止私人垄断及确保公正交易法》（以下简称《禁止垄断法》）。该法由十章 100 条和附则 14 条，共计 114 条构成。它的基本内容是限制私人垄断与不正当交易、禁止不公正的交易方法、防止事业控制力的过度集中、实行联合、协定等方法，禁止对生产、销售、价格、技术等的不当限制和其他一切事业活动的不当限制。日本《禁止垄断法》（1947 年）第十章的"罚则"部分专门规定了"垄断或限制正当交易罪""不公正的国际协定或国际合同罪""违反公司

① Sir Jeremy Lever Q. C. & John Pike, *Cartel Agreements, Criminal Conspiracy and the Statutory Cartel Offence*, E. C. L. R, 2005 (2), (3).

② 胡莎：《论卡特尔行为的过度犯罪化》，载《中国刑事法杂志》2015 年第 5 期。

活动规定罪"和"违反申报规定罪"等四种类型的犯罪行为。①

1947 年的《禁止垄断法》遭到了日本通产省的抵制，为了平衡产业政策与竞争政策之间的冲突，《禁止垄断法》于 1949 年、1953 年、1957 年进行了三次小幅度修改。到了 20 世纪 70 年代初，日本的三菱、三井、住友、三和、劝业、芙蓉六大集团的经济总和占日本经济资本总额的 22%、总产值的 23%。六大集团的操纵产品价格的行为，致使日本在 1973 年石油危机后出现了物价狂涨的严重问题，日本国内矛盾激化。为了平衡国内严峻的利益冲突和垄断矛盾，1977 年 12 月，日本政府对《禁止垄断法》进行了第一次大幅度修改，将刑罚中的罚金数额一律提高到原来的 10 倍，而且对法定代表人也规定了相应的罚金制度，处以最高刑期为 3 年的徒刑或最高金额为 500 万日元的罚金。该次修改被称为是"日本反垄断法历史上划时代的修改"。1991 年和 1992 年日本又对《禁止垄断法》的课征金制度和刑事告发制度进行了重大修改。一方面对垄断违法行为采取刑事控告的严厉措施，另一方面将两罚规定中企业和经营者等行为人的罚金刑的联系分开。

第二节　域外反垄断刑事责任制度的实体性规定

一、反垄断刑事责任制度的立法模式

从前述各国反垄断刑事责任的立法规定来看，反垄断刑事制裁的立法模式主要有两种。一是附属立法模式。在附属立法模式下，垄断犯罪的犯罪构成及其刑事责任规定都立法于反垄断法中，刑法条文中并没有垄断犯罪的相关内容。司法、执法机构追究垄断者的刑事责任时，不需要援引刑法，只需要根据反垄断法即可以完成对垄断行为的定罪量刑。从某种意义上来讲，反垄断法中的这些条文相当于附属刑法，因此称为附属模式。附

---

① 刘延和：《日本的垄断犯罪与制裁》，载《吉林大学社会科学学报》1999 年第 2 期。

属刑法与刑法典的关系是特别法与一般法的关系，当附属刑法和刑法典都规定某一犯罪类型时，按照特别法优于一般法的原则适用特别法。但是，在适用特别法时要遵循一般法的基本原则，也就是刑法典的总则规定。这种模式具有普遍性，美国、英国、日本等国反垄断立法都属于附属模式。二是法典模式。在这种模式中，刑法典对垄断犯罪进行具体的规定，执法机构根据刑法典追究垄断者的刑事责任，而反垄断法仅规定反垄断行为的民事责任、行政责任，不再规定刑事责任的内容。在德国，其专门的反垄断法并没有规定反垄断刑事责任，但是危害严重的垄断行为可以构成刑法典中的串通招投标罪。① 加拿大也曾经采用过这种模式。在 1892 年，加拿大了废除了其于 1889 年制定的《预防和禁止限制贸易的合并法》，并将其中的刑事制裁内容纳入了《刑法典》第 520 条，直到 1960 年，《刑法典》第 520 条被重新纳入《合并调查法》。整体比较来看，绝大多数的国家和地区所采用的是附属立法模式。综观在反垄断法中规定刑事责任的立法国家，对垄断行为刑事责任的范围限定非常严格，行为类型也都非常明确，通常只针对本身违法的垄断行为规定刑事责任，具体行为仅包括固定价格、限制产出、分割市场、串通投标这四类。因此，我国若要进行反垄断法与刑法的接轨，可借鉴外国先进的立法模式，通过立法释明仅对特定的垄断行为增加刑事责任规定。

二、反垄断刑事责任制度的犯罪形态

尽管垄断行为的表现形式多样，具有多样性特征，但并不是所有的垄断行为都涉嫌犯罪，都需要通过刑罚予以制裁。通常而言，只有具有严重社会危害性的垄断行为才可能构成犯罪，可以把这些行为称为"核心垄断行为"。根据 OECD（经济合作与发展组织）1998 年发布的《关于反核心卡特尔的有效行动建议》，核心垄断行为主要是指少数竞争者之间故意

---

① Scott D Hammond, *Deputy Assistant Att' y Gen for Criminal Enfo rcement, US Dep' t of Justice Antitrust Div, Testimony Before the US Sentencing Comm' n* (12 April 2005). www. usdoj. gov/atr/public/testimony/208546. pdf.

通过协议、共谋等方式限制竞争行为，典型的做法包括固定价格、串通投标、限制产量、分割市场等。垄断主体明知这些行为会削弱市场竞争、侵害其他竞争者和消费者的合法权益、扰乱正常的市场竞争秩序，仍然积极主动地实施这些行为，说明主观过错较深、社会危害性较大，有必要通过刑罚的方式进行制裁。

由于世界各国反垄断立法的文本都较为简单，譬如美国的《谢尔曼法》只有简短的 8 条，后来缩减到 7 条，所以，成文法国家对于所禁止的垄断行为通常采取的是一种概括式立法模式，垄断刑事责任规定也不例外。比如，美国《谢尔曼法》第 1 条规定，任何契约，以托拉斯形式或其他形式的联合、共谋，是非法的，任何人签订上述契约或从事上述联合或共谋，是严重犯罪；日本的《禁止垄断法》第 3 条规定企业不得进行"私家垄断"或"不当限制交易"等。也有国家和地区采取了列举加概括式的立法模式，即对一些典型的、严重的限制市场竞争的行为进行列举，再用兜底条款将根据当时形势不能发现的违法行为予以概括。所以，世界各反垄断立法国家在立法上规定垄断刑事责任的体例是比较宽泛的。此外，还有一些反垄断立法国家和地区不仅对违反垄断实体法的行为进行了刑事制裁，对违反反垄断程序性规定的行为也会进行刑事制裁。譬如，有学者指出，日本《禁止私人垄断法》规定了八大类别的犯罪行为：①私人垄断或不正当交易罪；②违反国际协定的犯罪；③违反关于公司活动等规定的犯罪；④违反关于申报等规定的犯罪；⑤虚伪的陈述或鉴定的犯罪；⑥违反保密义务的犯罪；⑦妨碍检察等的犯罪；⑧违反调查处分的犯罪。① 前四类犯罪是违反《禁止私人垄断法》的实体规定，即直接破坏竞争关系的犯罪。其中私人垄断或不正当交易限制的犯罪，指经营者在国内实施的实质性限制竞争的犯罪行为，包括私人垄断罪、不正当的限制买卖罪、行业协会等不正当交易限制罪；违反国际协议的犯罪，指日本的经营者与外国的经营者为了不正当限制交易关系，相互之间订立的契约或者协定，或当事人之间具有涉外性质的契约或者协定的犯罪；违反关于公司活动等规定的犯罪指违反《禁止私人垄断》中所禁止的控股规定的犯罪，

---

① 何勤华：《20 世纪日本法学》，商务印书馆 2003 年版，第 530—531 页。

包括设立控股公司罪、违反大型公司股份持有总额限制罪、违反公司持有股份额限制罪、金融公司违反持有股份限制罪、公司以外的主体违反持有股份限制罪、职员违反兼任限制罪等罪名；违反关于申报等规定的犯罪，指为使独占禁止法所认可的公正交易委员会的权力行使中没有漏洞，而进行规定的犯罪行为，包括违反申报义务罪、虚假报告罪、不遵守不得行为（如在对合并进行审查前公司不得合并）期间罪等。① 而后四种罪是对相关当事人不遵守反垄断程序的惩罚。从其司法实践来看，尽管日本规定了多种形式的垄断犯罪类型，但作为刑事案件来处理的实际上只有少数的垄断行为案件。即日本反垄断法刑事制裁的对象，包括了违反第3条及第8条第1款第1项的所有的实质性限制竞争行为。但是对违反第3条及第8条第1款第1项规定的行为，事实上被处以刑事处罚的，主要是价格固定与串通招投标行为，其中串通招投标案件最多。② 加拿大与美国的情况基本也是如此。

　　虽然各反垄断立法国家和地区的反垄断法所规定的犯罪形态较多，但事实上只有极少数的垄断行为才会被追究刑事责任。譬如，从整体而言，将固定价格、划分市场、串通招投标等本身违法的"硬核"卡特尔作为犯罪进行处理，追究行为人的刑事责任，是各国通行的做法。而对其他垄断行为的制裁方式，各国的规定有很大的不同。如对于违反经营者集中法定义务的行为，美国虽然在立法上仍然把这种行为规定为犯罪，但司法中已经很少适用这一罪名；在日本和韩国，违反经营者集中法定义务的行为无论在立法还是司法都被认定为犯罪。③ 对于滥用市场支配地位的行为，例如价格歧视、捆绑销售、掠夺性定价、超高定价等，在加拿大、爱沙尼亚、韩国等国家也被视为犯罪。

---

　　① 张平：《反竞争犯罪研究》，法律出版社2008年版，第79—81页。

　　② ［日］村上政博：《日本禁止垄断法》，姜姗译，法律出版社2008年版，第73—75页。

　　③ *The Antitrust Criminal Penalty Enhancement and Reform Act of* 2004. Pub L 108 – 237（2004），118 Stat 665（2004）.

三、反垄断刑事责任的责任主体与形式

从各国的立法情况来看，垄断行为刑事责任主要包括监禁刑和罚金刑两种，监禁刑只针对垄断企业的责任人实施，限制个人的人身自由；罚金刑的适用相对宽泛，既可以对垄断公司进行处罚，又可以对垄断行为人进行处罚。美国的《谢尔曼法》主要将罚金和自由刑作为其刑事责任，欧盟的竞争法主要以罚款为主设计刑事责任。由于卡特尔的参与者基本上是公司、组织、行业协会等法人组织，有关刑事制裁适用的两罚规定，既制裁垄断公司，又制裁垄断公司的责任人员，相对于单一刑而言，更具威慑力。不过，在这一方面，英国可能是特例。在英国，构成垄断犯罪的主体，只能是自然人，而不能是企业或行业协会，这与多数国家对垄断行为进行刑事制裁所采取的双罚制而言，具有很大不同，体现了英国竞争法的独特性。英国法之所以只追究自然人，而不追究企业的刑事责任，是因为在英国立法者看来，刑事制裁是一种辅助手段，只是用来弥补已有竞争法制裁手段的缺陷。以罚款为核心的制裁手段已经能够对违法企业形成有效的威慑，不足之处在于其对自然人的威慑力不够，只要加强对自然人的制裁，就可以使竞争法制裁手段得到完善。而刑事制裁正是制裁自然人的有效手段。① 所以，英国垄断罪的主体只限于自然人，而不涉及法人等社会组织。

对参与卡特尔的企业和个人加以刑事制裁，尤其是对个人判处剥夺自由的徒刑或监禁，被认为是对卡特尔最严厉的处罚，是永保反垄断法权威性必不可少的手段。日本学者指出："为确保禁止卡特尔的实效性，进行刑事处罚也许比行政罚款更有效果。刑事处罚可以对事业者（法人）以及个人这两个层面进行处罚，而行政处罚则是只针对事业者进行处罚。合理运用行政罚款制度，特别是确定合理的罚款金额极为困难。就罚款数额而言，通常都达不到可以制止巨型跨国公司卡特尔的数额；而从公共政策的观点看，为支付行政罚款而致使中小企业趋于倒闭，也并不令人看好。

---

① 李国海：《英国竞争法研究》，法律出版社 2008 年版，第 262—263 页。

因此，对违法犯罪的个人判处徒刑并处以罚金（刑事处罚）的做法才能成为更加有效的制裁方法。"① 从纵向看，为契合经济发展的需要，对有关公司垄断犯罪的金钱罚数额呈迅速增长的趋势。对有关个人的刑事制裁尽管也有金钱罚，但基于个人经济负担能力的有限性和反垄断法权威性的考虑，其制裁的严厉性，更多体现在徒刑或监禁等人身自由刑上。一般来说，对个人处以过高的罚金并没有实际意义，甚至会造成威慑过度，妨碍正常的市场竞争。监禁刑也不宜过高，应做到罪责刑相适应，从各国的竞争立法来看，个人参与卡特尔犯罪的刑期并不是特别长。美国规定的最长刑期是 3 年，加拿大、英国规定的最长刑期是 5 年。② 但从近年的立法修改来看，随着市场经济的快速发展，个人在垄断行为中的重要性日益凸显，基于反垄断法权威性的考虑，各国普遍提高了对个人监禁刑的处罚期限。如 2004 年美国的《反托拉斯刑事制裁强化与改革法》将自然人所需承担的监禁期限延长至 10 年；2009 年日本国会通过的《禁止私人垄断及确保公正交易法》修正案中，将卡特尔和操纵招投标行为处以 3 年的最高刑期提高为 5 年；2019 年，俄罗斯联邦政府提交了新法案，意图将卡特尔犯罪刑事责任的最高刑期由 3 年提高为 4 年，并规定招投标中操纵价格行为最高刑期为 5 年。

从竞争法司法实践来看，各国对参与卡特尔犯罪活动的个人的刑事制裁措施总体上较为宽松，虽然近年来也趋于严厉，但其严厉程度远不及对于公司的经济处罚。在对个人施加刑事制裁方面，许多国家和地区持谨慎态度，并在刑事指控方面做了严格的制度设计。例如，我国台湾地区的"公平交易法"对卡特尔规定了"先行政后刑事"的处罚制度，如果行为人实施垄断行为，经行政执法机关要求停止而拒不执行的，对行为人处以 3 年以下有期徒刑、拘役或处或并处新台币 1 亿元以下罚金。根据上述规

---

① ［日］村上政博：《日本禁止垄断法》，姜姗译，法律出版社 2008 年版，第 109 页。

② Philip Collins, "*New decade, new Government – Reflections on possible e-volution of the UK's competition and consumer regimes*," speech in London, May 20, 2010（emphasis added）.

定，如果相关违法行为在接到执法机构的通知后及时停止垄断行为，就不会受到刑事追究，有效地限制了刑事处罚的适用。又如，日本《禁止私人垄断及确保公正交易法》第96条规定了公正交易委员会对违反该法的犯罪有专属揭发权，非经其揭发，有关司法机关不得追究刑事责任。专属揭发权使公正交易委员会在执法中具有更大的权威性，也便于其根据执法需要把握刑事处罚的范围。而从实践情况看，日本公正交易委员会很少进行刑事告发，在1974年的石油卡特尔案件以后的很长一段时期内，日本没有任何刑事处罚案件。后来，日本公正交易委员会公布了《关于违反禁止垄断法刑事告发的方针》，加大了执法力度，在1991年以后，日本平均每2年处理1起垄断违法刑事案件，其中主要针对的是恶性卡特尔、串谋竞标行为。美国在刑事处罚方面的态度是所有反垄断立法国家中最积极的，但是美国法院往往也不愿对个人施加严厉的刑事处罚。在许多情况下，法院对个人只处以缓刑而非实际的监禁，即使判处监禁，刑期也比较短，往往低于1年。根据波斯纳的分析，美国在1970年以前很少对个人判处监禁，1970年以后，对个人判处监禁的案件数量以及监禁的刑期都呈现增长的局面。例如，1970年至1979年，判处1年以上监禁的案件数为1个，而该数字在1980年至1989年以及1990年至1999年分别为17个和14个。基于此，他认为，1980年以来，刑事处罚在严厉性上有绝对的增长，但严厉处罚的数量相对较少。近年来，美国进一步加大了打击卡特尔的力度，法院在一些卡特尔案件中对个人判处的刑期也比以前更长。例如，1999年的平均刑期为8个月，2000年为10个月。而在赖氨酸卡特尔案件中，3个涉案的当事人分别被判处36个月、34个月和30个月的监禁。①

随着垄断行为数量的不断增多和垄断危害的不断扩大，越来越多的人认同对垄断行为直接责任人施加监禁刑，监禁刑在打击垄断行为中发挥着

---

① Scott D Hammond, *Deputy Assistant Atty Gen US Dep't of Justice Antitrust Div*, *Recent Developments*, *Trends and Milestones in the Antitrust Division's Criminal Enforcement Program* (26 March 2008). www. usdoj. gov/atr/public/speeches/232716. htm.

越来越重要的作用。例如，在美国，2007 年有 87% 的反垄断案件被告人被判处监禁，这个比例是 2000 年的 2 倍以上。在罚金刑方面，罚金不仅剥夺了垄断者获得的收益，也是对其行为的一种否定评价，具有一定的威慑作用。但是，对垄断主体的罚金一般都低于其所获得的收益，因此罚金刑的威慑作用受到了限制。目前，为了更好地发挥罚金刑的作用，各国无论是在立法，还是在司法中都在有意识地逐步提高罚金数额的上限。如加拿大 2009 年对垄断犯罪的罚金数额提高到了 5 倍以上，日本 2002 年对垄断法人和非法人团体的罚金最高数额提高了 4 倍。

四、反垄断刑事责任的认定

垄断主体一般是具有较高经济能力和影响力的企业，具有一定的反侦查能力；垄断行为都是经过周密准备部署后而实施的行为，隐蔽性较高；且对于行政性垄断而言，由于行政垄断 "父爱主义" 的影响，经常出现官官相护、互相推诿的现象。因此，垄断犯罪的司法认定一直都比较困难。各国在长期与垄断犯罪作斗争的基础上，积累了丰富的司法认定经验，就反垄断刑事责任的认定而言，主要有以下几个判断标准：

一是主观故意标准。垄断犯罪是故意犯罪，犯罪故意是构成犯罪的要件之一，检察机关必须证实垄断行为人明知自己的行为会侵犯竞争对手权益和扰乱社会经济秩序，仍然希望这种行为发生，对行为的结果持积极态度的主观犯意。在司法实践中，美国的《反垄断执法手册》、英国的《企业法》都将犯罪故意作为垄断犯罪的构成要件。根据英国《企业法》的规定，只有不诚实的人才构成犯罪。当然，英国法没有对不诚实进行成文法上的界定。根据判例法的规定，陪审团在决定一个人所做的事情是否不诚实时，应根据理性的、诚实的人的一般标准来衡量。在这种标准上再考察被告是否应该意识到他所做的行为是不诚实的。如果应该意识到，则构成犯罪。[①] 日本也是通过判例的形式，确认垄断犯罪必须要有主观故意和

---

① 王健：《2002 年〈企业法〉与英国竞争法的新发展》，载《环球法律评论》2005 年第 2 期。

期待可能性，因为"在对违反禁止垄断法的行为加以处罚的场合"，"是以将该行为作为反社会的行为对行为者施加伦理性的非难为目的的"。①同样，加拿大也要求犯意（mens rea）作为垄断犯罪的构成要件。根据加拿大最高法院的解释，犯意可以根据两个要素来确定，即主观要素和客观要素。主观要素，即被告在签订限制竞争协议对具有故意，并且知道协议条款的内容。一旦能够确定这一要素，则法院通常有理由得出被告故意实施应受惩罚的协议这一推论。客观要素，这一要素要求证明协议具有阻止竞争或不正当减少竞争的影响。在决定这一要素时，可以推定一个熟悉其所从事的业务的理性人知道或应当知道此类行为会不正当地减少竞争。②

二是行为的违法性标准。现代刑法文明的主要标志就是罪刑法定原则，基本表述就是"法无明文规定不为罪、法无明文规定不处罚"。国家通过成文刑法的方式，把犯罪行为方式公布给全体公民，供公民检阅和监督。行为人可以根据刑法规定形成心理预期，明白自己的行为是否涉嫌犯罪。如果行为人明知自己的行为构成垄断犯罪，依然实施垄断行为，那就要为自己的行为负责，被追究刑事责任。因此，垄断行为的违法性标准就是法律有没有明文规定构成犯罪。如果有明文规定，则构成犯罪；如果没有明文规定，则以其他法律责任处理。

三是损害效果标准。垄断行为无疑会影响自由竞争的市场秩序，侵害其他市场主体和消费者的合法权益，甚至危害国家利益。但是，这种危害后果很难量化，有必要通过列举的方式，方便司法机关定罪量刑。有些国家将垄断行为确定为行为犯，行为人只要实施了这种行为，无论结果如何都构成犯罪。譬如，根据2002年英国《企业法》的规定，卡特尔犯罪属于抽象危险犯，只要从事特定的行为就可以构成犯罪，不需要结果要件，

---

① ［日］根岸哲、舟田正之：《日本禁止垄断法概念》，王为农、陈杰译，中国法制出版社2007年版，第344页。

② Paul Franois Famula. Section 45 of the Competition Act：Partial Rule of Reason or Partially Reasonable Rule. 62 Sask. L. Rev. 121，1999.

也不需要证明危险的存在。① 有些国家则规定了特殊的后果，如美国要求构成犯罪的垄断行为影响到了联邦州之间的正常贸易。加拿大的《竞争法》要求构成垄断罪的垄断行为"不正当减损或妨碍竞争"。在新斯科舍药学会一案中，加拿大最高法院 Gonthier 法官代表多数人撰写了法庭意见，指出垄断罪"既不考虑协议当事人的私人所得，也不考虑公众从该协议获得的效益。竞争法以竞争符合公共利益这一预设为前提。唯一的问题是，协议是否损害竞争，并因此承担法律责任。"② 根据这一解释，只有不正当减损或妨碍竞争的协议才是非法的。不过，尽管法院试图通过使用"improper""inordinate""excessive""oppressive"等同义词明确"unduly"这一词的含义，但直到现在，"unduly"的含义在多数情况下仍是不明确的。在司法实践中，有两种意见比较流行，一种是完全消除竞争观，即只有完全或实质上消除竞争，才构成"不正当减损或妨碍竞争"，另一种是实质垄断观，即只有具有高度市场力的企业实施的具有反竞争后果的行为才构成"不正当减损或妨碍竞争"。

第三节　域外反垄断追责体制

从某种程度上而言，反垄断法是政府对市场经济的一种适度干预，是对市场失灵的一种补救。经济学中的外部性理论也支持这种干预理论，所谓外部性，是指"一种向他人施加并不情愿的成本或者效益的行为"。③外部性表现形式多样，基于外部效果的不同，可以将外部性分为正外部性和负外部性。比如，工厂向湖泊中排放污水，造成水质污染，工厂的这种

---

① ［日］村上政博：《日本禁止垄断法》，姜姗译，法律出版社 2008 年版，第 265 页。

② Canada v. Pharmaceutical Society（Nova Scotia），1992 Carswell NS 15，15 C. R.（4th）1.

③ ［美］保罗·萨缪尔森、威廉·诺德豪斯：《经济学》，萧琛译，人民邮电出版社 2004 年版，第 76 页。

行为便具有负的外部性效应。再如，大学集体宿舍晚上蚊子较多，其中一个同学买了一套电蚊香以解叮咬之苦，则宿舍里的其他同学同样受益，这时该同学的行为具有正的外部性效应。个体的反垄断行为具有正的外部性效应，受益者不仅涉案个体，还包括其他受害者或同类竞争者，而且其存在"搭便车"的现象。假设某行业中有好几家大企业进行市场竞争，若A企业认为B企业占据垄断地位，那么A企业向反垄断执法机构或者法院起诉B企业，如果成功，受益的不仅仅是A企业，其他企业也获得了这一行为所带来的好处，而无须付出成本。反垄断成本的高昂性使一般企业望而却步，加之"搭便车"侥幸心理的影响，导致市场机制激励企业自身反垄断的动力减弱，为此需要政府成立专门的反垄断执法机构进行适度的法律性干预。徒法不足以自行，一项法律制定得再科学，如果没有强有力的执法机构和司法机构实施，法律规定只能是一纸空文。从实践来看，凡是法治比较发达的国家和地区，政府执法都比较高效、司法行为都比较公正。这个规律当然也适用于反垄断行为，反垄断效果的好坏，既与法律规定息息相关，也与执法机构是否权威高效有着密切的联系。[1] 从各国反垄断机构来看，有的是单纯的执行机构，有的是集立法、执法、司法于一体的委员会机构；有的由一个部门专门执法，有的由多个部门"九龙治水"联合执法。各个模式都有不同的国情背景，其实际效果也略有不同。具体而言，反垄断执法主要包括一元执法模式和多元执法模式。一元执法模式，即主要由一个反垄断执法机构进行反垄断执法，代表国家和地区主要有欧盟、英国、日本、韩国等；多元执法模式，即主要由几个行政机构共享反垄断的执法权，如美国、澳大利亚等。

一、美国反垄断追责体制

美国的反垄断执行机制为多元执法模式，分别为隶属于司法部的反托

---

① Bruce Carruthers & Terence C. Halliday, *Negotiating Globalization*：*Global Scripts and Intermediation in the Construction of Asian Insolvency Regimes*. 31 Law & Soc. Inquiry 521，537（2006）.

拉斯局（Antitrust Division of The Department of Justice）和联邦贸易委员会（Federal Trade Commission），这种模式是在美国政府与垄断行为长期斗争中形成的，比较适合美国国情。从表面上看，司法部和联邦贸易委员会作为公诉人是案件的调查者，但其利用法律授予的权限在案件调查期间就可以结束案件调查而不作出起诉，即美国主要采用了司法加行政的混合执行模式。

反托拉斯局是美国司法部的下属部门，其成员主要包括律师和一定比例的经济学家，主要工作是从事基础的诉讼活动、配套立法及各种命令的执行监督等。其华盛顿总部设有法律处、经济处和行政管理处。该局主要由11个部门构成，其中有6个部门主要处理民事案件，均位于华盛顿特区；5个部门主要处理刑事案件，分别位于芝加哥、纽约、旧金山和华盛顿特区（2个办公室）。同时，反托拉斯局还在亚特兰大等地设立了7个区域办公室，负责各自地区内的反垄断工作。司法部反托拉斯局的具体工作，主要涉及以下两个方面：第一，反托拉斯调查工作。反托拉斯调查根据垄断的程度和社会危害，可以分为民事调查和刑事调查。民事调查是指向垄断主体签发"民事调查令"，并要求当事人提供言辞或书面证据。[①]但是，这种"民事调查令"没有强制性，当事人可以按照要求配合调查，也可以以各种理由拒绝调查，还可以和执行机构进行协商减少调查范围，亦可以向法院提起诉讼要求解除"民事调查令"。如果反托拉斯局认为垄断行为可以得到确定，其社会危害程度比较严重，可以依照法定程序提起刑事诉讼。第二，提起诉讼。反托拉斯局只有调查权，不能直接对垄断企业进行处罚。经调查核实后，反托拉斯局可以向联邦法院提起诉讼，通过法院判决的方式对垄断企业进行惩罚。法院既可以要求垄断企业承担民事责任，也可以追究垄断企业的刑事责任。视危害程度和个案情况的不同，刑事责任既可以由单位和个人共同承担，也可以由单位或个人单独承担，单位多处以罚金，个人多处以监禁刑。由此可见，反托拉斯局和法院的职

---

① Bruce Carruthers & Terence C. Halliday, *Negotiating Globalization*: *Global Scripts and Intermediation in the Construction of Asian Insolvency Regimes*. 31 Law & Soc. Inquiry 521, 537 (2006).

权有着明显的不同。反托拉斯局只具有起诉权，不具有处罚权，相当于我国的检察机关。法院基于个案情况的不同，可以做出不同的实体处分，对于垄断行为，法院可以发布"法院禁止令"；也可以发出"政府同意令"，要求司法部和被告通过谈判达成协议解决垄断。此外，司法部还可以代表受害者向垄断主体提起公益诉讼，并获得 3 倍损害赔偿。

联邦贸易委员会设置于 1914 年，直接向总统负责，具有混合职权，既有立法权，也有司法权，还有行政权，是一个典型的委员会执法机构。联邦贸易委员会下属机构分为职能部门和其他部门，职能部门有三个，分别是竞争局（Bureau of Competition）、消费者保护局（Bureau of Consumer Protection）和经济局（Bureau of Economics）。其他机构不具体从事反垄断活动，主要负担协调、咨询、提出建议等职责。联邦贸易委员会有 10 个地区办事处和一个地区站，在华盛顿总部的管理下从事调查和诉讼。竞争局是联邦贸易委员会的主要执法部门，有权力开展对垄断行为的调查，并建议联邦委员会完善竞争规则、提出调查结论、提起相应诉讼等行为。消费者保护局主要打击处理侵犯消费者权益的行为。经济局在分析研判的基础上为贸易委员会决策提供咨询。

作为联邦政府打击垄断行为的机构，反托拉斯局和联邦贸易委员会在职权方面既有分工也有重合，因此，在实际执法过程中需要加强协调和配合。① 为此，二者建立了稳定的协调机制，以减少矛盾冲突，形成执法合力。一个部门在开始调查某一项涉嫌垄断行为之前，要以书面的形式通知对方，商议由哪个部门执法更为适宜。双方可以共同做出一个决定，根据便利程度、擅长领域、执法惯例等确定具体的执法机构，从而减少重复执法。一般来说，司法部反托拉斯局负责处理计算机软件、金融服务、媒体和娱乐以及电信市场的竞争问题。联邦贸易委员会处理汽车、计算机硬件、能源、医疗、药品制造和生物技术等领域的反竞争行为。在刑事制裁方面，司法部反垄断局享有追究犯罪企业或犯罪个人的排他性管辖权，联邦贸易委员会是没有权力进行反垄断刑事调查的。在实践中，由于垄断行

---

① Donald I. Baker, Barbara A. Reeves. The Paper Label Sentences: Critiques, 86 YALE L. J. 619, 623 (1977).

为特别是卡特尔合谋行为相当隐蔽，如果不采取特别调查手段，往往难以获取相关证据，因此，司法部有时会请联邦调查局（Federal Bureau of In-restigation）协助调查。美国对垄断行为的刑事制裁，特别是对国际卡特尔的刑事制裁非常成功，在很大程度上应当归功于联邦调查局，是联邦调查局取得大量确凿无疑的证据后，使得那些跨国企业的巨头们愿意接受美国的刑事处罚，导致外国政府的首脑们无法为本国的企业家辩护。美国反垄断刑事追责体制的一个主要特点，就是司法部反垄断局集数权于一身，它既是调查者、控告者，也是公诉人。实践证明，这种体制的效率是非常高效的。

二、英国反垄断追责体制

在很长一段时间内，英国反垄断的追责体制是不定型的。如前所述，1948 年制定的《垄断与限制性行为法》的主要目的就是为了建立一个专门的反垄断执法机构——垄断与限制性行为委员会，负责对所有的垄断行为进行调查。由于 1948 年《垄断与限制性行为法》规定了垄断行为的刑事责任，所以，垄断与限制性行为委员会也享有刑事调查权。但该机构设立之后，除了写过几份调查报告之外，在制裁垄断行为方面几乎没有什么作为。随着 1948 年《垄断与限制性行为法》的废除，该委员会的权力也随之缩小，只负责对垄断和独占行为进行调查，并且名称也改为"垄断委员会"，该委员会后来又被更名为"垄断与合并委员会"，负责对垄断行为与合并行为进行调查。从垄断与限制性行为委员会分离出来的权力——对限制性行为的规制权交给了新成立的限制性贸易登记处和限制性行为法院。限制性贸易登记处受公平贸易总局长（Director General of Fair Trading）的领导。公平贸易总局长是 1973 年《公平交易法》设立的新职位，受国务大臣的直接领导。其下有办事机构公平贸易局，大致相当于美国的联邦贸易委员会。这种追责体制延续至 1998 年《竞争法》的制定。

1998 年的《竞争法》对英国的竞争执法机构进行了完善：设立了竞争委员会，取代垄断与合并委员会；撤销了限制性行为法院，建立了竞争委员会上诉法庭（The Competition Commission Appeal Tribunals）；赋予了公平贸易总局长新的职权，以提升公平贸易局的地位。2002 年，英国又对竞争执法机构进行了调整，将设在竞争委员会内部的上诉法院独立出来，设立了竞争上诉法庭（Competition Appeal Tribunal）。其后，英国在2014年成立了竞争与市场管理局（CMA），由此前的竞争委员会（CC）和公平贸易局（OFT）合并成立，主要负责英国的反垄断执法工作。竞争与市场管理局为委员会制机构，目前共11名委员，其中5名为执行委员，6名为非执行委员。其中，执行委员中1名担任主席，1人担任局长。竞争与市场管理局共有卡特尔、反垄断、消费者保护和国家援助四个执法局，还设有法律服务政策与国际办公室。竞争与市场管理局每年还要处理大量的经营者集中案件，由市场和集中审查局受理。

根据2002年《企业法》的规定，垄断犯罪行为由竞争与市场管理局展开调查。如果竞争与市场管理局有合理理由怀疑某人违反了《企业法》中的刑事制裁条款，就可以对其进行调查。竞争与市场管理局的调查权非常广泛，具体权力有：（1）审问权，依《企业法》第193条、第194条的规定，竞争与市场管理局有权要求被调查者回答相关问题，被调查者不得拒绝回答；（2）搜查权，竞争与市场管理局还可以向内政部申请，对相关个人的办公室进行搜查；（3）监视权，竞争与市场管理局可以对私人住宅、酒店、私人交通设施等进行监视，可以秘密进入特定场所，安装监视设备，或要求揭发人作为卧底继续参加卡特尔会议；（4）查封权，即竞争与市场管理局有权查处相关企业的财产，有权获取相关企业、个人的邮件、电话记录等通信记录。与美国不同，英国没有统一的起诉垄断犯罪的联邦机构，起诉权分散在英格兰、苏格兰、威尔士等地方政府中，而且这些地方政府行使起诉权的机构也不完全一致。在英格兰、威尔士，垄断犯罪通常由严重欺诈办公室负责，而在苏格兰，则由苏格兰检察总长负责。同时，根据2002年《企业法》的规定，英国反垄断行政执法权和司法权是分离的。竞争上诉法庭是一家特殊的司法机构，主要针对有关竞争问题裁决及个人赔偿问题作出判决。对于不服竞争与市场管理局或其他行业监管部门决定的案件，由竞争上诉法庭进行程序及裁决内容的复核，并最终作出判决。如果被告人或其他相关当事人对竞争上诉法庭判决不服的，可以向上诉法院提出上诉。

三、日本反垄断追责体制

日本的反垄断管理机制与美国较为相似，其公正交易委员会是仿照美国的联邦贸易委员会而设置的。公正交易委员会直接对首相负责，具有独立的行政职权，不隶属于内阁。公正交易委员会由委员长和委员组成，委员长由首相提名，经国会众参两院同意后任命。公正交易委员会的议事方式采取合议制，重大事项需要过半数委员出席，且由过半数出席会议的委员同意做出决定。如果同意和反对人数相等，则由委员长做出决定。但是，如果要对垄断行为采取措施，相当于对当事人的权限做出处分，就需要委员长和半数以上的委员共同做出决定。公正交易委员会的事务局，下设办公厅、经济事务局、调查局、交易局，还在大阪、名古屋等7个城市设置了地方事务所。

日本公正交易委员会的突出特征就是具有准司法权，同时也可以行使部分立法权和行政权。当发现有行为涉嫌垄断时，公正交易委员会可以组织力量进行调查。经调查，可以根据行为的危害程度作出不同的决定。对于正常的经营活动可以不予过问，对于轻微的竞争违法行为可以进行劝告，对于涉嫌垄断的行为则可以开始裁决程序。公正交易委员会的司法性质体现在裁决程序的行使上，它可以按照法院的审判程序对涉嫌垄断的事实进行审理，并作出裁决，对相关行为人作出制裁或者罚金。当事人如果认为公正交易委员会的裁决不公平，可以向东京高等法院提出上诉。东京高等法院经审理，如果认为裁决认定的事实错误或者法律适用不当，可以撤销裁决。但是，在绝大多数的上诉案件中，法院都支持了公正交易委员会的裁决。

2000年以来，日本对《禁止垄断法》进行了三次重大修订，包括修订征缴课征金制度、引入宽恕制度和刑事调查强制措施制度（2005年修订），修订罚款、刑事处罚、企业合并制度（2009年修订），增加东京地方法院司法审查权（2013年修订）等内容。根据《禁止垄断法》的规定，公正交易委员会对垄断刑事案件享有专属告发权，也就是说，检察机关只有经公正交易委员会的告发，才能启动追究垄断行为人刑事责任的刑事程序。在实践中，公正交易委员会对于接受举报或者自身发现的垄断行为，认为需要追究刑事责任的，可以向检察院移送犯罪线索。检察机关在对线索进行评估后，可以要求交易委员会进行初步的调查。通常，由东京高等检察院指挥地方检察厅进行刑事搜查，在认为取得了能够排除所有合理疑问的证据之后，再向东京高等法院提起公诉。公正交易委员会在1991年公布了"积极进行刑事检举"的方针，针对"对国民经济产生重大影响"的卡特尔以及故意反复多次实施卡特尔的行为进行刑事检举。在1991年，检察厅和公正交易委员会设立了刑事检举前的讨论会——"检察问题协议会"。从那时开始直到20世纪90年代末，公正交易委员会以每两年一件的比例向最高检察院长期进行刑事检举，而所有被检举的案件均被提起公诉，并且已经判决的案件均被处以刑事处罚。

为了能够及时发现经营者的违法行为，获取足够有效的证据，《禁止垄断法》第46条赋予了公正交易委员会以下权利：第一，可以要求经营者提出报告、出面接受讯问，并将意见记入调查书（第46条第1款第1项）；第二，可以要求鉴定人出面进行鉴定（第46条第2款）；第三，可以责令提交有关书面材料或者扣留这些材料（第46条第1款第3项）；第四，可以进入案件关系人的营业场所及其他必要的场所，对相关资料等进行检查（第46条第1款第4项）。对卡特尔的调查，通常是从审查官进入经营者的营业场所等进行检查开始。通常而言，审查官可以进入办公室，检查办公桌、文件柜中的文字资料等，而后命令提交有关资料进而扣留这些资料。同时，根据《禁止垄断法》第46条第1款规定所赋予的权限，公正交易委员会可以在法院没有下达命令前进行检查。对于该权限，学术界通常将其称之为强制调查权。对于妨碍行使调查权限的行为，根据《禁止垄断法》第94条的规定，可以判处6个月以内的监禁刑或者20万日元以内的罚金。日本学术界认为，这些权限对于行政处罚而言已经具有足够的威慑力了，因为行政处罚对于证据的要求并不是非常严格。但刑事诉讼对证据的要求非常严格——要求能够排除所有的合理怀疑，而这些行政调查权限在调查取得能够排除所有合理怀疑的证据要求方面仍显不足。所以，日本学术界提出，在对卡特尔行为进行刑事调查时，需要赋予相关机构能够调查违法犯罪行为更大的调查权限。这种特别调查权不同于纯粹的刑事调查权，包括根据法官下达的命令进行搜查和扣押，但不包括对个人进行逮捕和拘留。作为特殊的调查权限，这种权限的行使在调查内幕交易、操纵股价及偷税、漏税的案件中已被确认。对于审查机关而言，由于硬核卡特尔行为与违反证券交易法的欺诈行为及偷税、漏税等行为同为重大犯罪，刑事制裁是最好的抑制经济犯罪的手段，因此，日本学术界认为应将调查违法犯罪的权限赋予公正交易委员会。①

四、加拿大反垄断追责体制

加拿大竞争局隶属于工业部，主要负责执行竞争法、消费包装和标签法、纺织品标签法和贵金属标识法等四部法律。竞争局下设公平交易部、民事部、通讯部、竞争政策部、执法业务部、刑事部、合并部七个职能部门。其中公平交易部作为最大的组织机构，主要负责处理绝大部分公众的投诉，诸如误导广告和价格操纵等行为的投诉；民事部负责调查诸如公司滥用市场优势地位或者限制交易等投诉案件；通讯部负责对外的宣传教育；竞争政策部负责国际合作、谈判和政策发展所需要的经济咨询和专业知识咨询；执法业务部负责执行政策、交流以及公共教育；刑事部负责调查、指控刑事犯罪行为，包括固定价格的共谋、价格歧视和掠夺性定价、价格维持和操纵投标等违法行为；并购部专门负责处理公司的合并事宜。竞争局完成调查后向皇家检控官移送垄断犯罪案件，由其决定是否起诉。② 此外，竞争局还单独设立了专门法庭——"竞争法庭"负责反垄断的审判工作。竞争法庭由联邦法院（诉讼部）的法官和一些非司法界人士组成。根据竞争法规定，竞争法庭如同法院一样，拥有审理非刑事犯罪案件的权利，对其判决可以上诉至联邦上诉法院。③ 由于加拿大对垄断刑事案件中的证据要求非常严格，因此，尽管加拿大是世界上最早对垄断行

① Chad Damro, *The New Trade Politics and EU Competition Policy*：*Shopping for Convergence and Cooperation.* 13 J. Eur. Pub. Pol. 867，879（2006）.

② 刘春兰：《加拿大刑事法律制度略谈》，载《中国检察官》2009 年第5 期。

③ Kent Roach . Michael Trebilcock. *Private Enforcement of Competition Laws*，（1996）34 Osgoode Hall L. J. 465.

为进行刑事制裁的国家，但法院审理的刑事案件并不多，迄今为止不到80件。

综上所述，世界各反垄断立法国家和地区的追责体制有较大的差异，我国有学者将其归纳为三种模式：控告、起诉一体模式，专属控告模式和先行政后司法模式。①

控告、起诉一体模式以美国为代表，这种模式的特点集调查权、起诉权于一体，因为这种模式减少了起诉机关与调查机关之间的审查监督环节而节省了大量时间，提高了反垄断审查的效率。这种模式的形成与美国的三权分立体制有关。根据三权分立原则，行政权的行使必须受到司法权的监督与制约。因此，美国司法部反垄断局没有权力直接对垄断行为进行制裁，哪怕是民事方面的禁令，也得通过法院的执行令来实现。这种模式虽然有助于保护公司、企业的合法权益，但并不是所有的反垄断国家都能借鉴。

专属控告模式以日本为代表。除日本外，韩国也采用了这一模式。韩国《规制垄断与公平易法》第71条规定，违反该法第66条与第67条规定的犯罪行为，应当有公正交易委员会的控告才可以提起公诉。虽然在一般情况下，检察总长是公诉人，但是如果没有公正交易委员会就上述违法犯罪事项提出正式的控告，检察总长亦无权自行提起公诉。专属控告模式的特点，就是除了反垄断执法机构之外，其他机关包括检察机关都不能独立提起垄断刑事诉讼。与美国的控告、起诉一体模式不同，这种模式的调查机关与起诉机关是分离的。这种分离一方面可以利用反垄断执法机关所拥有的专门知识，对垄断违法行为进行制裁；但另一方面由于刑事诉讼证据要求非常严格，起诉机关必须对调查机关传送的证据进行把关，因此在审查起诉的时候非常谨慎。所以在实践中，是否进行刑事检举，往往由公正交易委员会的官员和东京高等检察院的检察官共同决定，公正交易委员

---

① 蒋岩波、喻玲：《反垄断司法制度》，商务印书馆2012年版，第105—109页。

会在不经高等检察院同意的情况下进行刑事检举的情况是非常少的。① 显然，专属控告模式的效率不能与调查、控诉一体化模式相比。另外，由于"专属控告权限制了检察官行使公诉权，并妨碍了反垄断法中刑罚权的行使"，因此有些学者对这种模式还存在较大争议。②

先行政后司法模式是我国台湾地区所采用的模式，这种模式的特点是：反垄断执法机关对于其发现的垄断行为，先采用行政手段，即采用责令其停止违法行为、行政罚款、责令解散或停止营业等措施进行制裁，如果相关违法者不听制裁，再由反垄断执法机构向法院提出刑事诉讼停止垄断行为的权力一般由反垄断执法机构行使，这种模式可以以较少的执法成本来达到制裁垄断行为的目的，但从法律层面来考虑，由于反垄断执法机构集行政处罚权与刑事告发权于一身，可能会出现执法机关滥用刑事告发权的情况。

事实上，除了上述三种模式以外，英国、加拿大的追责模式也有其独特性。该模式有点像专属告发模式，但又不完全相同。英国垄断行为罪的告发权属于各地方政府，而加拿大并无专门的检察机关进行检举。因此，从总体上看，尽管世界各国的反垄断追责体制有许多差别，但也有许多共同点，即绝大多数的司法辖区，都将调查反垄断犯罪行为的权力赋予了反垄断执法机构，尽管赋予的权限不同，但实际上都起到了反垄断审查的效果。

第四节　小结

综上所述，由于各国市场经济发展的阶段和水平不同，政府机关对市场经济的控制能力存在差别，社会基本理念和对垄断的容忍态度不同，因此各国在追究垄断者刑事责任方面的做法也存在较大差异。但是，通过深

---

① ［日］村上政博：《日本禁止垄断法》，姜姗译，法律出版社 2008 年版，第 73—75 页。

② 蒋岩波、喻玲：《反垄断司法制度》，商务印书馆 2012 年版，第 107 页。

入研究分析各国针对刑事责任制裁垄断行为的立场和态度,可以发现,即便是不存在反垄断刑事责任明文规定的国家,也同意对社会危害性极强的垄断行为科以刑事处罚,而在制定反垄断刑事责任的国家中,则存在一些共同之处值得我国借鉴:

一是设置垄断犯罪的刑事责任是各国的通行做法,已成为世界反垄断立法和完善的趋势。虽然在理论研究方面,是否应该追究垄断者的刑事责任还存在一定的争议,支持者认为垄断具有应刑罚性,应当设置刑事责任制度;反对者认为在反垄断法上将制造威慑效应的希望放在民事制裁和行政制裁上更为合适,在反垄断法领域应当慎刑。但在立法方面,绝大多数反垄断国家和地区都设置了垄断犯罪的刑事责任,同时大部分国家除了在专门的反垄断法中规定了垄断犯罪的刑事责任外,执法部门还根据反垄断法对垄断行为进行了查处并定罪量刑,实践证明反垄断刑事责任的设定、追究,在预防、打击垄断行为方面确实发挥着重要作用。虽然一些国家在反垄断法中并没有刑事责任条款,但在刑法典或者其他法律中规定了垄断犯罪刑事责任的内容。[①] 应该说,通过刑事责任的方式应对越来越严重的垄断行为,是国际社会的通行做法,也是依法反对垄断的一个趋势,很多没有设置反垄断刑事责任规定的反垄断国家和地区,也在新修改的反垄断法律体系中增设刑事责任条款。

二是追究垄断行为的法律责任要注意刑罚的谦抑性。垄断与市场经济相生相随,市场经济鼓励竞争,每个竞争者都努力通过各种方式提高产品质量、降低产品价格、做好售后服务,从而占据更多的市场份额,这其实就是垄断的雏形。因此,市场经济消灭不了垄断,一定程度上的垄断还能够刺激竞争,提高市场活力。在追究垄断行为的法律责任时一定要注意到垄断的两面性,采用灵活的方式处理垄断行为。通常合法垄断地位的形成并不需要法律的规制,只有当垄断者滥用这种垄断地位,对市场经济秩序和社会有可能造成危害时,才需要法律规制。而在法律责任体系中,刑事制裁应是民事责任、行政责任的补充责任。只有当其他法律责任不能阻止

---

① William Letwin, *Law and Economic Policy in America: The Evolution of the Sherman Antitrust Act* 59 (1965).

违法行为发生，或者不足以对违法行为产生足够的威慑时，才可以用刑罚的方式对违法行为进行制裁。在追究垄断行为的法律责任时，一定要对垄断行为进行认真甄别，确定垄断行为人的主观过错、社会危害程度，谨慎适用刑事责任。即使在对垄断者施加刑事责任时，也要把监禁刑作为最后的考虑。从各国的司法实践来看，大部分反垄断国家和地区只将核心的垄断行为确定为犯罪，主要限定于固定价格、串通投标、限制产量和数量以及分割市场等垄断行为。对于一般的垄断行为，则主要通过民事责任和行政责任进行救济。

三是根据垄断行为特征的不同确定不同的垄断罪名。罪名是犯罪特征最精炼的表述，能够直接体现犯罪行为所侵犯的社会利益，为司法机关准确认定犯罪和追究刑事责任提供了方便。罪名必须在合法性、概括性和科学性原则的基础上予以确定。[1] 罪名分为类罪名和具体罪名，具体罪名是类罪名的下属概念。从各国的反垄断立法来看，大多数国家和地区都根据垄断行为的特征设置了具体罪名。如日本《禁止垄断法》设置了 8 种罪名，加拿大《竞争法》设置了 17 种罪名，我国在危害社会主义市场经济秩序罪的类罪名下，设置了串通投标罪。

四是刑事责任类型主要包括监禁刑和罚金刑两种，随着垄断行为的日趋增多和越发复杂化，基于反垄断威慑力的考虑，刑事责任制度有严厉化趋势。监禁刑和罚金刑是各国在打击垄断犯罪时均采用的两种刑事责任类型。监禁刑主要用于限制垄断主体责任人的人身自由，并不适用于法人。罚金一般仅针对垄断企业，但在特殊情况下可以对垄断企业责任人并处监禁刑和罚金，或单处罚金。随着垄断行为造成的社会危害性越来越大，以及对垄断行为的认识越来越深，各国针对垄断行为的刑事责任规定有着越来越严厉的趋势。例如，美国 1890 年制定《谢尔曼法》时，规定罚金最高限额为 5000 美元，最高监禁刑期为 1 年。之后多次修改和制定法律，逐步提高罚金数额和监禁刑期。根据 2004 年《反托拉斯刑事处罚加强与

---

① 　Mark A. Cohen & David T. Scheffman, *The Antitrust Sentencing Guidelines: Is the Punishment Worth the Cost?*. 27 Am. Crim. L. Rev. 331, 335 – 36 (1989).

改革法》，对公司的罚金增加到 1 亿美元，对个人的罚金增加到 100 万美元，最高监禁刑期也提高到 10 年。

五是对垄断企业和责任人实行双罚制。所谓双罚制，就是在对垄断企业处以罚金的同时，对垄断企业的责任人施加监禁刑或者罚金。双罚制是反垄断各国普遍采用的一种制裁方式，美国、加拿大、日本、韩国、爱尔兰、奥地利、以色列、挪威等国都对垄断行为的规制采取了双罚制。究其原因，双罚制能够避免企业家和垄断企业因资金互相流转而逃避处罚，有利于降低诉讼成本，有利于加大对垄断行为的打击力度，对行为人和潜在垄断者都能起到威慑作用。无论现代市场经济中组织关系和个体关系如何分离，作出垄断行为决定的最后关卡永远是垄断行为责任人，对其进行处罚体现了罪责刑相适应原则。

六是关于具体的刑事责任立法模式。综观世界各国的反垄断立法，既有法典立法模式，还有单行法立法模式。而从我国基本国情出发，当前，我国关于追究垄断行为刑事责任的立法模式属于准用模式，即垄断犯罪的犯罪构成及刑罚都规定在刑法典中，在其他专项法律中只规定"构成犯罪的，依法追究刑事责任"。这种方式把所有的垄断犯罪规定在同一个法律中，能够保持垄断犯罪整体的一致性，减少彼此之间在定罪量刑方面的冲突，体现刑法典的权威性。但这种模式也存在一定缺点——过于僵化，不能随形势的发展变化及时作出调整。因此，在刑法典中规定垄断犯罪刑事责任的同时，在反垄断法中规定具体的刑事责任制度不失为一个更为理性的选择。因此，新修改的《反垄断法》在第 67 条中规定："违反本法规定，构成犯罪的，依法追究刑事责任。"司法机关可以直接根据该条款追究垄断者的法律责任。而具体的立法设计还需要进一步的完善，笔者在第五章中将作进一步阐述。鉴于此，笔者认为，垄断犯罪是与市场经济密切相关的一种犯罪活动，随着我国市场经济发展的不断变化，必将引发垄断犯罪新的变化。按照现有的立法模式，把所有的垄断行为都规定在一个修改起来极为困难的刑法典内，与垄断犯罪的本质特征是不相符的，有必要借鉴其他国家和地区的立法经验，采取"法典立法＋单行法立法"的立法模式，在刑法典中规定部分危害极大的垄断犯罪及其刑事责任，将更多垄断犯罪及其刑事责任规定在各项单行法中。

第五章　反垄断刑事责任实现论

反垄断刑事责任的实现程序与方式大都与其他刑事责任相同，但垄断犯罪作为一种新型的经济犯罪，在责任追究程序与方式上也有自己的一些特色。同时，鉴于法律制定者是人不是神，是人就有七情六欲，就有利益纠纷，任何法律都不可能没有缺陷。随着立法背景的发展变化，原有的立法基础发生了变化也会导致法律缺陷的出现。因此，发现法律的缺陷并不是什么成就，将有缺陷的法律解释得适合司法实践的需要才是一种智慧。即在发现法律存在缺陷时，不要急于批评，而要透过现象看本质，了解原有法律条文的立法本意，结合实际情况作出修正解释。这恰恰要在法律的实施过程中予以实现，反垄断刑事责任也不例外，下面就反垄断刑事责任实现的一般程序和方式及特殊要求予以介绍。

第一节　反垄断刑事责任实现程序和方式

垄断犯罪行为一旦成立，就要依照刑事法律的规定追究相应的刑事责任，这需要通过一系列的程序和方式才能实现。这种程序即刑事诉讼程序，要求有关国家责任机关依照刑事诉讼法及其相关法律的规定，在当事人及其他诉讼参与人的参与下，通过侦查、审查起诉、审判、刑罚执行等程序，对垄断行为予以制裁。同民事诉讼程序、行政诉讼程序相比，反垄断刑事责任的诉讼程序具有以下特点：

一是专门职权性。行使司法权的机关是专门的，包括侦查机关、检察机关、审判机关和执行机关，各种司法权限由宪法赋予，并在法律规定的范围内实施，即法无明文规定不可为。不同的部门在刑事程序中具有不同的职权，如公安机关具有立案、侦查和收集证据的权力，检察机关对刑事诉讼进行法律监督，并对相关案件审查逮捕和提起公诉，法院对案件进行审判。三个机关相互配合、互相制约，共同保障刑事诉讼的顺利进行。

二是刑事司法性。即反垄断刑事责任是由国家专门机关对垄断主体行使国家部分刑罚权的司法活动。所谓刑罚权，是指国家基于对社会的管理或者统治，依法对犯罪人实行惩罚的权力。刑罚权由刑罚创制权、刑罚裁量权和刑罚执行权组成。反垄断刑事责任的刑事诉讼程序中，由审判机关、检察机关和侦查机关依法对垄断主体行使的刑罚权包括刑罚裁量权和刑罚执行权，但不包括刑罚创制权。通过国家专门机关对垄断主体行使国家刑罚权，查明垄断事实、确认垄断构成、判决垄断主体的刑事责任和刑罚，为实现对垄断行为的追诉创造条件。

三是明确的目的性。刑事诉讼程序具有非常明确和特定的目的性，即确定和解决垄断主体的刑事责任。囿于垄断行为的复杂性，导致垄断刑事责任的主体很难确定，如对于子公司实施的垄断犯罪，母公司是否应当承担刑事责任？尽管子公司是独立的法人，拥有自己独立的名称、章程和组织机构，对外以自己的名义进行活动，看似子公司的行为与母公司无关，但一般子公司实施的垄断犯罪通常是在母公司的授意下进行的，母公司能否成为刑事责任的主体还需通过诉讼程序予以确定。

一、反垄断刑事责任实现程序

垄断犯罪是普通刑事犯罪的一种，追究垄断犯罪的刑事责任也应遵循普通刑事犯罪的一般程序。这种程序主要包括反垄断刑事责任的确认和执行两个阶段。

（一）反垄断刑事责任的确认

从封建社会过渡到现代社会，司法文明的重要标志就是杜绝通过秘密、武断的方式限制行为人人身自由，依法保障犯罪嫌疑人的合法权益。因此各国都规定了刑事诉讼制度，确定了侦查、起诉、审判职权分立的诉讼流程，要求法院居中审判的诉讼模式，保障犯罪嫌疑人通过公正的诉讼流程受到刑事追究。① 而刑事责任的确认，是指犯罪行为发生后，侦查机关及时收集整理相关证据，检察机关依法对犯罪嫌疑人提起公诉，审判机关对涉嫌犯罪的行为作出判决，要求犯罪嫌疑人承担相应的刑事责任，这一阶始于侦查机关的立案侦查，终于审判机关做出有罪判决。

在立案阶段，不同的案件类型由公安机关、检察机关、审判机关分别进行受理立案。一般而言，普通刑事案件由公安机关立案，职务犯罪案件由检察机关立案，自诉案件和部分轻微刑事案件可以由审判机关立案。由于垄断犯罪属于普通刑事犯罪，故该类犯罪只能由公安机关进行立案。公安机关、检察机关开展侦查活动，必须按照刑事诉讼法的规定，依法、公正、全面收集行为人涉嫌犯罪的证据。各国都制定了非法证据排除规则，对于通过刑讯逼供、暴力取证以及威胁、引诱方式获得的言词证据一般不得在法庭上使用，倒逼侦查机关提高收集证据的规范化水平。检察机关负责刑事案件的审查起诉工作，如果认为案件事实清楚，证据确实、充分，符合起诉条件，检察机关依法应当向法院提起公诉，要求追究犯罪嫌疑人的刑事责任；如果认为案件证据不足，检察机关可以要求侦查机关补充证据或者自行收集证据，达到定罪标准后再提起公诉；如果认为犯罪嫌疑人的行为不构成犯罪、情节显著轻微或者无法达到起诉的证据标准，检察机关也可以依法作出不起诉决定。审判是刑事诉讼的中心，前面的侦查、审查起诉以及律师为辩护所做的准备，都要围绕审判进行，所有证据只有经过法庭质证，才能够作为证据使用。在我国，由法院行使审判权，通过开庭审理、居中审判、当庭质证、二审终审、公开审理等制度，保证整个审判过程公正进行。一般来说，侦查、审查起诉和审判是定罪量刑必不可少的三个环节，只有经过这三个阶段，刑事责任才可能得到确认和实现。

同时，还需要关注的一点是垄断行为的调查取证和证据的移交。反垄断调查权是指垄断执法机构为了查清涉嫌垄断行为的事实，依职权采取调

---

① Jeff Miles. *The Nursing Shortage*, *Wage Information Sharing among Competing Hospitals*, *and the Antitrust Laws*, 7 Hous. J. Health L. & Pol'y 305, 338 – 39（2007）.

查措施收集证据，并依据调查结果作出处理决定的行为过程。我国的反垄断执法主要以行政执法为主，在 2018 年以前，采用的是多元行政的执法模式。商务部、国家工商行政管理总局以及国家发展和改革委员会三足鼎立，分管不同类型的反垄断执法。但在 2018 年 3 月根据中共中央印发的《深化党和国家机构改革方案》，组建了国家市场监督管理总局，将原有的三机关以及反垄断委员会办公室等职责整合，由国家市场监督管理总局统筹反垄断执法工作，由"三司"（指竞争政策协调司、反垄断执法一司、反垄断执法二司）负责具体的反垄断执法。竞争政策协调司的负责统筹推进竞争政策实施，负责反垄断综合协调工作，负责滥用行政权力排除、限制竞争反垄断执法工作等；反垄断执法一司负责垄断协议、滥用市场支配地位以及滥用知识产权排除、限制竞争等反垄断执法工作等；反垄断执法二司，负责依法对经营者集中行为进行反垄断审查等。即在我国，反垄断行政机关也具有调查权。根据不同的划分标准，可以将对涉嫌垄断行为的调查划分为不同种类。在立案前，反垄断执法机构可能进行必要的调查，实践中一般称为"核查"，也可称为"非正式调查"或"初步调查"。立案后所进行的调查，一般称为正式调查，在正式调查期间，反垄断执法机构可行使法律赋予的权力，采取行政强制措施。当然，正式立案后，反垄断执法机构既可直接进行调查，也可委托或协助调查。如《禁止垄断协议暂行规定》第 18 条和《禁止滥用市场支配地位行为暂行规定》第 26 条均规定了委托调查制度。《禁止垄断协议暂行规定》第 19 条和《禁止滥用市场支配地位行为暂行规定》第 27 条均规定了协助调查制度，刑法中也有相应的规定。这为我国的证据移送制度建立了法律基础。需要注意的是，我国的《反垄断法》还规定了在调查取证中相关人员的权利义务，被调查人有陈述意见的权利和配合调查的义务，反垄断执法机构及其工作人员有保密的义务。

（二）反垄断刑事责任的执行

刑事责任被依法确认后，就进入到执行阶段。这一阶段从审判机关做出有罪判决开始，到刑事责任被执行完毕结束。如果说刑事责任的确认主要涉及犯罪嫌疑人的程序权利，这个阶段将真正涉及实体权利，因此被各方诉讼参与人高度关注。① 从整个诉讼流程来看，主要呈线性状态，后一阶段通常是前一阶段的目的，因此刑事责任的实现阶段是整个刑事责任阶段的目的。在实践中，刑事责任主要通过执行刑罚来实现。对于情节轻微不需要判处刑罚的案件，以及免于刑罚的案件，由法院宣告后即实现完毕。对于罚金刑、死刑等由法院执行，对于管制、拘役和短期有期徒刑则由公安机关执行，而大部分的有期徒刑，均由司法行政机关负责执行。

在执行过程中，刑事责任可能会因法定事由变动而出现变化。最常见的变更是减刑，如针对死刑缓期二年执行的刑罚，如果二年中行为人没有故意实施犯罪的行为，则可以减为无期徒刑。其他刑罚中，无期徒刑、有期徒刑、拘役、管制等监禁刑都可能会出现减刑，但减刑后执行的刑罚不得低于原刑罚的一半。罚金刑一般不会出现变更，但行为人如果遇到不可抗拒的原因，缴纳确实存在困难，经法院决定可以减免，实践中这种情况极为罕见。一旦刑事责任实现完毕，就涉及刑事责任的终结。刑事责任的终结包括两种情况，一种是已经实施完毕，另一种是不能再追究刑事责任。在第一种情况中，死刑刑罚被执行、有期徒刑服刑期满、罚金刑全额缴纳等都属于执行完毕，刑事责任即告终结，行为人不再就此行为承担刑事责任。在第二种情况中，如果犯罪嫌疑人死亡，或者超过追诉时效，行为人虽然负有刑事责任，但司法机关没有办法对此进行追究，故也可以认定为刑事责任的终结。

二、反垄断刑事责任实现方式

刑事责任的实现方式，就是国家积极回应行为人的犯罪行为，要求行为人承担刑事责任的方式方法。刑事责任的实现方式只包括对行为人实体权利做出的处分，不包括为保障刑事诉讼的顺利进行而对行为人暂行限制人身自由或财产权利的行为。一般而言，刑事责任的实现方式主要就是刑罚，也就是管制、拘役、有期徒刑、无期徒刑、死刑五种主刑以及各种附

---

① Patrick Bajari & Lixin Ye, *Deciding between Competition and Collusion*. 85 Rev. Econ. & Stat. 971, 971 (2003).

加刑。具体而言，反垄断刑事责任实现的一般方式主要有以下几种方式。

（一）定罪判刑方式

定罪判刑方式是刑事责任最常见的实现方式，即通过调查取证、质证，法院以判决的方式，宣告犯罪嫌疑人有罪并宣告其适用的刑罚的方式。定罪，从广义上说，指法院根据案件事实和依照刑罚规定，认定被告人的行为是否构成犯罪以及构成什么性质的犯罪，应当承担多重的刑事责任的活动；从狭义上说，仅指认定被告人的行为构成什么性质的犯罪，必须以犯罪事实为依据，以刑法规定的犯罪构成为准绳。适用刑罚必须贯彻执行罪责刑相适应的原则，在决定刑罚时，应当根据犯罪的事实、犯罪的性质、情节和对社会的危害程度，依照刑法的规定判处具体的刑罚，做到宽严无误，不枉不纵，使犯罪人承担与其犯罪行为相适应的刑事责任。

（二）定罪免刑方式

刑事责任的定罪免刑方式，是指法院经依法审理后，作出被告人有罪并附加刑罚的判决，但因法定事由不予执行。比如我国《刑法》第 37 条规定："对于犯罪情节轻微不需要判处刑罚的，可以免予刑事处罚，但是可以根据案件的不同情况，予以训诫或者责令具结悔过、赔礼道歉、赔偿损失，或者由主管部门予以行政处罚或者行政处分。"也有相关研究表明，虽然美国法规定对犯有垄断罪的个人最高可以处 10 年监禁，但在实践中，大部分个人虽然被判处有罪，但绝大多数采取的是社区服务的惩戒方式，并没有真正地限制犯罪人的人身自由。日本公正交易委员会以每两年一件的比例向最高检察院进行刑事检举，而所有被检举的案件均被提起公诉，并且已经判决的案件均被处以刑事处罚，但至今为止，尚未有个人因被判处徒刑而服刑的，所有被判徒刑的均得到缓期执行。①

（三）消灭处理方式

消灭处理方式是指法院经审理认为行为人的行为虽然构成犯罪，应当承担刑事责任，但是出现了刑法明文规定的事由导致刑事责任自动消失，

---

① ［日］村上政博：《日本禁止垄断法》，姜姗译，法律出版社 2008 年版，第 74 页。

国家也不再追究相应的刑事责任。例如，我国刑法规定，对于已过追诉时效的犯罪行为，一般不再追究刑事责任；发生犯罪嫌疑人死亡事件，以及犯罪嫌疑人经特赦的，不再追究行为人的刑事责任。这就导致客观上存在的刑事责任得以终结，所以也是刑事责任的一种解决方式，是一种补充的解决方式。

（四）转移处理方式

转移处理方式是指按照法律规定，行为人虽然应当承担刑事责任，但根据国际交往惯例，国内不再对刑事责任进行执行，改由别的国家执行行为人所负的刑罚。如外国人的刑事责任问题，如果行为人具有外交特权和豁免权，则我国司法机关不直接执行刑罚，而是通过外交途径解决。

第二节　反垄断法律责任重合的程序适用

法律对于社会关系的调整是抽象的、综合的、多角度的，不同的法律部门既可以对不同的社会关系或不同的法律行为进行调整，也可以对同一社会关系或同一法律行为进行调整、规范和评价。当不同的法律部门对同一法律行为进行评价时，由于保护的法益不同，导致各自的规定、处罚限度、审查方式方法等方面存在较大区别，必然会产生不同的评价结果，相应地产生不同的法律责任，这就是所谓的法律责任重合，如刑事诉讼附带民事诉讼就是比较典型的法律责任重合。目前关于法律责任重合的定义在学术界尚未明确，使用也比较混乱，而本书认为的法律责任重合，是指因同一违法行为同时违反了不同法律部门的规定，行为人将承担来自于不同法律部门的两种以上法律责任的现象，有学者也将其称之为法律责任聚合[①]。反垄断法是调整因规制垄断行为而产生的社会关系的法律规范的总和[②]，

---

① 王利明：《民法总则研究》，中国人民大学出版社 2003 年版，第 281 页。
② 徐孟洲、孟雁北：《竞争法》，中国人民大学出版社 2008 年版，第 120 页。

其实施涉及社会经济的各个方面。社会经济生活并不是由反垄断法单独调整，如行政法、民商法、经济法、刑法等实体法都对社会经济生活的某些方面作了规定。诉讼程序的实施又离不开行政诉讼法、民事诉讼法、刑事诉讼法等程序法的支持，当这些法律规范对同一垄断行为进行调整和评价时，同样会出现法律责任重合问题，可能会产生并存的不同的法律责任。即刑罚作为最后的法律制裁手段，当某一垄断行为达到严重危害程度足以需要刑事法律进行调整时，则可能会涉及刑事责任与其他法律责任的重合。

一、反垄断法律责任重合的产生

与法律责任的重合容易混淆的概念是法律责任的竞合，正确区分二者对于法律研究而言十分重要。民法学上的法律责任竞合，广义上是指同一法律事实，因违反多个法律规定，产生多个法律责任的现象；狭义上又将其称为选择性竞合，是指同一法律事实因违反多个法律规定而产生多项请求权，当事人只能选择其中一项行使①。刑法上的法律责任竞合比民法上的要复杂得多，至今无统一说法，从罪数的角度来说，可以将其理解为一具体的犯罪行为同时符合两个或两个以上罪名的犯罪构成，发生评价上的交叉或者包容，一般分为法规竞合和想象竞合。从法律概念上理解，法律责任的竞合是指同一法律行为具备不同法律责任的构成要件，而当事人只需承担其中一项法律责任的制度。法律责任重合和竞合的相同之处在于都是因一个法律行为而引起的，不同之处在于法律责任重合一般发生在不同的法律部门，而法律责任竞合一般发生在同一法律部门；且在重合状态下，多种法律责任可以并存，行为人既要承担低层级的法律责任，也要承担高层级的法律责任。而在竞合状态下，多种法律责任不能并存，行为人只需承担其中一种法律责任。

法律责任重合产生的根源是同一法律行为可能侵犯到不同的法益，基于不同的法益保护规则应对其给予不同的处罚。如我国《刑法》第 36

---

① 王利明：《民法总则研究》，中国人民大学出版社 2003 年版，第 279 页。

条、《民法典》第187条、《行政处罚法》第7条等都有针对法律责任重合进行处理的类似规定。而我国台湾地区采用"先行政后司法"的原则，对于反垄断违法行为，先由公平交易委员会依法命令其限期停止、改正或采取必要更正措施，若违法者遵命执行，先不予司法制裁，若逾期未改，再由法院判决其应承担的相应法律责任；① 日本也有行政罚款与刑事程序的联动制度，既是确保相关行政行为的实效手段，又是犯罪的非刑罚处理。② 这就意味着对于同一法律行为而言，各种性质的法律责任是不冲突的。在反垄断刑事责任重合的状态下，同一犯罪主体不但要接受刑事制裁，还可能要承担民事责任或行政责任。而成立反垄断刑事责任重合的垄断行为必须同时满足以下三个条件：一是该垄断行为必须构成刑事违法，符合刑事责任的构成要件；二是该垄断行为可能又侵害到其他法益，构成民事违法或行政违法，符合民事责任或行政责任的构成要件，或同时构成民事违法和行政违法，分别符合民事责任和行政责任的构成要件；三是法律上没有该垄断行为引起法律责任不能并存的禁止性规定，即不存在阻碍事由。

需要明确的是，反垄断刑事责任重合中的垄断行为本身具有单一性，即只实施了一个垄断行为，但该行为同时侵犯了不同的法益，对应了性质不同的法律责任，需要同时适用刑事诉讼法、民事诉讼法或行政诉讼法的规定。建立反垄断刑事责任重合制度，有利于反垄断政策多重目标的实现。反垄断刑事责任的主要功能是刑事惩罚，是对垄断者人身权利的限制和财产权益的剥夺，是属于最严厉的法律制裁手段，具有最强的威慑性，但对受害人的权益补救作用不大；反垄断民事责任的主要功能是补偿和赔偿，通常只是让垄断者的财产受到一定损失，其惩罚功能比较弱，但能最大程度地弥补受害人的损失；垄断行政责任的功能介于二者之间，是反垄断刑事责任与民事责任的过渡与补充。因此，这三种法律责任的并存，可

---

① 赖源河：《公平交易法新论》，中国政法大学出版社2002年版，第467页。

② 王天华：《行政行为执行力的观念及其消弭》，载《当代法学》2014年第5期。

以取长补短，满足依法治理垄断的要求。具体而言，垄断行为需承担何种责任，主要取决于垄断行为破坏和需要修复的社会关系的法律性质，侵害法益对象的多样性导致了承担责任的重合，即垄断行为人在某些情况下可能要同时承担刑事责任和行政责任，这主要取决于该垄断犯罪行为发生所侵害的社会关系的性质，只有该垄断行为同时具备了行政责任构成要件才能使行为主体承担的刑事与行政责任并存。① 简言之，若要构成反垄断刑事责任附带行政责任，则垄断行为所侵犯的财产关系必须具有行政隶属性，这种财产关系不是民商法所调整的平等主体之间的财产关系，而是一种由行政法规、经济法规所调整的非平等性且具有行政隶属性质的财产关系。因此，反垄断刑事责任与行政责任的重合必须产生于经济行政管理活动之中，主要包括以下两种重合情形：（1）垄断行为人或垄断企业的刑事责任与行政责任的重合；（2）行政人员反垄断刑事责任与行政责任的重合。

反垄断行政责任和刑事责任在功能、承担形式等方面的差异，决定了在反垄断执法中应注重垄断行政责任对刑事责任补充适用的作用。反垄断刑事责任的承担形式尽管包括主刑和附加刑，但与垄断行政责任的承担形式相比，其刑事责任的承担形式仍显得过于单一，面对复杂多样的垄断种类，单一的刑事责任承担形式仍显得有些"心有余而力不足"。行政责任的承担形式种类繁多，能够适应多种行政违法行为处罚的需要，如停止违法垄断行为、强制性恢复竞争措施、没收违法所得、行政罚款、剥夺某些经营活动的资格等行政处罚，能够有效救济受害权益人的合法权益。在垄断主体承担刑事责任的情况下，对其同时适用行政责任，能够对刑事责任起到有效的补充。例如，我国对于涉嫌垄断犯罪的单位处以刑事责任的唯一形式是罚金，显得过于单一，不足以有效惩罚和预防垄断。行政责任中设立了一些专门针对单位或者社会组织适用的法律责任承担形式，如通报批评、剥夺某些经营活动等惩罚，针对单位垄断的特点，将适合单位垄断的行政责任承担形式补充加以适用，能够强化惩罚和预防单位垄断

---

① F. M. Scherer & David Ross, *Industrial Market Structure and Economic Performance* 12 (3d ed. 1990).

的功能。①

因此，当反垄断刑事责任和行政责任发生重合时，应视具体情况的不同进行处理，但应基本坚持：第一，以独立适用为原则。反垄断刑事责任与行政责任是两种具有不同性质的独立法律责任形式，在重合的情况下，可并存、不排斥，原则上应对同一责任主体承担者分别适用刑事责任和行政责任，既不能以行政处罚代替刑事处罚，也不能以刑事处罚代替行政处罚。简言之，对垄断行为者既可以追究刑事责任，又可以追究行政责任。第二，有条件的吸收适用为例外。尽管二者性质不同，但当"在行政责任和刑事责任所剥夺的权益的性质或者所指向的对象物相同的情况下，允许刑事责任吸收行政责任"②，即反垄断刑事责任与行政责任剥夺同一垄断行为人的权益相同，采用一种法律责任能够或者足以达到同时适用两种法律责任形式的目的时，可以吸收适用。如已经对垄断行为人适用管制、拘役、有期徒刑等剥夺人身自由的刑事处罚时，可以吸收此后拟对犯罪主体适用行政拘留的行政责任；已经对垄断犯罪被告判处罚金刑的，可以不再追究行政罚款的行政责任；在追究该犯罪主体的行政责任时，可以不再适用拘役等。

二、责任重合时反垄断刑事责任的适用程序

追究垄断主体的刑事责任，要适用刑事诉讼法，遵循刑事诉讼程序的规定；追究垄断主体的行政责任，要适用行政诉讼法，遵循行政诉讼程序的规定；追究垄断主体的民事责任，要适用民事诉讼法，遵循民事诉讼程序的规定。由于刑事责任、行政责任、民事责任的内容和方式存在诸多差异，其诉讼程序也存在很大区别。且尽管我国已经建立了相对完善的诉讼程序规则，基本做到了刑事诉讼、行政诉讼、民事诉讼有法可循。但在司法实践中，往往会出现一种行为既构成犯罪，又构成行政违法，还可能涉

---

①　沈开举、王钰：《行政责任研究》，郑州大学出版社 2004 年版，第 73 页。

②　沈开举、王钰：《行政责任研究》，郑州大学出版社 2004 年版，第 16 页。

及民事违约和侵权的情况，这就不得不考虑三种诉讼程序的混合适用和冲突解决问题。在这种情况下，要按照法律的规定，保障行为人的每一种法律责任都能够得到不折不扣的追究，需要同时妥善解决三种诉讼程序之间的矛盾，就要制定系列的原则和规范，保障诉讼程序的顺利实施，确保行为人受到应有的惩罚，让受害人得到应有的救济。

鉴于刑事责任的重要性，在法律责任的承担过程中，通常坚持刑事责任优先原则，体现在诉讼中就是刑事诉讼程序优先。尽管刑事诉讼程序优先在我国立法上并没有明确的法律依据，仅是一个理论界的共识，但这种共识并不是偶然的，具有深厚的理论正当性基础。首先，刑事程序优先是由刑事责任的地位决定的。在法律责任体系中，民事责任和行政责任都具有部门法律责任的性质，也就是说，无论是民事责任还是行政责任，都有一定的行为模式条件，垄断行为必须符合这些固定的条件，才可能需要承担民事责任和行政责任。但是刑事责任具有保障作用，只要垄断行为的社会危害性达到一定的程度，无论这种行为的具体方式是怎样的，都能构成犯罪，需要承担刑事责任。因此，承担刑事责任的行为，并不必然存在民事责任和行政责任。法律责任的性质决定了要优先考虑行为人的刑事责任。其次，优先追究垄断主体的刑事责任，是由刑事责任的严厉性决定的。在法律责任体系中，民事责任的表现形式通常是平等主体间的道歉、赔偿，行政责任的表现形式一般是隶属关系间的罚款、限制从业等，这些责任后果对于一般的行为人而言具有较强的威慑性，但对于规模宏大、实力雄厚的垄断主体而言显得微不足道，并没有足够的威慑力。而刑事责任不仅可以对垄断企业处以罚款、没收财产等金钱罚，还可能限制垄断行为人的人身自由，这种法律威慑具有本质的提高，对于预防犯罪具有较大的作用。因此，从制裁犯罪行为、预防犯罪发生的角度来看，也应把刑事责任作为主要矛盾来处理。最后，刑事责任优先的原则，是由刑事责任的诉讼流程性质所决定的。在我国，民事责任、行政责任、刑事责任具有不同的诉讼流程，也采取不同的证据收集和举证模式，这对于查清事实和保障被害人权益具有重要的作用。在民事诉讼中，通常坚持"谁主张，谁举证"的原则，受害人要自己收集垄断主体涉嫌垄断的证据，鉴于垄断侵害中原、被告间的实力差距和举证能力差距，导致很多时候被害人难以举证，其合法权益得不到应有的保障。而在行政程序中，行政执法机关负责收集证据，对于证据的种类和证明力并没有严格的要求，在这种情况下，不但垄断主体自身的权益可能受到侵犯，而且由于执法机关在执法过程中可能存在随意执法，完全可能发生遗漏犯罪的行为。刑事诉讼程序和民事诉讼、行政诉讼有着本质上的区别，它是由公安机关、检察机关、审判机关分工负责开展诉讼进程的，公安机关是专门的侦查机关，有着最好的侦查技术和经验，能够有效收集垄断主体涉嫌犯罪的证据，检察机关依法对侦查行为进行监督，可以有效保障垄断主体的合法权益，审判机关居中审理，按照证据规则和法律规定做出判决，垄断主体还可以针对判决结果进行上诉，从各个方面保障了依法、公正、准确查清案件事实。

具体而言，关于反垄断刑事责任的适用程序有两点值得研究：一是反垄断刑事责任与民事责任重合的程序选择；二是反垄断刑事责任与行政责任重合的程序选择。当一种垄断行为既构成民事违法，又构成刑事违法时，实践中往往坚持刑事程序先行。这种安排的理由是，垄断案件非常隐秘，提起垄断民事诉讼的当事人单凭自己的力量很难获取被告违法的证据，而反垄断执法机构享有监听权、搜查权等特殊权利，在获取证据方面有优势。所以，"先刑事后民事"能为民事诉讼的原告及审理案件的法院节约大量的成本。但需要明确的是，刑事程序先行也存在大量的问题。在美国，由私人当事人提起的民事损害赔偿诉讼大多在政府提起民事诉讼或刑事诉讼之后，适用的程序规则也有所区别。不过，司法部既可以提起民事诉讼，也可以提起刑事诉讼。当一个垄断行为同时遭受民事制裁与刑事制裁时，司法部究竟如何选择，有没有相应的规则，在笔者所涉及的资料范围内，尚未发现有学者作相关论述。另外，刑事诉讼中的证据包括当事人的告密证据、自首证据都可能会成为后续民事损害赔偿的证据，在这种情况下可能会产生不利的法律后果——参与卡特尔的当事人因为害怕巨额的后续损害赔偿诉讼而不愿意坦白或告密，会极大地削弱宽恕政策的效果。所以，在程序安排上如何协调好民事诉讼与刑事诉讼的关系，保护自首者、举报者的利益，是垄断刑事诉讼所要解决的一个难题。在那些采用集行政制裁与刑事制裁于一体的反垄断立法国家和地区中，存在行政程序与刑事程序的选择困难问题。这个难题主要存在于侦查阶段。由于行政执法与刑事诉讼对证据的宽严度有着很大的区别，而大多数采取行、刑一体的司法辖区的法律所赋予反垄断执法机构的执法权力通常只能满足行政执法的需要。如果要获取用于刑事诉讼的证据，就需要一些特别的调查手段，如监听、入宅搜查等。有些反垄断执法机构，如英国的公平贸易委员会享有这些权力，但这些权力的行使可能会严重侵犯经营者、公民个人的合法权益。因此，必须有非常严格的程序对这些权力的行使进行约束，防止反垄断执法机关滥用、误用这些刑事调查权，如以刑事调查为借口，威慑逼迫经营者就范。

第三节　反垄断刑事责任实现中特有的宽恕制度

为了便于执法机构发现和证实卡特尔的违法行为，许多国家建立了宽恕制度，对坦白、自首的有关公司和个人实行宽恕政策。① 运行宽恕制度的过程，是一个将宽大待遇申请者、宽大人数、宽大幅度以及刑责及经济处罚上的减免等诸多因素糅合在一起进行综合考量的过程，基于运行主体的不同，一般可分为"刑事宽恕制度"和"行政宽恕制度"。美国、加拿大等国是在刑事程序上给予免除犯罪追诉，属于"刑事宽恕制度"；欧盟、德国、日本等国则是在行政处分上给予免除或减轻处罚，属于"行政宽恕制度"。我国反垄断法规定了行政领域宽恕制度的具体内容，属于"行政宽恕制度"，《国务院反垄断委员会横向垄断协议案件宽大制度适用指南》和《禁止垄断协议暂行规定》都对宽恕制度的适用条件作了细化。需要明确的是，宽恕制度与适用除外制度有所不同，两者的本质区别在于，对于适用除外情形，不适用反垄断法；而宽恕则是适用反垄断法的结果。

一、宽恕制度的含义与理论基础

宽恕制度的概念定义不尽相同，学术界对此也展开了讨论。有学者认

---

① Robert F. Lanzillotti, *The Great School Milk Conspiracies of the* 1980*s*, 11 Rev. Indus. Org. 413, 444 n. 72 (1996).

为："宽恕制度是指参与联合限制竞争行为的经营者，在执法机关对涉嫌垄断的行为进行调查时，如实供述自己的行为，或者在垄断行为被发现前，前往执法机关进行报告。执法机关经认定，可以减轻或免除行为人的责任。"① 有学者认为："宽恕制度是指通过向揭发卡特尔并提供合作的卡特尔成员和有关个人提供减免法律责任的宽恕待遇，鼓励卡特尔成员和有关个人揭发违法卡特尔，从而促进对违法卡特尔的发现、调查和处理。"② 还有学者认为："宽恕制度是指规制和完善卡特尔协议中的非主使人向执法机关主动披露卡特尔协议，并协助其调查，从而被豁免于垄断处罚的一种制度。"③ 也有学者认为："宽恕制度是指参与垄断协议的成员如果能够在该行为尚未被发现时主动向执法机关报告该行为，或者在执法机关进行调查时，主动向执法机关报告该行为的具体内容，执法机关因此可以部分或全部免除该经营者因为从事限制竞争行为所应负的责任。"④ 通过以上对比研究发现，虽然学者们对宽恕制度的语义表达界定并不完全一致，但就其内涵而言，具有很多的共通之处。比如，在宽恕制度的手段方面，学者们大多强调对垄断者的法律责任进行减轻；在目的方面，一般是获取垄断者的认罪或者揭发别人的违法行为，从而提高反垄断的成效。鉴于此，综合以上学者的观点，笔者将宽恕制度界定为：垄断公司或者直接责任人在实施垄断行为时，主动向反垄断执法机关报告自己的行为，或者在垄断执法机关依法进行调查时，主动全面出示相关资料，真实配合调查，符合相关法律规定的，可以减轻或免除其垄断责任的一种制度。

宽恕制度的目的在于鼓励垄断主体主动配合反垄断执法机构的调查，

---

① 王晓晔：《中华人民和国反垄断法详解》，知识产权出版社 2008 年版，第 59 页。

② 游钰：《反垄断宽恕政策的理论分析与实证考察》，载《法律科学》2008 年第 4 期。

③ 王燕：《论核心卡特尔中的宽恕制度及我国〈反垄断〉法对其规制和完善》，载《经济与法》2009 年第 7 期。

④ 随建勇：《反垄断法中"宽恕制度"的具体实施探讨》，载《成功（教育）》2008 年第 11 期。

从而获得反垄断执法机构减轻或者免除对垄断主体的处罚，即鼓励垄断主体主动向反垄断执法机构"投案自首"并配合调查。其理论基础来源于逻辑学中的纳什均衡（是指在博弈中，对于每个参与者来说，只要其他人不改变策略，他就无法改善自己的状况）和经济学中的"囚徒困境"（是指两个被捕囚徒之间的一种特殊博弈现象。该现象说明了为什么在合作对双方都有利时，保持合作仍然是困难的原因）。即垄断主体之间并不是完全信任的，每个垄断主体都担心对方向垄断机构坦白和自首，从而使自己处于不利的局面。垄断参与者为了获得自身的最大利益，就会首先向垄断机关透露有关垄断的内容。在宽恕制度中，只要垄断主体向反垄断执法机构揭发其全部的垄断行为，或者配合调查活动，主动提供证据，就可以获得减轻处罚，这对于每一个垄断参与者而言都是有诱惑力的。只要有一名垄断主体向调查机构供认了垄断行为，整个垄断就会瓦解。正因如此，宽恕制度才能有效激励卡特尔成员向反垄断执法机构主动报告其参与的卡特尔情况，从而有利于执法当局发现、证实和惩治隐蔽的卡特尔行为，并能在一定程度上阻吓新的卡特尔产生。所以，宽恕制度是经典"囚徒困境"原理在反垄断制度上的综合运用。当然，宽恕制度下的卡特尔成员面临的具体环境与"囚徒困境"中囚犯所处的具体环境是不完全相同的，比如，卡特尔成员可以交流沟通从而达成攻守同盟，而囚徒被分别羁押，无法交流，他们没有机会协调共同的行为；在利益得失方面的权衡上，卡特尔成员考虑的因素要比囚徒复杂得多——企业声誉的损害、商业关系的破坏、日后可能被其他卡特尔成员报复、反垄断私人损害赔偿诉讼、外国反垄断执法机构的调查、行业竞争的限制等。但这些差异并不妨碍"囚徒困境"成为宽恕制度在经济学层面上的理论依据和指导思想。

二、宽恕制度的特征

宽恕制度最早由美国司法部在 1978 年提出，随后欧盟、加拿大、日本、韩国等国家和地区也纷纷效仿建立此制度。而我国在反垄断法颁布之初就确定了宽恕制度，作为反垄断规定中的一项特殊制度，它有以下几个方面的特征：

第一，宽恕制度以自由竞争为基本理念。市场经济的本质特征是维护自由竞争机制、优化市场资源配置、实现社会福利的最大化。垄断行为是自由市场竞争的一大杀手，且随着现代科技的发展和新兴产业的兴起，垄断行为越发具有隐蔽性，反垄断工作难以进行。宽恕制度的最大优势在于利用人们内心深处的趋利避害性，从内部堡垒攻破垄断，从而为反垄断执法机构打击垄断行为创造了条件、提供了便利。从这个角度来讲，宽恕制度作为反垄断的一项重要侦查手段，立足于社会整体利益的最大化，尊重市场竞争秩序，利用垄断主体垄断协议的弊端，从内部攻破"敌人"，实际上贯彻了自由竞争的基本理念。

第二，宽恕制度只适用于特殊的垄断行为。一般来讲，垄断行为可以分为卡特尔、经营者集中、滥用市场支配地位三种行为。在这三种行为中，宽恕制度适用的主要对象是卡特尔。这是因为，卡特尔的隐蔽性最强、最不容易被反垄断执法机构发现，反垄断执法机构也难以通过正常的调查活动查清卡特尔的行为。反垄断执法机构如果单凭自身的调查行为就想打击卡特尔，是很难胜任的，也无法取得预想的效果，还会浪费大量的社会资源。宽恕制度正是基于这样一个背景，转变反垄断执法的观念，由外部调查转向"内部突破"，瓦解卡特尔成员之间的信任关系，从而提高反垄断的效率。相比而言，滥用市场支配地位和经营者集中这些垄断行为不像卡特尔那样具有隐蔽性，经常要把自己的行为都暴露在公众面前，市场参与者能直观地感受到，是一种比较光明正大、公开的垄断行为。并且，由于这两种垄断行为多由一个垄断主体进行，因此很难产生纳什均衡的困境，宽恕制度也失去了适用的条件。因此，各国通常把宽恕制度的适用限于卡特尔行为。

第三，宽恕制度的实施是以垄断参与者积极配合为前提，以减轻或免除处罚为结果。宽恕制度通常要求垄断参与者主动报告垄断行为，或者在垄断机构调查时主动配合提供证据，以便反垄断执法机构能够有效查明垄断事实，追究垄断主体的法律责任。但是，基于追求利益是市场主体的根本属性，如果仅仅依靠说教和道德教化，是不可能让垄断主体主动揭发垄断协议并积极与反垄断执法机构相配合的。市场参与者进行"告密"，还面临"告密者"身份信息被曝光而利益受损的风险。因此，必须利用商人的趋利避害性，完善具体的实施制度，使得揭发者能够获得相应的好处，才可能诱使垄断主体主动向执法机构供述违法垄断行为。应该说，宽恕制度就是利用了这种激励机制，通过以"出卖盟友"为代价免除或者减轻自己所应承担的金钱责任或者刑事责任的方式鼓励垄断主体积极向反垄断执法机构提供垄断信息或者证据。由此可见，宽恕制度由两个要件构成，第一个是行为人主动配合执法机构进行调查，而且还有时间限制，必须是在反垄断执法机构掌握足够证据之前；第二个是反垄断执法机构可以对"告密"行为人减轻或者免除处罚。

由此可见，宽恕制度主要利用了人趋利避害的心理弱点，通过垄断参与者之间、垄断参与者与反垄断执法机构之间的心理博弈，促使垄断主体为了减轻处罚而积极告发他人的一种制度。实质上是国家基于社会综合利益的考虑，为了维护自由竞争的市场秩序而采取的一种价值取舍，也就是说为了社会利益的最大化，利用人性的弱点，从内部攻破垄断协议的堡垒，通过减轻或免除责任的方式来促使垄断共谋者之间产生不信任和内讧，从而提高了反垄断执法的效率、节约了反垄断执法资源。宽恕制度在美国、欧盟、加拿大等国家和地区已经实施多年，在具体的反垄断执法活动中发挥着不可替代的作用。但任何一项政策都有其文化、社会背景，具有相应的配套实施体制，这项制度在国外也不是万能的，移植到国内也必定面临诸多问题。如韩国在1996年便正式将宽恕制度引入《规制垄断及公平交易法》中，之后基于国情的变化，分别在2001年、2004年和2007年进行了修订。因此，在考虑此项制度时，必须综合分析在实践中这项制度所能达到的正面效果和负面影响，从而对制度进行综合性、全面性、深入性的考察，再基于本国的国情，进行本土化改良。

三、宽恕制度的功能评价

宽恕制度的实行相当于在垄断主体之间设置了一颗定时炸弹，每个垄断参与者都害怕对方先向反垄断执法机构报告，增加了垄断双方间的不信任性，宽恕制度也具有一定的积极意义，提升了行政执法机关打击垄断行为的成效，节约了调查成本。

（一）便于收集整理垄断行为的相关材料

现代社会的正当性、公正性、文明性的重要标志就是有效限制了国家权力，防止了政府权力的滥用和误用。反垄断执法机构在执法过程中，必须依法收集证明涉案垄断行为的证据材料，通过相关证据证实垄断行为，实行惩罚措施，而不能依靠主观猜测或者非法途径收集证据。从这个角度来看，收集证据是反垄断执法的基础和关键。但是，由于卡特尔行为具有隐蔽性、同谋性等特征，导致收集证据非常困难。而在实践中，反垄断执法机构主要通过公权力直接介入、强制威胁以及实施宽恕政策来开展调查活动并获取证据。相对于公权力直接介入和强制威胁的手段，宽恕制度能够更加温和、全面地获取证明涉案垄断行为的证据材料，由于相关证据由垄断主体真心实意地提出，因而能够保证相关证据的真实性。从这些方面来看，宽恕制度在收集证据方面具有其他措施所无可比拟的优势。

（二）瓦解垄断同谋，增加维持垄断行为的难度

在以自由竞争为主题的市场经济活动中，垄断行为并不被主流观点所接受，因而创设和维持垄断共谋需要付出巨大的代价。且垄断共谋主要以参与者的信用为基础，实施垄断协议的各方必须言行一致、保持协调性，这样才有可能保障实施垄断行为不被执法机关所发现，并最终获得高额的垄断利润。在这个过程中，为了维持信任，通常各垄断主体之间需要创立奖惩、监视、定期会议等制度，以免各方互相欺骗。此外，就像一个国家的长治久安需要司法机关调解纠纷一样，垄断主体之间也需要建立一套问题矛盾解决机制以保障垄断主体间的利益划分。然而，鉴于市场经济主体的趋利避害性，垄断参与者之间的信任基础是非常薄弱的，宽恕制度能够削弱垄断参与者之间的信任度，使得维持垄断主体之间的协调变得非常困难。同时，由于宽恕制度的存在，垄断主体之间很难达成一致意见，双方之间的信任程度大幅降低，增加了维系成本。

（三）节约执法资源

宽恕制度的优势不仅停留在反垄断调查取证阶段，在后续的审判阶段，该制度也具有明显的积极作用。究其原理，宽恕制度和司法中的辩诉交易制度比较类似。刑罚裁量制度对于一些轻微刑事案件，如果犯罪嫌疑人主动供述自己的犯罪行为，并提供重要线索，协助司法机关侦破其他案件，就可以构成自首和立功，从而获得减轻或者免除处罚的待遇。这一制

度在美国尤为普遍，绝大多数案件的处理都介入了辩诉交易的成分，使得美国的司法机关在面对大量的刑事案件时依然游刃有余。我国虽然在立法上没有明确辩诉交易制度，但在实践中自首、立功等行为也构成减轻处罚的缘由。并且在欧盟国家中，正在考虑采用这样的一套处理机制，只要垄断主体承认了垄断事实，并愿意接受一定数量的罚款，那么法院对于相关的垄断案件将不再阐述详细的理由，当事人也不能向上级法院提起上诉。在任何国家，司法和执法资源都是相对紧缺的，通过宽恕制度可以节约大量的执法资源，使得执法机关有时间和有精力处理更多的垄断案件，促进社会整体利益的最大化。

但是，任何制度都有其优势和弊端，在很多时候，一个制度的优势从另一个角度审视就是其弊端，即研究视角的不同导致了认识事物的不同。因此，在研究某一制度时，应从多角度进行分析，综合评价该制度。鉴于此，也应明确宽恕制度的缺陷。主要包括以下几个方面：

第一，减轻了反垄断法的处罚和威慑力度。宽恕制度减轻了对垄断行为的处罚和打击程度，这对垄断主体而言，减轻了反垄断法的威慑力度。后续的市场参与者就会觉得国家对于垄断行为的打击力度并不严厉，即便被发现，也可主动"告密"而得到豁免，基于这种侥幸心理，后续的垄断参与者有动力继续实施垄断行为。因此，执法机关在适用宽恕制度时一定要设置非常严格的条件，尽量避免不必要的减免处罚。这也说明了要严格限制宽恕制度的适用对象，只能限于有秘密共谋的垄断行为，绝大部分只能是卡特尔行为。

第二，削弱其他处罚措施的适用。宽恕制度不仅被执法机关所接受，也广受垄断主体的欢迎。这是因为，垄断主体非常清楚，通过接受宽恕制度设置的条件，自身可以得到远低于其他处罚措施的结果，如果不接受宽恕制度，垄断主体会得到更加严重的处罚。执法机关基于执法便利性的考虑和垄断主体基于处罚利益的衡量，都有可能选择优先适用宽恕制度。因此可能导致执法机关在进行反垄断调查时，就会把更多的精力用在说服垄断主体主动提供证据、适用宽恕制度上，而可能放弃其他处罚手段的适用。这在某种程度上会降低执法机关的调查能力，让其形成思想上的惰性。长此以往，垄断主体也会怀疑执法机关的反垄断能力，存在侥幸心理，从而变得肆无忌惮。

第三，容易导致处罚的不公正。一项制度一旦建立，不仅在于惩罚违法行为，保护公民的合法权益，其深层次的价值还应包括给公众建立一种心理上的预期，也即明确告诉公众只要实施了这种行为，就应当受到这种程度的处罚。就像犯罪了就要承担刑事责任、违法了就要进行行政处罚一样，制裁手段必须要和违法行为的危害性相当。唯有如此，社会才有可能在法律的调解中处于一种稳定有序的状态。但是，实施宽恕制度，稍有不慎，则可能产生一种不公平的结果。特别是在那些因宽恕制度而免除处罚的情形下，同样的违法行为，有些人免除了处罚，而有些人却被处以较重的处罚，这是不公平的。特别是在垄断发起人强迫其他人共同实施垄断行为的情况中，如果垄断发起人因为宽恕制度而被处以较轻的处罚，被胁迫者却被处以严重的处罚，这对一般垄断参与者而言是不公平的，难以让社会公众信服，容易让公众产生误解，认为其他主体是宽恕制度的牺牲品，愿意相信发起人是钻了政策的空子才逃避了应有的惩罚。正是从这个角度出发，大多数的反垄断国家都不允许发起人适用宽恕制度。

四、宽恕制度的主要内容

宽恕制度是针对垄断协议的隐蔽性和反垄断执法成本的考量而提出的，现今已成为反垄断执法的重要组成部分。在借鉴其他国家和地区的反垄断执法经验的基础上，我国《反垄断法》也引入了宽恕制度，第56条规定，"经营者主动向反垄断执法机构报告达成垄断协议的有关情况并提供重要证据的，反垄断执法机构可以酌情减轻或者免除对该经营者的处罚"。针对什么是重要证据，《禁止垄断协议暂行规定》作了明确规定，"重要证据是指能够对反垄断执法机构启动调查或者对认定垄断协议起到关键性作用的证据，包括参与垄断协议的经营者、涉及的商品范围、达成协议的内容和方式、协议的具体实施等情况。"对于宽免力度，《禁止垄断协议暂行规定》也作了明确规定，"经营者根据本规定第三十三条提出申请的，反垄断执法机构应当根据经营者主动报告的时间顺序、提供证据的重要程度以及达成、实施垄断协议的有关情况，决定是否减轻或者免除处罚。对于第一个申请者，反垄断执法机构可以免除处罚或者按照不低于百分之八十的幅度减轻罚款；对于第二个申请者，可以按照百分之三十至百分之五十的幅度减轻罚款；对于第三个申请者，可以按照百分之二十至百分之三十的幅度减轻罚款"。即我国已经建立起了一套完善的反垄断宽恕制度实施机制。尽管从道德的角度来审视宽恕制度还存在很大问题，依靠告发自己的生意"伙伴"来换取自身的免责和风险规避，会严重影响宽恕待遇申请者在本行业的商誉，在道德上具有非正当性。但从垄断行为的本质来看，其是建立在牺牲不特定多数消费者合法权益基础上的非法行为，损害了市场经济的公平竞争秩序，违背了国家相关法律的规定，对于这样一种本身违法的行为如果还坚持道德正义是不合理的。运行宽恕制度的过程，是一个将宽恕待遇申请者、宽恕人数、宽恕幅度以及处罚上的减免等诸多因素糅合在一起进行综合考量的过程。其具体内容如下：

（一）宽恕制度的适用范围

一般来讲，垄断行为可以划分为联合限制竞争（通常是指横向垄断协议）、滥用市场支配地位、经营者集中三种情形。实践中宽恕制度通常仅适用于联合限制竞争行为。滥用市场支配地位的行为非常明显，隐蔽性较差，容易被社会公众和执法机关发现。经营者集中的行为通常需要特大企业参加，容易吸引媒体、社会公众和执法机关的关注，并且经营者集中的行为通常需要到审批部门办理相关手续才能顺利进行，因此，制止此类垄断行为的难度并不大。联合限制竞争行为是指处于竞争关系中的企业以减少竞争为目的，联合起来或者实施同一行为，从而获得高额垄断利润。其形式可能包括划分市场、串通投标、限制产量、固定或者变更商品价格等。相对于滥用市场支配地位和经营者集中行为而言，联合限制竞争行为多是垄断主体私下里进行协商并达成协议，其隐蔽性较强，并且垄断主体倾向于在没有第三方在场的情况下，以口头的方式达成协议，并没有留下任何书面的文件，这就显著增加了反垄断执法的难度。在司法实践中，多数的联合限制竞争行为都没有书面文件，即使当场有书面协议，事后也会尽快销毁，以免落人口实。比如在美国著名的维他命垄断案中，参与垄断协议的厂商在会后都及时地销毁与会议有关的文件，并且由不同的主体、在不同的时间段对外发布经过协商的价格，即便是后续的各种协商活动也安排在不同的地点进行。这些活动和普通的市场经营活动并无很大差别，从外观上很难判断这些活动是正常的市场经营活动，还是联合限制竞争协议活动，从而增加了反垄断执法的难度。需要说明的是，一旦垄断主体之间达成了垄断协议，它们之间的关系就由竞争变成了合作，而消费者的地位由"上帝"变成了它们共同攫取高额利润的压榨对象，其他市场竞争主体变成了它们共同的"敌人"。如在 International Lysine Case 案中，共谋者之一这样说道："我们的竞争者是我们的朋友，而消费者就是我们的敌人。"尽管这句话很露骨，但却是垄断主体之间无须遮掩的秘密。在这种条件下，如果单凭反垄断执法机构依靠自己的力量去收集证据、获取违法者的真实供述是非常困难的，甚至在某种程度上是强人所难的，执法机构即使成功查处了一些案件，也会经历相当长的时间、花费极大的人力物力财力，对其他垄断者的威慑力远远降低。这种打击力度和垄断行为对社会造成的危害是不相适应的，垄断行为不仅减少和排除了市场自由竞争，而且还损害了消费者的合法权益，降低了社会经济利益，阻碍了社会的发展进步，是对市场经济触目惊心的破坏。因此，为了打击垄断行为，减少调查取证的难度，节约司法资源，特别是针对隐蔽性较强的卡特尔行为，各国政府都规定并完善了宽恕制度，从垄断主体内部找到了打破垄断协议的突破口。以减轻或免除处罚为诱饵，鼓励卡特尔成员向反垄断执法机构告发具体的垄断协议，极大地提高了反垄断执法机构的效率和垄断犯罪的查处率，有效落实了反垄断法的震慑作用。

（二）宽恕制度的执行主体与适用对象

宽恕制度，一般是由反垄断执法机构来实施的。根据反垄断法的公法责任类型，反垄断执法机构可分为以美国为代表的可决定对适格告密者免于刑事起诉的刑事侦查机关（如美国司法部反托拉斯局）和可决定免去或减少行政罚款的行政机关（如韩国的公平交易委员会）。

宽恕制度既可适用于公司，也可适用于自然人。1978 年 10 月美国在制定第一个宽恕政策时，其适用对象只限于公司，由于该政策实施欠缺透明度和确定性，且只适用于公司，因此实施效果并不理想，平均每年只有一件申请案件。考虑到在某些情况下，参与卡特尔的经营者本身基于各种利益的考量，不需要申请宽恕，但是垄断企业中的某些高级管理人员可能会基于对法律处罚的畏惧心理，积极主动地向有关当局报告其企业所在的经营者参与卡特尔的情况，并为此提供具有足够证明力的证据。鉴于此，美国司法部反垄断司于1994年8月颁布了《个人宽恕政策》，明确了个人可获得宽恕的条件和程序。个人宽恕制度将反垄断宽恕制度的主体扩展到直接参与卡特尔行为的经营者之外的其他个体，对于符合条件的，主动报告其企业所在的经营者参与了卡特尔行为的企业员工也给予了免于刑罚的宽恕。但是此类员工必须是独立于其企业所在的经营者，必须是为了自身的利益而非为了公司的利益向有关当局报告。之所以允许个人申请宽恕，是因为若只追究经营者的反垄断责任，则不能有效打击卡特尔，也不能维护自由的市场竞争环境，所以应采用双罚制，即公司和个人都应为参与卡特尔行为承担相应的反垄断法律责任。但考虑到在司法实践中个人的刑事罚金，通常会由企业代替个人进行支付。因此，罚金刑对于个人而言，其威慑效果并不明显。而如果对个人判处限制人身自由的监禁刑，企业是没有任何办法可以代替解决的，因此对个人处于监禁刑可以避免罚金刑所带来的弊端。另外，美国文化将卡特尔视为抢劫、强盗，对参与卡特尔行为的企业高级雇员处以刑事监禁也就更容易理解了。因此，每个参与垄断行为的经营者的高级管理人员都要时刻面临着自由被剥夺的风险，允许私人个体得到宽恕，极大地加强了宽恕制度对经营者的刺激。

关于宽恕制度的适用对象，目前学术界还有一些争议。一是卡特尔的发起者、组织者或者强迫他人参与卡特尔的经营者能否成为宽恕制度的申请者。有学者提出，对卡特尔的发起者和首犯不能适用宽恕制度。因为，若卡特尔的发起者或首犯可以获得宽恕，则在一定程度上免除了参与者的后顾之忧——即使被反垄断执法机构查处，只要抢先告密就可以免去法律责任，这样容易导致违法成本太低乃至为零，变相鼓励经营者发起或者积极参加卡特尔。二是如果允许垄断行为的发起者适用宽恕制度，就会给市场上的恶意竞争、"借刀杀人"等违法行为创造条件，行为人可能会想方设法诱惑竞争对手参与卡特尔，之后再主动报告，借反垄断执法机构的力量打击竞争对手。但是，也有学者提出，对卡特尔的发起者和首犯不适用宽恕制度，在某些特殊情况下反而不利于打击垄断行为。如在只有两个垄断主体参与的卡特尔行为中。由于发起人不适用宽恕制度，所以发起人不会告发垄断事实。另一方参与者基于这一事实，就会有足够的自信认为，只要自己不告发，垄断协议就不会被发现，就会一直获得垄断利润，因此双方都不会主动告发垄断事实，增加了反垄断执法机构打击垄断行为的难度。实际上，从各国设立反垄断宽恕制度的立法目的来说，一方面在于灵活运用反垄断法，体现反垄断法的灵活性与市场复杂性的较好结合；另一方面也是为了保护公共利益的需要，需要说明的是，这里的公共利益是一个概指的范畴，既包含了多数人的利益，也包含了社会经济发展必须的利益。因此，在选择宽恕对象时，应结合具体的案情，综合权衡利益的取舍，运用合理原则对涉案企业的反竞争效果和能够带来的利益进行价值比较，选择合适的宽恕对象。

（三）　宽恕制度的适用条件

各国采用宽恕政策的直接原因是为了提高执法效率，但是维护自由的竞争秩序、实现市场经济发展的自由公平才是宽恕制度的最终追求。所以，当反垄断执法机关已启动调查并掌握了充足证据时，就不应再对申请者适用宽恕制度。因为此时已无必要，并且可以避免变相鼓励卡特尔。因此，参与卡特尔的告密者若想获得宽恕，就必须符合反垄断执法机关规定的申请条件。

以美国的宽恕制度为例，美国1993年颁布的公司宽恕政策的第A项规定，明确表明公司只有在调查开始前向主管机关报告违法行为并满足6个条件时，该公司才将获得宽恕。（1）当某一垄断主体在坦白或报告垄断行为时，反垄断执法机构还没有其他任何渠道获得有关该垄断行为的信息；（2）该垄断主体必须迅速、全面、彻底地停止垄断行为；（3）该垄断主体必须真诚地与反垄断执法机构进行合作，不但要提供相关的资料、主动接受调查，还要把所了解的垄断行为全部如实地报告给执法机关；（4）该垄断主体必须作为一个整体承认实施了垄断行为，如果该垄断主体的某个个体承认了垄断行为，其并不能代表整个垄断主体的意志，则不予认定；（5）该垄断主体必须尽自己最大的努力赔偿被害人的损失；（6）该垄断主体在垄断行为中处于附属地位，不是组织实施者，也没有引诱、强制其他公司参与垄断行为。根据上述条件，宽恕申请人应该在反垄断执法机构启动调查之前或虽然调查已开始，但尚未掌握核心证据的情况下主动、坦率和充分地提供相关卡特尔的信息，所以，宽恕制度的申请时间至关重要，即至少应在执法机构掌握充足证据之前提出申请。

并且在美国的反垄断法律规定中，明确规定了只豁免第一位符合条件的申请者，随后报告的企业不能获得任何减免。美国宽恕制度导致了在不稳定的垄断协议环境下，垄断协议成员会争相主动向反托拉斯局报告，美国的反垄断活动取得了举世瞩目的成绩。当然，欧盟、日本和韩国为了提高执法效率、尽快恢复竞争局面、鼓励后续申请者，采用了有梯度的减免模式。根据欧共体委员会 2006 年通告，第二顺位的宽恕申请者需满足以下条件：（1）能够列举符合"附加价值"内容的可查实性证据①。（2）必须从申请时起持续、诚实、全面地配合。（3）停止违法行为，除非委员会提出因调查需要暂时维持现状。满足相关情形时，可依照举证次序，予以不同程度减免。第一顺位向当局提交了重要证据的，则可减少 30% 至 50% 的罚款；第二顺位满足条件的，可减少 20% 至 30% 的罚款；随后顺位的申请者应在执法机构介入前提供证据，可减少不高于 20% 的罚款。日本 2005 年的禁止垄断法规定在课征金方面，卡特尔的参与者中第一顺位报告的可以全部免除其应缴课征金，第二顺位可减免 50% 的课征金。其后的减免则分情况：执法机构介入前，第三顺位到第五顺位的经营者可获得 30% 的减免，而第六顺位及其后经营者无减免。执法机构介入后，第三顺位经营者可获得 30% 以内的减免，但第四顺位及其后经营者不能获得减免。我国的《国务院反垄断委员会横向垄断协议案件宽大制度适用指南》中并没有明确限定申请宽恕制度的经营者数量，《禁止垄断协议暂行规定》则明确了依法减轻处罚的幅度，按其规定，可享受减免政策的申请者仅到第三顺位。由此观之，世界各国对于宽免制度处罚顺位非常注重主动报告的"自觉性"，"告密"越早所受的处罚越小，受到的利益保障越完善。需要说明的是，经营者能否获得上述幅度的减免，应当由反垄断执法机构综合考虑经营者主动报告的时间顺序、提供证据的重要程度，以及达成、实施垄断协议的有关状况等，作出是否减轻或

---

① 此处所称"附加价值"是指根据主动报告者提供证据的性质及详细情况，该证据能够强化委员会核实可疑事实能力的程度。参见时建中：《反垄断法——法典释评与学理探源》，中国人民大学出版社 2008 年版，第 437 页。

者免除处罚的决定。

五、宽恕制度的效果

目前，实施宽恕制度的国家在日益增多，相关的制度建设也在逐步完善。[1] 如英国继 1998 年的《竞争法》建立了适用于行政罚款的宽免制度后，2002 年在《企业法》中也建立了适用于卡特尔犯罪的宽恕制度——不起诉函（no‐action letters）制度。根据该法第 190 条第 4 款的规定，只要告密者符合不起诉的条件，包括向公平贸易局提供卡特尔活动的细节及在调查过程中与公平贸易局合作，配合公平贸易局的调查工作，公平贸易局可以发出不起诉函来保护告密者，使其免于刑事指控。立法起草者认为："卡特尔的秘密本质和它们的损害后果将证明这种制度安排是正确的。对于那些虽然已经构成卡特尔犯罪但愿意跟公平贸易局合作的个人而言，给予他们处罚并不利于消费者合法权益的保护。"[2] 同时，为了给个人申请豁免提供明确的指南，英国公平贸易局也公布了《卡特尔犯罪：对个人发出"不起诉函"指南》。除了英国外，加拿大、法国、德国、韩国、我国台湾地区等国家和地区都在其反卡特尔实践中引入了宽恕政策。虽然我们无法获得世界各国的反垄断豁免制度效果的实施数据，但从美国的实施情况来看，宽恕政策的实施对于打击垄断、恢复市场竞争秩序发挥着重要作用。

21 世纪以来，美国的反垄断执法机关查处了大量的垄断案件，严厉地打击了垄断的嚣张气焰，美国的反垄断执法得到美国媒体和人民的广泛好评，其中很大原因在于宽恕制度得到了广泛应用。近十年来，美国查处的卡特尔案件数、刑事罚金总额出现的迅速增长势头也和经营者宽恕政策的有效实施密切相关。据有关统计，美国因实施宽恕政策发现卡特尔行为的定罪总处罚金额已超过 10 亿美元。如维他命卡特尔案。在 1999 年 5 月

---

[1]　Robert H. Porter & J. Douglas Zona, *Ohio School Milk Markets: An Analysis of Bidding*, 30 Rand J. Econ. 263, 264（1999）.

[2]　Tim Franzer, Susan Hinchliffe & Kyla George. Enterprise Act 2002, The Law Society, 2003. p. 51.

间美国司法部（Department of Justice）公布了两个化学药品公司在美国达拉斯地方法院认罪的案例。两个化学药品公司承认在 1990 年 1 月至 1999 年 2 月，在有关维他命产品行业存在共谋哄抬并固定价格的行为（price - fixing）。世界上主要制造维他命的企业每年均召开秘密会议，决定关于维他命的生产数量、价格及流通方式等，并且通过参加协议约定，依实际企业收益及市场需求，调整各企业所设定市场占有率及价格。在本案，率先揭发这一不法行为者为法国的 Rhone - Poulenc 公司，其是世界第三大维他命制造厂，当时占世界约 15% 的市场。尽管该公司先前有参与此卡特尔的行为，但因其第一个申请适用宽恕政策，在美国司法部反垄断局同意其宽恕申请后，得以豁免刑事追诉。该公司随后发布了新闻，公开了申请宽恕减免的事情，并配合反垄断局的调查工作。后来，瑞士的 F. Hoffman - La Roche 公司及德国的 BASF 公司也相继承认参与了该垄断行为，愿意协助美国反垄断局进行调查。其后，日本第一制药公司及武田制药公司也分别先后认罪，并对美国司法部的调查提供协助。依美国反托拉斯法的量刑指令，F. Hoffman - La Roche 公司及 BASF 公司的罚款原本分别为"13 亿美元到 26 亿美元"及"4 亿美元到 8 亿美元"，最后因宽恕政策而仅罚款 F. Hoffman - La Roche 公司 5 亿美元、BASF 公司 2.5 亿美元。换言之，罚款的额度因宽恕政策降低至相当于企业交易额的 15%。至于其后适用宽恕政策的日本第一制药公司即武田公司，则也受到罚款降低至相当于交易额 26% 及 20% 的宽免。又如石墨制电极卡特尔案。在 1998 年的石墨制电极卡特尔案中，该商品的制造商五年间先后在远东地区、欧洲地区及美国召开秘密会议，通过会议决定固定该商品价格、废止折扣、限制贩卖数量及地区等垄断行为，并且为实施该协议，参与厂商互相交换或贩卖关于顾客的个人信息。在本案中，美国的 Carbide/Graphite Group Inc. 公司首先向司法部反垄断局提供为搜索其他参与企业的必要讯息和其他证据，而申请适用宽恕政策，经反垄断局同意后，豁免了其刑事责任追诉。其后，另有参与垄断协议的日本昭和电工公司、美国 UCAR international Inc. 公司及德国 SGL carbon 公司相继出面协助反垄断局调查本案而得到豁免，最终分别获得减至相当于交易额 10% 到 30% 的罚款减免处分。①

从以上案例可以查知，国际卡特尔通过与其他跨国企业进行共谋限制竞争，达成固定价格、围标、分配市场区域、消费者及销售量的垄断合意，实施瓜分世界产品市场利益的垄断行为，从而达到增加利润的目的。由于国际卡特尔往往使用合法的商业协会组织及会议活动作为掩护，共谋证据的取得非常困难，因此反垄断主管机关的调查往往难上加难。通过宽恕政策的实行，让参与垄断协议者感觉到如果东窗事发，潜在法律责任将非常巨大，而迫使垄断参与者选择"窝里反"，提供反垄断主管机关破案所必需的信息及证据。即宽恕制度的适用不仅能解决反垄断执法机构调查取证难的问题，其适用还能解决反垄断法跨国、跨区域执法难的问题，更有利于在多样化的国际市场竞争中保护本国企业的利益。因此，国际反垄断组织（如 OECD 的竞争委员会）大力推荐各国采取此项宽恕政策，以遏制国际恶性卡特尔横行而危害世界经济。

① C. Scott Hemphill, *An Aggregate Approach to Antitrust：Using New Data and Rule Making to Preserve Drug Competition*, 109 Colum. L. Rev. 629, 651 (2009).

第六章　反垄断刑事责任完善论

竞争是社会经济生活中最常见的现象，用刑罚予以规制，是现代经济发展的必然要求。刑法在多大程度上对社会经济行为进行调整，关系到刑法本身在我国社会经济改革中的作用、地位和具体性质。[1] 通过刑罚的方式打击垄断行为，是国家强化经济管理的一种方式，是随着世界形势发展变化而不得不采用的一种选择。在竞争法律制度创立之初，对垄断行为处以刑罚便随之产生了，1890 年美国出台的《谢尔曼法》便是一部集刑事法、行政法、民事法于一体的竞争立法，而且从该部法律所包含的不同性质的法律条文来看，刑事规制是该法的重心所在，整部法律共八个条文，仅有四个条文是实体性规定，其中有三个是关于刑事法律规制的规定。另外，美国的《克莱顿法》《联邦贸易委员会法》《韦勃波莫斯法案》《威尔逊海关法》《鲁滨逊—帕特曼法》均有相应的刑罚规范。在美国《谢尔曼法》颁布之初，谢尔曼先生就曾大声疾呼："如果我们不能忍受作为政治权利的皇帝，我们也不能忍受统治我们各种生活必需品的生产、运输和销售的皇帝。我们不能屈服于一个皇帝，我们也不能屈服于以势力阻碍竞争和固定各种商品价格的贸易大亨"。自 1890 年 7 月 2 日《谢尔曼法》实施以来，到 1999 年，美国司法部反托拉斯局，共处理反托拉斯案件 3258 件，其中民事案件 1384 件，占总体案件的 42.48%，刑事案件 1874 件，占总体案件的 57.52%。且有资料表明：自 20 世纪 70 年代以来，美国联

---

[1]　苏惠渔、游伟：《论体制改革中我国刑法观念的转变》，载《中国法学》1993 年第 1 期。

邦法院对违反反托拉斯法适用刑事惩罚出现加重趋势。[①] 在美国《谢尔曼法》之前的加拿大竞争法和其后的德国、法国、英国、日本、韩国、东欧等国家和地区制定的竞争法，基本上都有对垄断犯罪的刑罚规制内容。尽管域外有些反垄断立法国家和地区也没有规定垄断犯罪及相应的刑事制裁，但反垄断法维护有效竞争、追求社会整体利益的基本目标是相一致的。任何一个国家的反垄断立法，都要立足本国的实际需要，以本国经济发展的实际需要为核心，当客观存在发生变化时，相应的立法情况也会随之变化。如我国2008年反垄断法并没有规定垄断犯罪的刑事责任条款，但随着市场经济的发展，在新修改的反垄断法中增加了垄断犯罪的刑事责任条款——"违反本法规定，构成犯罪的，依法追究刑事责任。"即法律并不是一成不变的，随着社会的发展进步，相应的法律也应与时俱进，不断得到修改和完善。

第一节　我国反垄断法刑事责任制度的立法完善

尽管我国反垄断法在立法之初并未规定垄断犯罪的刑事责任条款，仅对阻碍、拒绝反垄断执法机构审查、调查行为以及反垄断执法机构的工作人员滥用职权、玩忽职守、徇私舞弊或者泄露执法过程中知悉的商业秘密两种情形，规定了刑事责任。但招标投标法及刑法中均对情节严重的串通招投标行为规定了刑事责任。关于是否应该在反垄断法中设计刑事责任制度，理论界和实务界也展开了一场讨论，随着反垄断法新增刑事责任条款，这场讨论才逐渐落下帷幕。但我们也应当明确，"过严的责任处罚，未必能够达到维护和促进市场竞争的效果，相反，可能因噎废食而严重扼制或损害经营者的竞争积极性，有悖初衷——背离了通过反垄断法矫治和

---

① FTC, Pay – for – Delay. How Drug Company Pay – Offs Cost Consumers Billions 2 (2010), available at http://www.ftc.gov/os/2010/01/100112 pay-fordelayrpt.pdf.

维护市场竞争的目的。"① 因此，垄断刑罚的适用必须坚持谦抑原则，如何设置我国反垄断法律刑事责任制度以保障刑罚的谦抑性成为当前我国反垄断法实施的难点。

一、现实中的价格固定、市场划分等案件

事实上，早在 20 世纪 80 年代，在我国经济领域中初步出现竞争因素后，就已经出现了价格固定等垄断现象。譬如太原市的彩印行业协会，就曾经对全市彩色照片的冲洗价格进行了统一。1992 年，在我国确定建立社会主义市场经济体制的目标后，市场竞争变得更为激烈，为了谋取高额利润，避免互相残杀，价格合谋行为变得更加频繁。为此，自 1980 年起，我国先后出台了《反不正当竞争法》《价格法》《电信条例》等一系列法律法规，初步建立起一套针对反不正当竞争行为的规制体系，但鉴于当时的立法条件还不成熟，人们对垄断的认识还不深入，我国并未出台专门规制垄断的法律。其实，在 1993 年通过《反不正当竞争法》时，有关方面也开始了我国反垄断法的研究起草工作。第八届、第九届、第十届全国人大常委会都把制定反垄断法列入了立法规划，但直到 2004 年 2 月，商务部与国家工商总局②才共同起草《中华人民共和国反垄断法（送审稿）》报送国务院，国务院法制办公室组织有关部门、专家在进一步调查研究的基础上，对送审稿进行了反复研究、论证和修改，形成了反垄断法草案，报请国务院常务会议讨论。历经十届全国人大常委会第二十二次、第二十八次和第二十九次会议的三次审议，终于通过了反垄断法，于 2008 年 8 月 1 日起施行。尽管反垄断法的颁布取得了一些成效，但市场中的垄断行为，并没有因反垄断法的颁布而减弱，正如马克思在《资本论》中所说："如果有 20% 的利润，资本就会蠢蠢欲动；如果有 50% 的利润，资本就会

---

① 金善明：《论垄断行为入罪化的限度》，载《北京工业大学学报（社会科学版）》2017 年第 6 期。

② 2018 年 3 月，根据第十三届全国人民代表大会第一次会议批准的国务院机构改革方案，将国家工商行政管理总局的职责整合，组建中华人民共和国国家市场监督管理总局。

冒险；如果有 100% 的利润，资本就敢于冒绞首的危险；如果有 300% 的利润，资本就敢于践踏人间一切的法律。"基于市场参与主体的趋利性，即使有《反垄断法》这把"达摩克利斯之剑"悬于头顶，但仍然不乏以身试法之人。以下案例可资说明。

（1）江苏连云港混凝土行业协会划分市场、固定价格案。2009 年 3 月 3 日，江苏连云港市建筑材料和建筑机械行业协会混凝土委员会组织连云港 18 家预拌混凝土企业召开会议，协商制定了《预拌混凝土企业行业自律条款》《检查处罚规定》（即"11 项规定"）。内容包括：①对行业协会的机构设置和具体运作做出规定。明确由协会常设委员会及成员单位总经理组成的协调领导小组召集会议，对本地砼市场行情进行分析，调整成员单位的工程量；由常设委员会成员单位牵头组织成员单位和办公室专职工作人员，对其他成员单位进行监督检查；由业务信息工作组负责收集市场信息。②对会员企业的生产线、搅拌车、泵送设备进行打分，并以此确定各成员单位的市场份额，约定"各成员单位产量所占当年的市场份额和企业在砼协会内的设备得分挂钩，设备得分多少即为该单位在协会内所占的工程量的比例"。③明确市场划分原则，即"市区的砼市场原则上按东西区域、就近安排来划分"。④要求成员单位以企业设备得分为标准，交纳 15 万元至 30 万元的保证金。⑤要求成员单位的销售合同必须到协会备案，没有到协会备案的项目或合同视为违约，予以处罚。协会运作前成员单位订立的尚未履行的合同，一律作废，由协会统一协调。规定已经停产的成员单位不予分配当年的市场份额，其原先占用的市场份额由协会统一调配，平衡现有成员单位的工程量。⑥明确成员单位未经协会统一分配私自承接工程，"按该单位工程的总用砼量给予 30 元/m³ 的处罚"；工程量隐瞒不报的，"按隐瞒量 30 元/m³ 给予处罚"，被处罚两次以上的，"协会进行进一步制裁，直至由协会各成员单位轮流派出设备将其通道堵塞"。⑦约定成员单位不配合协会检查的，"每次给予 1000 元的处罚"，不服从工程分配的，计入成员单位年度分配比率中，不予补偿。⑧约定协会分配的工程量超出或不足年度分配比率的，按月给予适当调整。年度超出或不足的量，次年 6 月前调整完毕。⑨约定主要由常设委员会成员单位实施对违约单位的处罚，协会在调整工程量时给予照顾。为保障这些协议的落实，行业协会还多次组织对成员单位的监督检查。2009 年 3 月 20 日的检查发现，有 3 家成员企业有背叛盟约的行为。于是在 3 月 26 日，行业协会即对一家会员企业"误接其他会员单位工程"、另一家会员企业"漏报工程量"的行为，分别处以 1000 元的罚款。还有一家会员企业因未经协会同意擅自承接工程，被协会处以 10000 元的罚款。针对上述违法行为，江苏省工商局对连云港市建筑材料和建筑机械行业协会混凝土委员会处以罚款 20 万元，对中港混凝土有限公司等 5 家协会常设委员会会员单位，罚款 530723.19 元。①

（2）吉林亚泰集团水泥销售有限公司等价格固定案。据相关反垄断执法机关调查，2011 年 4 月 14 日，北方水泥有限公司与吉林亚泰集团水泥销售有限公司、冀东水泥吉林有限责任公司的相关人员在亚泰公司召开会议，商定区域水泥（熟料）价格及执行政策，形成了《吉林省重点水泥企业区域价格制定会议决议》，约定外销熟料出厂价格按 300 元/吨执行，进入辽宁区域熟料出厂价格不低于 300 元/吨。会议还形成了长春、松原、磐石区域水泥价格决议，三家公司约定自 2011 年 4 月 16 日零时起水泥价格全部调整至最新执行价格，并制定了《长春、松原、磐石区域水泥价格执行表》，列明了三家公司销售的 PC32.5、PO42.5、PII52.5 三个品种的袋装及散装水泥销售的具体执行价格，明确了表内各品种水泥价格为三家公司最低出厂执行价格，挂牌价格及对外报价根据情况至少上调 10—20 元/吨。会议还暂定 2011 年 4 月 25 日三家公司在冀东公司确定吉林区域 5 月水泥的执行价格及执行政策。另查明，2011 年 5 月 11 日，北方公司与亚泰公司的相关人员在亚泰集团通化水泥股份有限公司召开会议，商定通化、白山区域水泥价格，并形成了《2011 年吉林省水泥行业通化、白山区域第二次价格制定会会议纪要》，制定了北方公司和亚泰公司在通化区域和白山区域水泥价格执行表，约定了 PC32.5、PO42.5、PII52.5 三个品种的袋装及散装水泥销售的具体执行价格，并明确了自

---

① 国家工商行政管理总局竞争执法公告 2013 年第 1 号——江苏省连云港市建筑材料和建筑机械行业协会混凝土委员会组织本行业经营者从事垄断协议案。

2011 年 5 月 12 日起本区域内水泥价格执行本次会议确定的价格。会议还建议 2011 年 5 月 26 日针对区域市场运行情况进行研讨及确定下一阶段的市场价格。2014 年 9 月，国家发展和改革委员会责成吉林省物价局对吉林亚泰集团水泥销售有限公司、北方水泥有限公司、冀东水泥吉林有限责任公司三家水泥企业实施价格垄断的行为，依法罚款共 1.1439 亿元。其中，对亚泰公司处以罚款 6004 万元，对北方公司处以罚款 4097 万元，对冀东公司处以罚款 1338 万元。①

（3）日立、不二越等价格固定案。据查，2000 年 1 月至 2010 年 2 月，日立、电装、爱三、三菱电机、三叶、矢崎、古河、住友等八家日本汽车零部件生产企业在日本频繁进行双边或多边会谈，互相协商价格，多次达成订单报价协议并予以实施。价格协商涉及中国市场并获得订单的产品包括起动机、交流发电机、节气阀体、线束等 13 种。经价格协商的零部件用于本田、丰田、日产、铃木、福特等品牌的 20 多种车型。2000 年至 2011 年 6 月，不二越、精工、捷太格特、NTN 等四家轴承生产企业在日本组织召开亚洲研究会，在上海组织召开出口市场会议，讨论亚洲地区及中国市场的轴承涨价方针、涨价时机和幅度，交流涨价实施情况等。当事人在中国境内销售轴承时，依据亚洲研究会、出口市场会共同协商的价格或互相交换的涨价信息，实施了涨价行为。2014 年 8 月，国家发展和改革委员会对日本住友等八家零部件企业价格垄断行为依法处罚 8.3196 亿元，对日本精工等四家轴承企业价格垄断行为依法处罚 4.0344 亿元，合计罚款 12.354 亿元。②

（4）韩国三星等六家液晶面板生产企业价格固定案。据国家发展和改革委员会调查，2001 年至 2006 年的六年时间里，韩国两家企业（三星、LG）和我国台湾地区的四家企业（奇美、友达、中华映管、瀚宇彩晶）基本上每一个月都要轮流举行一次会议（共举行了五十三次会议），

---

①　三家水泥企业实施价格垄断被罚款 1.14 亿元，国家发展和改革委员会网站，http：//www.sdpc.gov.cn/fzgggz/jgjdyfld/jjszhdt/201409/t20140909_625065.html。

②　发改办价监处罚〔2014〕10 号，载北大法宝网。

讨论的主要内容是互通市场信息，共同协商液晶面板销售事宜，以达到操纵中国大陆液晶面板市场价格的目的。2013 年 1 月，国家发展和改革委员会依法对这六家企业进行了处罚。国家发展改革委依法责令涉案企业退还国内彩电企业多付价款 1.72 亿元，没收 3675 万元，罚款 1.44 亿元，经济制裁总金额 3.53 亿元。其中，三星 1.01 亿元，LG1.18 亿元，奇美 9441 万元，友达 2189 万元，中华映管 1620 万元，瀚宇彩晶 24 万元。①

以上所举的只是价格固定、划分市场方面的案例。事实上，在我国出现最多的反垄断案例通常是串通招投标案件，但此类案件通常与行贿、受贿案绞织在一起，因此，在司法实务中很难见到单一的串通招投标行政处罚案或刑事案件。上述案例表明，我国的卡特尔现象是比较严重的，既有国内卡特尔，也有国际卡特尔，既有价格固定，也有市场划分。同时也表明，我国反价格卡特尔面临的任务是比较严峻的。但总体来看，我国对卡特尔的惩罚力度是相对较轻的。以液晶面板卡特尔为例，该卡特尔行为对全世界的液晶面板市场都产生了影响，其中尤以对我国彩电企业和我国消费者的影响最大，因为我国是世界上最大的家电生产国和出口国。从 2001 年起，随着我国彩电市场的蓬勃发展，对于液晶面板的需求也与日俱增。到 2011 年，我国彩电电视机产量高达 12231.34 万台。但我国对这六家企业的罚款共 3 亿多元人民币，而欧盟基于同样的违法行为对奇美电子一家企业的罚款就高达 3 亿欧元，美国对友达一家的刑事罚金也高达 5 亿美元，并且友达光电的两名高管也被判了 3 年有期徒刑。鉴于此，出于反垄断法威慑力的考虑，我国有必要加重垄断协议的处罚力度。

二、完善反垄断刑事责任立法的建议

有部分学者在反垄断法修改之前提出，我国原有的立法中并没有关于对垄断进行刑事制裁的内容。这种说法是比较片面的，确实，我国最早规制垄断的法律——1993 年颁布的《反不正当竞争法》虽然对行政垄断

---

① 六家境外企业实施液晶面板价格垄断被依法查处，载人民网，http://www.gov.cn./banshi/2013-01/04/content_2304387.htm.

（第 7 条）、串通招投标（第 15 条）作了禁止性规定，但在第四章的"法律责任"中并未对这两类垄断行为设定刑事责任，而只规定了行政责任，即对串通招投标行为处 1 万元以上 20 万元以下的罚款，对地区封锁、部门分割等行政垄断行为"由上级机关责令其改正"，"情节严重的，由同级或者上级机关对直接责任人员给予行政处分"。不过，随着市场经济体制改革的不断深入，立法机关对垄断行为的危害认识也在逐步加深，对垄断行为的法律规制趋于严格。譬如，1997 年颁布的刑法就规定了串通投标罪，该法第 223 条规定："投标人相互串通投标报价，损害招标人或者其他投标人利益，情节严重的，处三年以下有期徒刑或者拘役，并处或者单处罚金"，"投标人与招标人串通投标，损害国家、集体、公民的合法利益的，依照前款的规定处罚"。此外，刑法第 231 条还规定了单位串通招投标的刑事责任。在 1999 年颁布的《招标投标法》在第 52 条、第 53 条、第 54 条、第 56 条等多个条款中，都有刑事责任的相关规定。在 2001 年国务院颁布的《国务院关于禁止在市场经济活动中实行地区封锁的规定》中，立法机关对行政垄断的评价也趋于严厉，其中第 21 条规定要依法追究垄断犯罪者的刑事责任。基于此项规章，可知国务院也想对行政垄断行为追究刑事责任，不过目前刑法并无相关罪名与之对应，所以国务院进行了附属式立法。2008 年颁布的《反垄断法》虽然没有明文规定垄断犯罪的刑事责任，但该法第 52 条规定，"对反垄断执法机构依法实施的审查和调查，拒绝提供有关材料、信息，或者提供虚假材料、信息，或者隐匿、销毁、转移证据，或者有其他拒绝、阻碍调查行为的，由反垄断执法机构责令改正，对个人可以处二万元以下的罚款，对单位可以处二十万元以下的罚款；情节严重的，对个人处二万元以上十万元以下的罚款，对单位处二十万元以上一百万元以下的罚款；构成犯罪的，依法追究刑事责任。"因此，在反垄断法修改之前，我国也有垄断犯罪的相关规定，但并不成体系。这虽然不是本书所论述的重点，但与反垄断具有非常密切的联系，有些学者也将其作为垄断刑事制裁的重要组成部分。简言之，从总体来看，我国现行法律对垄断行为进行刑事制裁并不是处于一种空白状态，事实上，我国先前的法律有关于垄断犯罪的规定，只是对于垄断犯罪的立法并不完善。在反垄断法修改引入反垄断刑事责任后，基本做到了有法可依。但鉴于反垄断法附属式的立法，还有些不足之处需要进行完善。其不足之处主要表现在以下几个方面：

第一，价格固定等"硬核"卡特尔行为没有被法律条文明确纳入刑事制裁体系。市场经济是竞争的经济，而市场竞争的主要表现形式是价格竞争。市场对稀缺资源的最优配置主要是通过价格机制来实现的，所以价格是资源稀缺的"晴雨表"，价格固定损害了这种机制。所以，在绝大多数司法辖区，价格固定都属于一种"本身违法"的垄断行为，即只要经营者实施了这种行为，不管其出于什么目的，会产生何种价格，都是非法的。从前述案例也可以看出，不管是国内的经营者还是国际的经营者限制竞争的主要手段就是固定价格，而且在我国这种垄断行为也是比较常见的。所以，如果不对价格固定进行刑事制裁，反垄断法的威慑力将大大减弱。仅凭"违反本法规定，构成犯罪的，依法追究刑事责任"这句话并不足以涵盖具体的垄断罪，还需相关条文进行规制。

第二，现行法律对串通招投标的刑事制裁存在明显不足。首先，在立法理念方面存在明显的不足，无论是刑法还是招标投标法，它们制裁串通招投标的主要目的都是保护国家利益、社会公共利益和招标投标活动当事人的财产利益，是"保证项目质量"，而不是保护市场竞争秩序。尽管市场竞争秩序可包含于社会公共利益之中，但在司法实践中，社会公共利益是个广义的概念，从不同的视角可以作出不同的解释，社会公共利益的广阔性可以导致执法机关为了其他的社会公共利益而牺牲市场竞争秩序这种公共利益。其次，现行法律规定的可操作性不强。根据《刑法》第223条的规定，不管是投标人之间串通，还是招标人、投标人之间串通，都必须是以"情节严重"为构成要件，但何为"情节严重"，刑法并没有做出明确规定，司法实践中通常以最高人民检察院和公安部联合签署的《关于经济犯罪案件追诉标准的规定》① 第68条的规定为标准。该标准以是否存在直接经济损失、以及损失数额大小为依据确定"情节严重"，但在司法实践中直接经济损失、损失数额等参数有时是很难确认和计算的。最后，在我国现行的经济体制中，政府干预经济的领域还较宽、较多，因

---

① 现已失效。——编者注

此，串通招投标往往与贿赂犯罪捆绑在一起，对于此类犯罪行为，依法理一般适用重罪处罚。由于串通投标罪的最高刑只有三年，远远低于贿赂罪，因此在司法实践中，前罪往往被后罪掩盖或吸收。所以，"从我国司法执法的实际情况来看，尽管招投标市场存在诸多违法行为，甚至许多行为具有相当严重的社会危害性，但受到有关行政监督部门查处的并不多，予以刑事追究的更为少数"。①

针对我国现行立法中关于垄断罪规定的不足，在借鉴其他国家和地区的立法经验基础上，结合我国的基本国情，建议从以下几方面完善我国垄断犯罪的规定：

第一，在《刑法》第三章"破坏社会主义市场经济秩序罪"中增加"破坏市场竞争秩序罪"一节，突出刑法对市场竞争秩序的保护。从前述其他国家和地区的实践经验来看，绝大多数国家和地区关于反垄断刑事责任的立法都是在反垄断法或竞争法中有所规定，只有极个别的国家和地区，如加拿大将其纳入刑法典中予以规定，而且很快又将其从刑法典中单列出来，重新纳入竞争法。之所以这样做，很可能是考虑到反垄断涉及的专业知识较为复杂，由专司反垄断执法职责的机构对其进行调查、分析，可以减少"有罪被判无罪"或"无罪被判有罪"的风险，即所谓的专业人做专业事。这是一国法律长久发展的必然选择，因此从长远来看，我国也应当采取这种模式，不过，从目前的立法来看，我国反垄断法虽然规定了刑事责任条款，但现行刑法中并无因垄断行为导致反垄断刑事责任的相关规定，根据"罪刑法定"原则，如果刑法条款得不到修改，该条款也无法落实。鉴于此，在反垄断法对各种垄断罪的罪名、构成要件、刑事责任种类等作出的规定还不成熟的背景下，可以把垄断罪暂时归纳到刑法中，等条件成熟后再移入反垄断法。

第二，建议刑法只将价格固定、市场划分、串通招投标等核心卡特尔行为列入刑事制裁的对象，对行政垄断不建议追究刑事责任。尽管各反垄断立法国家和地区通过刑罚手段制裁垄断行为的范围并不完全相同，如有

---

① 杨莉英：《串通投标罪客观要件探析》，载《河北大学学报（哲学社会科学版）》2006 年第 3 期。

的将滥用市场支配地位的行为作为刑事制裁对象，有的将应当申报而没有申报的经营者集中作为刑事制裁的对象。但从总体上看，国际司法实践对垄断行为刑事责任的范围限定非常严格，通常只针对本身违法的垄断行为规定刑事责任，具体行为仅包括固定价格、限制产出、分割市场、串通投标四类。因此，出于法律维稳和国际接轨的要求，我国垄断罪的刑事责任范围也不宜过大。这里需要重点讨论行政垄断的刑事责任问题。实事求是地说，基于历史渊源和我国的基本国情，导致我国的行政垄断非常严重，其社会危害性也较大。所以，在立法之初就有学者主张要追究行政垄断的刑事责任，认为"行政性垄断之所以屡禁不止，重要原因之一便是法律责任不明确、不严厉，因此应为行政垄断违法行为规定严格的法律责任，包括民事、行政、刑事责任。"① 在 2001 年《国务院关于禁止在市场经济活动中实行地区封锁的规定》中，也表露出要通过刑罚手段制裁具有严重情节的行政垄断行为的意愿。从其他国家和地区反垄断实践来看，也确实有追究行政垄断刑事责任的范例，譬如，俄罗斯《关于竞争和在商品市场中限制垄断活动的法律》就对追究行政垄断刑事责任作出了明确的规定。该国《刑法典》第 178 条也规定因实施垄断行为如签订垄断协议、实施限制竞争的协同行为、多次滥用市场支配地位等造成企业或国家巨大损失，或从中获得大额收入的，将处以 30 万—50 万卢布的罚金，或处以行为人相当于 1—2 年内工资或其他收入计算的罚金，或处 3 年以下有期徒刑，并禁止担任领导职务，或在 1 年内禁止从事相关业务。如果在行为中利用了自己担任的公职，并毁损他人财产或威胁毁损他人财产，引起重大损失或获得特别巨大收入的，处 6 年以内有期徒刑，可同时处 100 万卢布或 5 年以内工资或其他收入计算的罚金，并 1—3 年内禁止从事相关职业或活动。即对待行政垄断，俄罗斯一视同仁的适用了刑罚手段，还对行政机关实施垄断的主要负责人，规定了特别的刑罚。不过，从整体上看，对行政垄断追究刑事责任的反垄断国家比较少，并不是说那些国家没有行政垄断。事实上，即使像美国这样市场经济体制非常健全、非常完善

① 沈悦志：《反行政性垄断探析》，载《宁夏社会科学》1998 年第 3 期。

的国家，也存在严重的地区封锁与部门垄断问题，① 而是因为地区封锁、部门垄断所保护或所代表的利益的正当性有时难以判断。譬如，地方政府肯定是要保护本地居民的利益的，当一个地方政府通过地方立法或实施政策保护本地居民利益的时候，有可能会损害到邻近地区居民的利益。无论从行为的目的还是从行为的手段出发都无法对其违法性进行判断，要对其追究刑事责任，显然不符合正当性原则。另外，不管是追究行政主体的刑事责任，还是追究行政主体负责人的刑事责任，都不太合适。因为追究行政主体的刑事责任手段主要是罚金，而行政主体的钱大多数是纳税人的钱。显而易见，罚金这种责任形式对行政垄断主体的威慑力并不大。当然，追究行政主体负责人的刑事责任是有威慑力的，但这很可能会"因噎废食"，导致政府官员的消极不作为，这样对地方利益也是有损害的。并且行政垄断是行政机关和法律、法规授权的具有管理公共事务职能的组织滥用行政权力排除限制竞争的行为。在实施此类行为时，直接负责的主管人员和其他直接责任人员涉嫌的具体行为主要是滥用职权、玩忽职守、徇私舞弊等，反垄断法已有规定。若造成重大影响，运用现行刑法中的相关罪名即可处理，所以，无须追究行政垄断的刑事责任。

　　第三，应将违法行为的影响范围、持续时间等影响因素作为判断违法行为是否严重的主要依据。世界上绝大多数的反垄断立法国家和地区都把价格固定、划分市场、串通招投标等垄断行为视为"本身违法"行为，即这些行为的违法性是毋庸置疑的。我国的反垄断法基本上也采取了这种态度。但是，由于刑事制裁是一种最严厉的制裁措施，所以，刑法对垄断行为进行制裁时须以"情节严重"为犯罪构成要件。鉴于目前以经济损失的大小作为判断垄断行为情节是否严重的构成标准不具有现实可操作性，因此建议考虑其他市场影响因素的作用。可根据违法行为持续时间的长短、违法行为所影响的经济总量、卡特尔成员的市场份额、销售规模等可量化的因素来判断情节是否严重。

---

　　① 郑鹏程：《美国规制地方保护主义法律制度研究》，载《中国法学》2010 年第 2 期。

第二节　反垄断刑事追责制度的完善

　　法律围绕着利益分配与利益保护构建社会秩序与社会规则。反垄断法保护法益的多样性决定了其不可能仅靠单一的法律责任体系建设就能发挥作用。法律的生命在于实施，反垄断法在实现合理配置资源、提高经济效率、保护消费者和社会公共利益乃至实现经济民主化等方面的应然目标和功能要转化为现实，关键在于其制度规则能够得到有效的落实。"反垄断法政策的健全不但依赖于法律规则，还依赖于执法机制。只有好的规则是不够的，还必须有执法的机制保证法律以合理的成本获得合理程度的遵守。"[①] 完善的反垄断法律责任体系是其制度建设的必然要求，也是执行其实体制度的重要保障。基于具体的法律责任必须指向特定的主体行为是立法固有的内在逻辑，因此，应完善垄断罪的刑事责任追责体制。

一、我国反垄断执法机制的演变

　　根据 2007 年 8 月第十届全国人大常委会通过的《反垄断法》及全国人大常委会、国务院颁布的其他法律、行政法规的有关规定，我国原有的反垄断执法机制具有"两层面 + 三机构"的特点，"两层面"是指反垄断公共实施分为中央实施和地方实施两个层面，在中央层面，由商务部、国家工商行政管理总局、国家发展和改革委员会分别行使各自的反垄断职能，在地方层面，则由地方政府相关部门负责。"三机构"则是指商务部、国家工商行政管理总局、国家发展和改革委员会。其基本构造如下：

　　（1）国务院反垄断委员会。国务院反垄断委员会是根据反垄断法设置的机构，由一名国务院副总理兼任反垄断委员会主任，主要负责组织、协调、指导反垄断工作，具体职责如下：①研究拟订相关的竞争政策；②组

---

　　① ［美］理查德·A. 波斯纳：《反托拉斯法》，孙秋宁译，中国政法大学出版社 2003 年版，第 313 页。

织调查、评估市场总体竞争状况，发布评估报告；③制定、发布相关的反垄断指南；④指导反垄断行政执法工作；⑤国务院规定的其他职责。

（2）核心反垄断执法机构。反垄断法没有明确规定负责反垄断执法工作的具体机构。根据该法第10条的规定，执法机构将由"国务院规定"。根据2008年经国务院批准的各部门制定的"三定"方案，① 国务院明确规定享有反垄断执法权的机构有工商行政管理部门、价格管理部门、商务部门，这些机构也被称为"核心反垄断执法机构"，使其有别于其他反垄断执法机构，其具体职能如下：①工商行政管理部门享有反垄断执法权的依据是1993年颁布的《反不正当竞争法》。该法第3条第2款规定："县级以上人民政府工商行政管理部门对不正当竞争行为进行监督检查。"虽然反不正当竞争法所规制的对象是不正当竞争行为，但在制定反不正当竞争法时，经济生活中已经存在较多的垄断现象，而在当时制定反垄断法的条件尚未成熟的背景下，为了保护消费者的合法权益，立法机关将公用企业限制竞争的行为、行政性限制竞争行为、掠夺性定价、搭售、串通招投标等传统上由反垄断法规制的五种行为纳入《反不正当竞争法》的规制范围内，由此导致工商行政管理部门在取得对不正当竞争行为执法权的同时，也取得了对部分垄断行为的执法权。2008年国务院机构改革后，根据国务院批准的"三定"方案，工商行政管理部门继续"负责垄断协议、滥用市场支配地位、滥用行政权力排除限制竞争方面的反垄断执法工作（价格垄断行为除外）"。②价格主管部门对垄断行为的管辖权源于1997年制定的《价格法》。该法第14条对8种不正当价格行为作了禁止性规定，其中的固定价格、掠夺性定价、价格歧视等行为是属于反垄断法规制的价格垄断行为的内容。《价格法》第5条规定："国务院价格主管

---

① "三定"方案虽然不是法律、法规，但因我国迄今尚未制定行政组织法、行政编制法，所以，"三定"方案事实上是具有法律效力的规范性文件。《国务院办公厅关于推行行政执法责任制的若干意见》（国办发〔2005〕37号）中明确指出："依法界定执法职责，梳理执法依据。推行行政执法责任制首先要梳理清楚行政机关所执行的有关法律法规和规章以及国务院部门'三定'规定"。

部门统一负责全国的价格工作。"据此，价格主管部门取得了查处价格垄断的执法权。价格法颁布时，国家价格主管部门是国家计划委员会，2003年国家计划委员会被撤销，组建了国家发展和改革委员会。根据2008年国务院批准的"三定"方案，国家发展和改革委员会的主要职责有14项，其中第3项职责为："……依法查处价格违法行为和价格垄断行为等。"所以，国家发展和改革委员会应当属于核心反垄断执法机构。另外，依据《关于外国投资者并购境内企业的规定》的规定，国家发展和改革委员会还与其他部门一起享有对外国投资者并购境内企业进行安全审查的权力。③商务部是2003年国务院机构改革后新成立的执法机构，由原国家经济贸易委员会和对外贸易经济委员会组成。从时间维度考察，商务部是最早具有反垄断执法权的部门。早在1985年国务院颁发的《技术引进合同管理条例》中，国家就对技术许可贸易中的限制性竞争行为作了禁止性规定："供方不得强使受方接受不合理的限制性要求"，技术引进合同中的许可限制必须"经审批机关特殊批准"。这里所指的"审批机关"，即商务部的前身之一——对外贸易经济委员会。从这个角度来看，商务部的反垄断执法权比工商行政管理部门、价格主管部门都要早。2003年，商务部成立后，会同工商总局等有关部门制定了《关于外国投资者并购境内企业暂行规定》，2006年8月进一步修订为《关于外国投资者并购境内企业的规定》，根据该规定，商务部取得了对外国投资者并购境内企业进行审批的权力。除外资并购境内企业审查权之外，根据2004年修订的对外贸易法，商务部还对从事对外贸易经营活动的经营者从事的垄断行为享有管辖权。2008年国务院批准的"三定"方案出台后，商务部负有"依法对经营者集中行为进行反垄断审查，指导企业在国外的反垄断应诉工作，开展多双边竞争政策交流与合作"等职责。

需要说明的是，为了加强和优化政府反垄断职能，有效保障市场的公平竞争秩序，促进全国统一开放、竞争有序的市场体系建立，2018年根据党的十九届三中全会通过的《中共中央关于深化党和国家机构改革的决定》《深化党和国家机构改革的方案》，以及十三届全国人大一次会议通过的《关于国务院机构改革方案的决定》，组建国家市场监督管理总局，由其合并国家发展和改革委员会、商务部和原工商总局的反垄断职能，即由国家市场监督管理总局负责反垄断的统一执法。由其辖下的"三司"负责具体的执法工作。"三司"为竞争政策协调司、反垄断执法一司、反垄断执法二司。竞争政策协调司，负责统筹推进竞争政策实施，负责反垄断综合协调工作，负责滥用行政权力排除、限制竞争反垄断执法工作等；反垄断执法一司，负责垄断协议、滥用市场支配地位以及滥用知识产权排除、限制竞争等反垄断执法工作等；反垄断执法二司，负责依法对经营者集中行为进行反垄断审查等。同时，国务院反垄断执法机构可以根据工作需要，授权省、自治区、直辖市人民政府相应的机构负责有关反垄断执法工作。

（3）行业性、部门性反垄断执法机构。所谓行业性、部门性反垄断执法机构，是指国务院批准的"三定"方案中并无反垄断的具体职责，但依据相关行业法律、行政法规的规定，有权制定并实施本行业的竞争政策，或事实上享有反垄断权力的机构。这种机构的反垄断权是由行业管理权派生出来的一项权能，只在本部门范围内有效，其反垄断执法权具有封闭性。根据目前相关法律的规定，目前在行业内享有反垄断执法权的机构有：证券监督管理机构、银行业监督管理机构、保险监督管理机构、电力监管机构、工业和信息化部、水利、铁道、交通运输等部门。以上所列举机构的反垄断管辖权都有直接的法律依据，在实践中，还存在相关的行业法律、行政法规没有明确规定行业主管机关具有竞争执法权，但行业主管部门颁布的行政规章规定本部门享有竞争执法权的情况，如国家民用航空局 1996 年颁布的《制止民用航空运输市场不正当竞争行为规定》① 第 11 条规定："民航总局和地区管理局按照《中华人民共和国反不正当竞争法》第 17 条的规定，对民用航空运输市场不正当竞争行为行使监督检查权。"司法部 1995 年发布的《关于反对律师行业不正当竞争行为的若干规定》第 9 条规定："地、市（州）的律师惩戒委员会负责对本辖区的律师及律师事务所的不正当竞争行为进行惩戒。依照本规定应给予停止执业 6 个月以上或停业整顿以上惩戒的，应报省（自治区、直辖市）律师惩戒委员会批准决定。"尽管现在有些立法遗留问题已经得到了改善，相应的法

---

① 现已失效。——编者注

规也得到了完善，但在实践中依然存在反垄断执法权滥用、误用的现象。

反垄断执法权的适度分散也许存在一些好处，如促进执法竞争，防止权力滥用等。① 但实践证明反垄断执法权的过度分散会引发很多问题，其弊大于利。首先，执法权过度分散淡化了反垄断执法机构的责任心，削弱了反垄断法的威慑力。执法权过度分散容易产生集体行动所固有的弊病——"搭便车"心理。每个执法机关都希望别人去反垄断，自己则采取多一事不如少一事的态度，坐享其成。所以，分散执法看起来动员了全社会的力量，似有全民反垄断之势，实则容易产生"搭便车"的心理，降低了反垄断执法机构的责任心。其次，执法权过度分散增加了反垄断法的不确定性，导致了管辖权的冲突，浪费了社会资源。反垄断规则本身就具有很大的不确定性，即使同一法院、有时是同一法官对一个案件是否违法，前后的意见也可能会出现较大差异。如果由不同的执法机关执行反垄断法，判定标准可能会相差很大，案件处理结果更易引起纠纷，这将严重影响执法的统一性和公正性，也严重影响经营者的预期，加大经营者的守法成本。执法权过度分散还会导致过度的管辖权冲突，解决这些冲突要么诉诸法院，要么需要设立新的冲突解决机构，不管通过哪些方式解决冲突都会增加纳税人的负担。执法权越分散，管辖权冲突就越多，所需要投入的资源也就越大。再次，执法权过度分散也不利于我国参与反垄断国际合作。② 最后，即使刑法关于垄断罪的立法非常完善，这种高度分散的执法体制对于追究垄断行为的刑事责任而言，也是极为不利的。以串通投标罪为例，串通招投标是一种危害性很大的横向限制竞争行为，被绝大多数国家视为构成本身违法的硬核卡特尔而被反垄断执法机构重点关注。但在我国，很少有串通招投标案件被查处，这并不是因为我国市场经济建设过程中没有串通招投标行为，而是由于查处串通招投标案件的执法机关太多，没有哪一个执法机关愿意对本部门的串通招投标活动进行真正的监督。根

---

① 李剑：《试论我国反垄断法执行机构建立的可行性》，载《现代法学》2004 年第 2 期。

② 王晓晔：《我国反垄断行政执法机构多元化的难题》，载《中国发展观察》2006 年第 9 期。

据反不正当竞争法、反垄断法及经国务院批准的国家工商行政管理局"三定"方案的规定，串通招投标案应由工商行政管理部门主管。但1999年《招标投标法》第7条规定，"有关行政监督部门"可以"依法查处招标投标活动中的违法行为"，"具体职权划分，由国务院规定。"2000年，国务院办公厅据此发布了《关于国务院有关部门实施招标投标活动行政监督的职责分工的意见》，规定"工业（含内贸）、水利、交通、铁道、民航、信息产业等行业和产业项目的招投标活动的监督执法，分别由经贸、水利、交通、铁道、民航、信息产业等行政主管部门负责。"鉴于这种"九龙治水"的招投标监管体制在实践中产生了很多问题，2004年，国务院办公厅又发布了《关于进一步规范招投标活动的若干意见》①，要求国家发展和改革委员会"加强对招投标工作的指导和协调，加强对重大建设项目建设过程中工程招投标的监督检查和工业项目招投标活动的监督执法"，而"水利、交通、铁道、民航、信息产业、建设、商务部门"，应当"加强对相关领域招投标过程中……串通招标、串通投标、歧视和排斥投标等违法活动的监督执法"，"情节严重的，由工商行政管理机关吊销其营业执照"。尽管国务院费了很大力气，后续的反垄断法也统一了执法机构，但招投标领域"各自为政"的乱象基本上没有改变，这也是我国工程建设领域腐败行为频发的重要原因之一。它在很大程度上能解释为什么我国的串通招投标行为较为普遍，但刑事案件甚至是行政案件非常少这一现象。

　　鉴于以上几点原因，我国才会在2018年统一执法，建设"大一统"的执法机构。尽管我国的反垄断竞争执法机制已初步建立，由国家市场监督管理总局负责反垄断的统一执法，中央与各省反垄断执法机构改革已初步完成，整合优化之前不同反垄断执法机构部门规章和有关规定，反垄断全链条的监管模式已经初步形成。作为一个新兴的市场监管主体，国家市场监督管理总局要想有效发挥其效用，还需要较长的时间。执法机构的合并不能仅停留在将几个部门进行简单的"拼凑"、对内设机构进行"物理性"的删减合并，而需要按照新的思路和内在逻辑进行再造，培养专业

---

① 现已失效。——编者注

人才以满足现实执法的需求，国家反垄断局的挂牌应运而生。即从总体上看"大一统"的执法机构设置虽有利于避免各执法部门相互推诿、互不作为，但"大一统"执法机构也会带来职责理念的新挑战、执法领域大扩容所带来的内容新挑战、执法机构相互交叉执法带来的责任混同新挑战、专业执法责任与行业执法责任界定的标准新挑战等问题，集权型执法机构的建设仍然任重道远。

除此之外，反垄断的刑事制裁体制还有另外一个明显的缺陷，即经济领域中的行政执法机关的权力有限，不能直接进行刑事告发。前文谈到，有些国家的反垄断执法机构如美国的司法部反垄断局是集调查与控告权于一体的；有些国家如日本，反垄断执法机构对垄断行为享有专属告发权。但在我国，不只是反垄断执法机构，除公安机关和检察机关以外，其他所有的行政执法机关都没有搜查并获取犯罪证据的权力。反垄断执法机构的调查权通常来源于反垄断法关于调查制度的规定和市场监管总局制定的《禁止垄断协议暂行规定》《禁止滥用市场支配地位行为暂行规定》等规章，无法采取一些强制性调查行为。根据国务院 2001 年发布的《行政执法机关移送涉嫌犯罪案件的规定》，行政执法机关在执法过程中发现涉嫌构成犯罪的行为，必须按照规定将案件移送公安机关，公安机关应当在接受行政执法机关移送的涉嫌犯罪案件之日起 3 日内对所移送案件进行审查，决定是否立案。从表面看，这里建立的刑事案件移送制度非常完善。但在现实中，这种制度的运作还存在很大问题。一方面，实践中存在部分行政执法机关出于部门利益的考虑，譬如说为了完成年度执法任务或罚款任务，对本来已经达到刑事犯罪构成要件的案件不移送公安机关，甚至将大案件分拆为许多小案件来逃避检察机关的监督；另一方面，由于经济行政执法机关移送的案件多数标的额不大，而且社会影响也不太广泛，加上公安机关的工作任务重，也存在公安机关不愿意接收行政机关移送的案件的情况。不管是哪一个层面的问题，这种体制都不利于对垄断行为进行刑事制裁。

二、反垄断刑事责任侦查机制的构建

反垄断刑事侦查体制的构建与完善有利于提升反垄断法的实施效果与

操作水平，对于我国市场经济的转型起到保驾护航的作用。基于我国反垄断刑事责任存在的问题，提出以下完善设计以供选择。

（一）反垄断刑事责任侦查模式选择

侦查体制，是指侦查权在有关国家机关之间配置的方式。我国的侦查体制，尽管立法规定几十年来都没有改变，但由于特殊案件层出不穷，导致特殊类型调查手段也层出不穷，作为对于各种特殊类型调查的回应，司法实践中正在经历着调整变动。反垄断犯罪侦查是一种特殊类型的犯罪调查，设计我国反垄断犯罪的侦查体制，主要考虑两方面的问题，一是行政调查机关和刑事侦查机关之间的关系如何处理，二是检察机关和侦查机关之间的关系如何处理。第一个问题主要是分体制和一体制（即行政执法机关既可以对违法行为进行查处，又可以侦查犯罪行为）的争论问题，鉴于分权治理的危害性和垄断犯罪具有高智商、隐蔽性强的特点，笔者主张一体制。第二个问题，即应坚持检察指导侦查还是侦查机关独立侦查的问题，出于反垄断执法的专业性考虑，针对反垄断刑事责任侦查制度的建设，适宜主张实行检察指导下的调查机关负责制。该体制的要点是：一方面，检察指导侦查；另一方面，侦查机关和行政调查机关合二为一。

关于侦查机关独立侦查制与检察指导侦查制的含义。从世界范围来看，在英美法系国家，侦查机关是收集犯罪嫌疑人涉嫌犯罪主要证据的部门，检察机关主要负责审查起诉，必要时也可以收集证据。日本、德国等大陆法系国家属于检察指挥侦查制，检察官有权调动和指挥警方的侦查活动。在意大利，初期侦查阶段由检察机关领导侦查工作并直接调动司法警察。在侦查人员将初步收集所得的犯罪材料移送检察官后由检察官在犯罪消息簿中予以记载，即开始由检察官员负责领导司法人员进行正式侦查。

（二）我国反垄断刑事责任调查体制的理性设计

对比域外的犯罪侦查体制，我国的侦查体制在处理独立侦查与指挥侦查的问题上，应当是介于二者之间的检察指导侦查制。检察指导侦查制是由公安机关主要负责侦查工作，检察机关基于法律监督的地位可以对公安机关的侦查活动进行指导，提出建议，以达到指控犯罪的目的。

1. 建立反垄断调查队伍

垄断行为具有高度的隐蔽性，通常很难被发现，要有效制裁垄断行为，反垄断调查机关必须要有特别的调查权与调查手段。美国之所以能够将国际巨型跨国企业的公司高层绳之以法，就是因为美国动用了联邦调查局的力量，获取这些公司高层合谋的证据。相对于个人而言，专门的反垄断执法机构具有独特的优势，如拥有专门的执法人员和法定的执法权限，在调查取证的过程中具有国家强制力的支持，建立专门机构的反垄断执法可能更为高效，也更有保障，反垄断局正是为此孕育而生。但仅有专门的执法机构仍不足以应对复杂多变的执法环境，还需要专业执法人员保障法律的公平实施。因此，可以单独设立反垄断调查警察队伍，一方面，可以协助反垄断执法机构进行行政执法，或者由其独立承担反垄断行政执法任务，可以极大地增加反垄断行政执法的力度和刚性；另一方面，反垄断调查警察队伍拥有大量的专业人员，可以快速地掌握反垄断犯罪的资料，专门从事反垄断犯罪侦查工作，为打击和防范反垄断犯罪提供了有利条件。重要的是，建立一支自上而下、垂直统管的反垄断调查警察队伍，可以有效地防止地方政府的行政干预，有效地解决各地区协作上的困难，具有无可比拟的优势。

2. 检察指导侦查

根据我国刑事诉讼法的规定，以及各地公安机关普遍地位较高、任务较重、影响力较大的特征，不宜过高地强调检察机关对公安机关的领导、指挥功能，否则脱离实际的组织架构不能在实践中得到很好地实施，反而会影响刑事诉讼的质量和效率。笔者认为，把检察与侦查的关系定位为"指导"，建立检察指导侦查的模式，可能更加符合我国反垄断执法的需要，更具有现实可操作性。具体而言，检察机关不仅可以对侦查活动进行监督，还可以对具体的侦查行为，特别是正在进行的侦查行为提出意见，进行指导。检察机关具体可以从以下几个方面行使指导权：（1）要加强对侦查机关重大侦查行为的指导。在侦查过程中，有一些关键的环节和举措，能够严重影响当事人的权益，需要加大事前指导和事后监督，保障当事人的合法权益免受执法侵害。如立案环节，如果侦查机关对于垄断行为决定不立案，检察机关经审查认为符合立案条件的，可以启动立案监督程序，要求侦查机关说明不立案的理由，如果侦查机关不说明理由或者说明的理由不成立，检察机关可以要求公安机关进行立案，或者自己直接立案侦查。关于撤销案件，撤销案件的行为可能成为减轻打击垄断行为的一个重要途径，要赋予检察机关撤销案件的监督权，凡是公安机关撤销案件的，都必须经检察机关批准。（2）检察机关根据垄断行为的性质、难易程度、复杂程度，以及受当地政府影响的可能性，可以主动介入或者接受侦查机关邀请介入重大案件的讨论，并提出相关的意见建议，如果发现侦查机关的侦查行为违法，应当及时予以纠正。（3）明确监督与制约的法律效力和惩戒手段。检察院对于违法行使职权的警察机关应具有一定的处罚建议权，对于刑事警察的晋升要听取检察人员的意见。我国的反垄断调查的警察队伍之间应具有上下级领导管理关系，上级反垄断调查警察队伍对下级反垄断调查警察队伍有指挥权，下级反垄断调查警察队伍有义务服从。

3. 做好检察与侦查的有效衔接

两法衔接（指行政执法与刑事司法衔接）是检察院为加大立案监督而开展的一项重要活动。两法衔接是一个系统工程，它不仅需要检察院内部侦查监督部门和反渎职侵权部门的配合，还需要检察院与公安机关、行政执法机关之间的协调。有效开展两法衔接工作必须建立案件移送、信息共享、联席会议、证据转化、提前介入等多个执法机制。在两法衔接工作中，信息共享机制是关键，证据转化机制是保障，下面对这两个部分展开论述：

（1）行政执法机关是不是立案监督的对象。由于两法衔接工作还处于初级阶段，特别是行政执法机关与司法机关之间的信息共享平台才刚刚建立，对于两法衔接中立案监督的对象一直存在争议。在两法衔接中，公安机关属于立案监督的对象，这一点是没有疑问的。问题是，其他行政执法机关是否属于立案监督的对象？其他行政执法机关和公安机关一样具有行政处罚权，同属于行政机关，其承担着向公安司法机关移送刑事案件线索的义务。信息平台建立后，检察院就能够在平台上审查其他行政执法机关进行行政处罚的案件。对于应当移送刑事案件线索的情况，其他行政机关没有移送的，检察院有权进行监督，这种对行政执法机关的监督是否属于立案监督？笔者认为，立案监督的对象必须有自主立案的选择权。在两法衔接的工作中，其他行政执法机关享有的是移送刑事案件线索的选择权，而非是否立案的选择权，故对其的监督不属于立案监督，目的是加大立案监督线索的来源。如果其他行政执法机关在移送刑事案件线索中存在滥用职权等职务犯罪，由检察院自侦部门进行监督比较合适。

（2）两法衔接是否扩大了立案监督的范围。在两法衔接工作中，其他行政执法机关向公安机关移送涉嫌犯罪线索的同时，将线索备案至检察院。对于符合立案条件的案件，如果公安机关在规定时限内不予立案，检察院可以以公安机关应当立案而不予立案为由进行监督；对于不符合立案条件的案件，如果公安机关予以立案，检察院可以以公安机关不应当立案而立案为由进行监督。但在具体实践中，由于不应当立案而立案的界定非常困难，往往是由于证据方面的原因所造成，故通常情况下，检察院认为不应当立案的案件，会在收到备案后与公安机关协调，不会立即启动立案监督程序。因此，两法衔接移送的案件，一般只涉及应当立案而不立案的情况。如2009年6月，某区人民检察院在受理药品监督部门的备案登记后，在定期跟踪案件时，发现公安机关在收到行政执法机关移送的案件后未在规定时间内作出立案或者不立案的决定，遂启动立案监督程序，该犯罪嫌疑人已被法院判处拘役4个月。根据以上分析，两法衔接的案件要么是不应当立案而立案的情况，要么是应当立案而不立案的情况，其不是一种新的法律类型，并未扩大立案监督的范围。

（3）信息共享平台。两法衔接工作在现阶段仅处于简单的案件移送，即行政执法机关有义务将涉嫌犯罪的案件移送公安机关并抄送检察院备案。这种模式导致检察院的监督处于被动地位，只能对行政执法机关移送的案件进行监督。对于行政执法机关不移送的案件，以及由此引发的渎职行为，却不能有效进行监督。为改变这一现状，必须建立信息共享平台。这里所说的信息共享平台，源于检察机关法律监督职能，着眼于打击和预防职务犯罪、侦查监督工作的现实需要，通过计算机网络技术实现行政执法与刑事司法信息的互联互通、资源共享、智能互动。两法衔接的有效运转离不开执法信息的共享，这里的信息共享主要是指行政执法机关和检察院之间的信息共享。行政执法机关作出处罚后，必须将案件的事实及处理结果在网络信息平台及时公布，检察院通过该平台能够全面了解行政处罚的信息，以确定已经被行政处罚的案件是否涉嫌犯罪，同时获取行政执法机关渎职犯罪的线索。另外，检察院可以通过信息共享平台向行政执法机关传递刑事立法信息。由于行政执法机关主要接触行政法律、法规，对相关的刑事法律知之甚少，因而对于案件是否涉嫌犯罪往往会缺少判断。通过网络信息平台，行政执法机关能明确刑事追诉标准，提高衔接能力。一个完善的信息共享平台，必须能做到信息共享互联互通。互联是指在技术上把两个原来不相连的系统，通过软件、硬件和通信线路建立起连接关系，以承载信息的传递。互通就是指信息的交流，指一个系统能够与它所联系的系统相互交换信息，实现信息数据的双向交流。通过信息共享可以快速便捷的获得各执法部门最新执法动态和信息，以便各职能部门及时介入，积极配合协作，依法履责。如检察机关可以通过信息共享平台搜索、访问相关部门的行政执法信息，从中发现有价值的线索，并通过该平台进一步获取有关信息和证据，为立案监督和侦查工作服务。

（4）证据转化机制。根据我国刑事诉讼法的规定，刑事证据的收集主体必须合法。行政执法人员在行政执法过程中收集到的证据是不能作为刑事证据而直接使用的。只有建立适当的机制，将行政证据转化为刑事证据，才能保证刑事诉讼的顺利进行，而在证据转化机制中还存在很多问题。一是转化标准的不统一。由于执法理念和执法程序的不同，行政执法和刑事司法对于同一事实的性质认定往往会出现偏差。二是转化方式的不统一。司法实践中，行政证据向刑事证据转化主要存在三种方式：直接转化、程序转化和实体转化。直接转化是指案件由行政执法机关移送到刑事司法机关时，行政证据不需要特别的程序或条件而直接作为刑事证据使用，比如物证、书证、视听资料等实物证据。由于实物证据的客观性和稳定性，故该转化方式比较固定。程序转化是经过一定的程序或形式审查而由行政证据转化为刑事证据的方式，如鉴定意见、勘验检查笔录等。刑事司法机关要对其取证的手段、程序是否合法进行审查，如没有瑕疵则可以转化为刑事证据。该种方式的做法并不统一，有的主张因其主体不合法而不能转化，有的则认为只要符合程序合法原则即可转化为刑事证据。如《办理走私刑事案件适用法律若干问题的意见》（最高人民法院、最高人民检察院、海关总署共同会签）规定，《核定证明书》（由海关部门针对涉嫌走私犯罪而出具的应缴税额证明）经侦查机关、检察机关和审判机关的审查确认，可作为刑事诉讼活动中的执法证据。实体转化是指需要重新调取的情况，从实体上排除行政证据在刑事司法中的运用，这主要是针对犯罪嫌疑人的供述与辩解、被害人陈述、证人证言等言词证据。但也有例外，如江苏省高级人民法院、检察院、公安厅、司法厅《关于刑事诉讼证据方面若干问题的会议纪要》，就以政策的形式，规定了行政机关执法过程中形成的笔录，经过司法机关的认定，可以作为刑事证据使用，并取得了良好的效果。为完善证据转化制度，在立法上应当做到刑事立法和行政立法的协调，以刑事立法指导行政立法，以刑事司法系统认定的标准为统一标准，提高案件移送的有效性和证据的有效性。

在具体执行方面，应当完善以下几个制度：①提前介入制度。对于涉嫌犯罪的案件，侦查机关提前介入侦查，可以起到很好的互补作用。首先，公安机关由于其侦查手段和侦查力度较行政机关而言更强，提前介入可以更深更全面地收集证据材料，弥补行政机关取证不力的缺陷；其次，行政机关在其所辖领域内专业性较强，可以弥补公安机关专业性不强的缺点，可以起到很好的互补作用。比如国家税务总局于 2004 年 4 月公布的 11 起特大涉税犯罪的案件中，大多数是通过税警联合执法进行调查而最后进入诉讼程序的。更重要的一点，公安机关如果提前介入，在收集证据的过程中，如询问笔录、现场笔录等，由行政执法人员和公安机关侦查人员共同签名或盖章。那么这些案件在后续被移送到刑事司法机关时，则可将收集到的证据视为刑事司法机关收集到的证据，直接转化为刑事证据使用。这样，既避免了重复调查取证，节约了司法资源，提高了办案效率，又起到了互补作用，提高了证据的证明力。②专家证人制度。对于公安机关未提前介入的被移送案件，可以借鉴英美法系的专家证人制度，将曾经参与调查的行政执法人员列入证人行列，作为控方证人。专家证人制度是英美法系国家普遍适用的一项证据制度。所谓专家，是指"经过某学科教育的人，或者从实践经验中获得并掌握了特别或专有知识的人"。由这些人在法庭中提供的证据和意见，经法院审查，可以作为证据使用。该制度的一大特点是，这些专家对案件的了解并非直接来源于自己的感知，而是在接触案件的过程中，根据自己的专门知识或经验做出判断。反垄断法是专业性很强的一个法律部门，美国著名反垄断专家霍芬坎普曾说："当今处理复杂的反垄断案件，如果没有专家参与是不可思议的。"① 不过专家证言属于言词证据，主观性很强，而且实践中不排除专家证人为了经济利益而否定自己的学说甚至作伪证的可能性。对此，霍芬坎普曾直言不讳地指出："如今，联邦法院系统中的许多专家是由诉讼当事人雇佣作证并付费（通常按小时或天计算）的'枪手'。虽然专家收取胜诉报酬，即只有专家为雇佣方赢下诉讼才收取费用是非法的，但胜诉方的专家仍然有巨大回报。比起那些证词未被采纳或以败诉而告终的专家，在引人注目的反垄断诉讼案件中获胜的专家在随后的几年更加抢手并能获取更多的酬劳。所以，即使严格按小时收费的专家，也有强烈的胜诉欲望。而且，当事人会挑选愿为他们提供最有利证词的专家，如果案件可能败诉，则可能需要雇用那些愿意'使用极端手段（push the envelope）'的专家……于是法院变成了一个在实验室或大学教室从来不会接受的'垃圾科学'的场所。"② 因此，我们在引入专家证人时，应完善相关法律制度，首先，明晰专家证人的资格和能力，可以就以下几项因素进行参考：专业性要强，应当具备相关领域的专门知识或技能；在相关领域具有一定的工作经验和工作能力；能就自己的主张提供科学论据；能就执法人员或相关当事人的提问作出合理的说明等。其次，明确专家证人的选任主体。执法机关应当有权聘请专家证人，听取专家证人就案件具体问题作出陈述；相关当事人也有权聘请专家证人进行论述。最后，进行专家证言质证。执法人员在收到专家证言后，应对具体的论证进行提问，可以参考以下因素：论证的数据来源是否真实、合理；论证的方法是否科学，是否经过检验；界定的范畴是否符合具体情况；使用的理论或技术存在的弊端是否会与个案情况相冲突等。③言词证据转化制度。对于书证、物证等实物证据，因为其本身

---

①　Herbert Hovenhamp. Antitrust Anterprise：Principle and Execution，Harvard University Press，2005，78.

②　Herbert Hovenhamp. Antitrust Anterprise：Principle and Execution，Harvard University Press，2005，78.

所具有的稳定性与客观性，应该直接转化为刑事证据。对于鉴定意见、勘验检查笔录等专门性材料，司法机关经程序性审查，也可转化为刑事证据。问题的关键是证人证言、当事人陈述等言词证据应如何转化。具体而言，应遵循以下原则：首先，公安机关提前介入侦查的案件，只要符合形式上的要求，如公安侦查人员的签名或者盖章，应当可以转化。其次，行政执法人员依照法定程序取得的当事人的亲笔供述，并且有当事人的签名的证据可以转化为刑事证据。在司法实践中，这类证据就一直以"真实可靠"为标准，即只要是当事人自愿做出的，就推定为真实的，实际上也具有较强的确定性。最后，对询问取证过程进行录音录像，把言词证据转化为视听资料等证据，这种方式可以有效防止当事人的恶意翻供。并且，由于视听资料的客观性较强，可以直接为刑事诉讼程序所用。

第三节　反垄断刑事责任的起诉程序

一旦我国刑法确认了垄断犯罪，垄断犯罪在审查起诉阶段如何处理的问题也就提上了议事日程。对于垄断犯罪，除了起诉和不起诉的处理方式外，根据具体情况，还应当适用附条件不起诉。鉴于垄断犯罪的特殊性，后续的刑事诉讼法进行修改时，应当为垄断犯罪规定特殊的适用条件和适用程序。

一、建立反垄断领域的宽恕制度

前文指出，为了减少调查取证的难度、节约司法资源并加大对垄断协议的打击力度，许多国家都采取了对与反垄断执法机关合作的当事人给予免除或减轻处罚的措施，即宽恕制度。我国反垄断法也已引入了宽恕制度，根据反垄断法的规定，在垄断行为实施过程中，如经营者能将垄断协议达成情况以及相关证明材料，主动提供给反垄断执法机构，可酌情获得减轻或免除处罚，这是我国宽恕制度的基本法律依据。但由于该条款过于原则化，后续又出台了相关的配套措施进行进一步实施细化。如2010 年国家工商行政管理局发布的《工商行政管理机关禁止垄断协议行为的规定》① 第 11 条的规定，经营者主动向工商行政管理机关报告所达成垄断协议的有关情况并提供重要证据的，可以酌情减轻或者免除对该经营者的处罚。并对"重要证据"的含义与种类进行了界定，将重要证据界定为对启动调查或者对认定垄断协议行为有关键作用的证据，这类证据的范围包括参与垄断协议的经营者、涉及的产品范围、达成协议的内容和方式、协议的具体实施情况等。国家发展和改革委员会同年发布的《反价格垄断行政秩法程序规定》② 也按照主动报告达成价格垄断协议的有关情况并提供重要证据的先后顺序对宽大处罚的情形作了规定，即第一个可免除处罚，第二个可按照不低于 50% 的幅度减轻处罚；其后的处罚可按照不高于 50% 的幅度减轻。随着 2018 年，"大一统"执法机构的设置，我国反垄断法宽恕制度的具体实施办法主要规定于《禁止垄断协议暂行规定》，相应的实施细则也与时俱进的进行了完善。尽管目前的制度建设收到了一些成效，但从逻辑和经验来看，还存在一些问题：如目前的宽恕制度只适用于行政处罚，不适用刑事制裁；宽大申请被接受者以"出卖盟友"为代价换取免除或者减轻自己所应承担的金钱责任或者刑事责任，但却同时面临"告密者"身份信息被曝光而利益受损的风险，反垄断法仅规定了商业秘密的保护以及执法机关工作人员泄露商业秘密的法律责任，并未对身份信息进行保护；宽恕制度只适用于经营者，而不适用于个人，与我国刑法采用的双罚制模式不符等。

现有的司法实践表明，建立反垄断刑事责任豁免制度，对于加大反垄断法的实施力度是非常必要的。而运行良好的宽恕制度通常需具备以下条件：

第一，宽恕制度的内容应具体、明确、透明、便捷和稳定，这样才能让潜在申请者比较准确地预见宽恕后果，提高宽恕制度的吸引力。美国1978 年的宽恕政策和欧盟 1996 年的宽恕政策都因内容不具体、不明确而收效甚微。所以，宽恕制度方面的规范不能只是原则性规定，而应尽量细化明确，并且应适当赋予执法机关自由裁量权以降低宽恕待遇的不确定性。在法律法规上明确规定受理的具体时间及相关文书的记载内容，并明

---

① 现已失效。——编者注
② 现已失效。——编者注

确规定反垄断法执法机关在对当前处理的罚款减免申请作出决定前，不得受理同一垄断协议案件中其他经营者提交的宽大申请。不仅制度中的实体内容要公开，其程序方面的规定也应公开，以便利申请者。可建立事前的咨询程序，明确赋予经营者向反垄断法执法机关了解垄断协议行为及宽大申请相关信息的权利，以便增加经营者对自己行为的预判，提高确定性，促进经营者利用宽大制度；明确事前咨询程序的性质和地位；建立保障咨询者利益的配套规则，应当允许咨询者以匿名的方式、假设性方式进行咨询，并允许经营者可以委托代理人进行咨询，并且明确事前咨询程序中反垄断法执法机关获取的案件相关信息，不得作为追究经营者违法行为责任的证据。同时，一国的宽恕制度应保持一定的稳定，朝令夕改会令申请者无所适从。

第二，注重对告密者的保护，消除申请者的后顾之忧。告密信息如果被曝光，就会对申请人产生严重不利的后果。尽管从大局上看，报告者的"告密"行为是有利于社会整体利益的，是正当的，但从个人关系来看，这毕竟是一种告密行为，会影响这个行业以及其他经营者对该企业的评价，从而为告密者带来负面影响。此外，告密者还会面临其他垄断主体的报复行为和由于私人赔偿诉讼所带来的负债。如果其参与的是国际卡特尔，告密者还可能受到其他国家的反垄断执法机构对其调查以及相伴产生的该国公民提出的反垄断私人损害赔偿诉讼。这些不利后果会极大地减少告密者通过宽恕制度获得的利益，降低卡特尔参与者对宽恕制度的积极性。基于此，美国法律作出规定，除非报告者同意，反垄断执法机构不得对其他国家反垄断当局公开报告者的信息，且反垄断执法机构所掌握的报告者信息不得作为反垄断私人诉讼的证据。我国可借鉴这一做法，具体而言：可赋予申请者身份保密申请权，除经其同意，否则不公开其身份信息；适用主体应是反垄断执法机构决定给予减轻或者免除行政处罚的申请者，对于不免除的申请者不予保密；对于身份信息保密的技术处理，可单独制作相关文书，内容仅涉及收受文书的个别主体等。

第三，宽恕制度的适用范围应是足以威慑公司和个人参与的卡特尔行为。宽恕制度之所以能吸引卡特尔参与者，是因为告密者能得到宽恕处理，能全部或部分地豁免其应承担的法律责任。因此，卡特尔参与者受到公法制裁的程度与宽恕制度的吸引力应成正比，制裁愈严厉，卡特尔参与者对宽恕制度的热情也愈高。

第四，保证司法的公平。考虑到卡特尔参与者受到公法制裁的程度与宽恕制度的吸引力成正比，二者相互影响、相互制约，因此，唯有严格执行反垄断法对卡特尔法律责任的规定和宽恕政策，真正做到有法必依、执法必严、违法必究，才能真正发挥宽恕制度的作用。

二、垄断犯罪宽恕制度宜适用附条件不起诉

在我国 2012 年的刑事诉讼法修改草案中，对于未成年人轻微犯罪的行为规定了附条件不起诉。这种附条件不起诉的精神对于垄断犯罪而言也是相通的；即对于垄断犯罪，也宜适用附条件不起诉。从法律本质属性来看，附条件不起诉是对轻微犯罪的一种宽恕，而反垄断法中也存在相应的宽恕制度，二者可谓一脉相承。此外，我国反垄断法还借鉴了有关国家和地区反垄断执法的经验，规定了关于垄断案件的协商和解制度，如附条件批准经营者集中等，这些制度都为垄断犯罪适用附条件不起诉奠定了基础。

需要注意的是，附条件不起诉的对象必须是单位而不能是个人。市场经济活动各个链条的公司企业，包括生产、销售、外包等经济实体，类型可以是个体经济、股份责任公司、有限责任公司，还可以是外资企业、三资企业。① 总之，只要在经济活动中具有一定职能，能够独立进行经营活动的实体都可以是宽恕制度适用的对象。根据多个国家和地区有关宽恕制度的规定，一定要限制适用宽恕制度企业的数量，并严格规定适用条件，否则宽恕制度将失去节约司法资源、提升打击垄断行为的效果。在很多情况下，只有第一个向行政执法机关如实报告垄断行为，或者在行政执法机关向其调查取证时，能够主动把了解的垄断事实如实告知，或者配合行政

① Scott D. Hammond, *The U. S. Model of Negotiated Plea Agreements*: *A Good Deal With Benefits for All*, *Remarks before the OECD Competition Committee Working Party No. 3 at 16*（Oct. 17, 2006）, http://www.justice.gov/atr/pub-lie/speeches/219332.pdf.

执法机关提供关键证据，对于侦破案件起到重大作用的第一个企业才可以适用宽恕程序减轻处罚。如果第一个公司已经进行了如实报告，宽恕制度在本次反垄断调查中即告结束。即使其他公司垄断主体报告了更多、更全面的信息，或者提出了更加有力的证据，仍然不能认定其适用宽恕制度，不能减轻或者免除处罚。这样的一个制度设计虽然表面看起来与法律的公平正义理念不太相符，但在实践中能够瓦解垄断主体之间达成的秘密协议，增加垄断主体之间的互相猜测，给他们增加更多的心理压力，鼓励每一个垄断主体积极配合执法机关进行调查，从而有效增加打击垄断行为的力度。因此，为了宽恕制度的适用，也为了保障当事人的合法权益，垄断犯罪可适用附条件不起诉。可以在《刑事诉讼法》第 282 条中增加一款：对于情节轻微的垄断犯罪行为，如果按照刑法的规定应当判处三年以下刑罚或者单处罚金的，起诉机关可以根据犯罪嫌疑人及相关犯罪事实情况作出附条件不起诉决定，确定一年以上三年以下的考验期。

三、垄断犯罪附条件不起诉的适用程序

垄断犯罪附条件不起诉是一项非常重要的制度，对于反垄断而言具有重要的价值，有必要设立严格的程序制度，方便当事人和执法机构按程序开展附条件不起诉事务。一是明确管理主体，使得申请者清楚诉求的对象是哪个机关或者部门，方便行为人进行申请。可建立事前的咨询程序，明确赋予经营者向反垄断执法机关了解垄断协议行为及宽大申请相关信息的权利，以便增加经营者对自己行为的预判，提高确定性，明确管理主体。二是适当放松宽恕制度申请的条件，在并没有完全掌握证据的情况下，行为人依然可以向执法机构提出申请，并且以这个时间点计算申请的时间。如果执法机关不接受申请人的申请，行为人有权利进行申诉，保障自己的合法权益。可完善登记申请制度。明确登记申请的条件，如经营者的名称和住址，涉嫌违法的垄断协议的性质、受影响的产品和地域、涉嫌违法的垄断协议的存续时间，以及涉嫌垄断协议的其他成员，是否存在其他参加者提交宽大申请等。明确登记申请的完善期限，借鉴欧盟的相关规定，直接赋予反垄断执法机构一定的自由裁量权限，允许执法机构根据个案的具体情况确定相应的期限。完善规范化的正式申请方式。书面申请应采取格

式本文方式，提交方式可以有直接送达、邮寄、电子邮件、传真等；口头申请应明确，我国应采取"原则上书面形式为主，特殊情况下口头申请"的方式，申请者应当到反垄断执法机构直接陈述具体情况。三是确定申请的效力。根据行为人提供申请材料的性质和效力，来决定是否给予宽恕，即要根据是否在调查开始前告发、告发的顺序、提供证据的数量和质量区别对待，以"就事论事"的原则处理每个前来自首的违法公司。如果第一顺位申请者提供的证据材料能够基本证明垄断事实，执法机构可以据此做出决定、开展调查，就可以对申请者给予宽恕。反之，如果申请人提供的仅是猜想、臆测、推断，或者证据非常少，对于垄断事实起不到证明作用，执法机构应当通过书面的形式告知行为人不适用宽恕程序，行为人可以撤回申请材料。对于构成诬陷的，还要追究相关方的责任。需要强调的是，免除处罚的宽恕条件非常严格，执法机关每次只能审查一位行为人的申请，其他申请人无论采取口头还是书面，无论证据多寡，均不得同时受理。如果给予了第一位申请者免于处罚的宽恕，其后的申请者将没有机会得到宽恕。四是观察后续效果。对于给予了宽恕的行为人，如果证实其提供了虚假的证据，或者在后续的行为中违背了与执法机关签订的协议，执法机关可以撤销宽恕。①

---

① 游钰：《反垄断宽恕政策的理论分析与实证考察》，载《法律科学》2008 年第 4 期。

附 录

一、美国《谢尔曼法》（1890 年）

第一条 任何契约、以托拉斯形式或其它形式的联合、共谋，用来限制州际间或与外国之间的贸易或商业，是非法的。任何人签订上述契约或从事上述联合或共谋，是严重犯罪。如果参与人是公司，将处以 100 万美元的罚款。如果参与人是个人，将处以不超过 100 万美元的罚款；如果参与人是个人，将处以 10 万美元以下罚款，或三年以下监禁。或由法院酌情并用两种处罚。

第二条 任何人垄断或企图垄断，或与他人联合、共谋垄断州际间或与外国间的商业和贸易，是严重犯罪。如果参与人是公司，将处以不超过 100 万美元以下罚款；如果参与人是个人，将处以不超过 10 万美元以下的罚款，或三年以下监禁。也可由法院酌情并用两种处罚。

第三条 任何契约、以托拉斯形式或其它形式的联合、共谋、用来限制美国准州内、哥伦比亚区内，准州之间、准州与各州之间、准州与哥伦比亚区之间，哥伦比亚区同各州间，准州、州、哥伦比亚区与外国间的贸易或商业是非法的。任何人签订上述契约或从事上述联合或共谋，是严重犯罪。如果参与人是公司，将处以不超过 100 万美元的罚款；如果参与人是个人，将处以 10 万美元以下的罚款，或三年以下监禁，或由法院酌情两种处罚并用。

第四条 授权美国区法院司法管辖权，以防止、限制违反本法；各区的检察官，依司法部长的指示，在其各自区内提起衡平诉讼，以防止和限制违反本法行为。起诉可以诉状形式，要求禁止违反本法行为。当诉状已送达被起诉人时，法院要尽快予以审理和判决。在诉状审理期间和禁令发出之前，法院可随时发出在该案中公正的暂时禁止令或限制令。

第五条　依据本法第四条提起的诉讼尚在审理中时，若该案的公正判决需其它人出庭时，不管其它人是否居住在该法院所在区内，法院都可将其传讯。传票由法院执行官送达。

第六条　依据本法第一条的契约，联合、共谋所拥有的财产，若正由一州运往另一州，或运往国外时，将予以没收，收归国有，并可予以扣押及没收，其程序与没收、扣押违法运入美国财产的程序相同。

第七条　任何因反托拉斯法所禁止的事项而遭受财产或营业损害的人，可在被告居住的、被发现或有代理机构的区向美国区法院提起诉讼，不论损害大小，一律给予其损害额的三倍赔偿及诉讼费和合理的律师费。

第七条 A　无论何时，美国因反托拉斯法所禁止的事项而遭受财产及事业的损害时，美国可在被告居住的、被发现的、或有其代理机构的地区，向美国区法院起诉，不论损害数额大小，一律予以赔偿其遭受的实际损失和诉讼费。

第八条　本法提到的"人"，包括依据美国联邦法律、州法、准州法或外国法律成立的，经上述法律授权的现存公司及联合会。

二、英国《竞争法》（1998 年）

英国《竞争法》的通过时间是 1998 年 12 月，但生效时间却是 2000 年 3 月。该法由正文和 14 项附则构成，正文分为四编，共 76 个条文。第一编又分四章，具体条文如下：

第一编　竞争　第一章 协议（1—16 条）；第二章 支配地位滥用（17—24 条）；第三章 调查与实施（25—44 条）；第四章 竞争委员会和上诉（45—60 条））

第二编　与第 81 条、第 82 条有关的调查程序（61—65 条）

第三编　垄断（66—69 条）

第四编　杂则与过渡性安排（70—76 条）

限于篇幅，下文只摘抄部分法条。

第三章　调查与实施

第三十八条

1. 总局长须依照本部分规定制订并公布关于罚款的适当数额的指南。

2. 总局长可以在任何时候修改该指南。

3. 如果该指南已经修改，总局长须公开其修改后的版本。

4. 没有国务大臣的同意不得根据本条规定公布指南。

5. 经与国务大臣商议后总局长可以选择公开指南的方式。

6. 总局长在根据本条规定准备或修改指南前须咨询其认为合适的人。

7. 如果指南的准备或修改涉及与其他监管者共同行使管辖权有关的问题，则所咨询的对象须包括这些监管者。

8. 总局长在根据本部分规定确定罚款数额时必须考虑根据本条规定制订并公布的尚在实施中的指南。

9. 如果欧洲委员会，或其他成员国的法院或其他机构已经对某项协议或行为处以罚款或罚金，总局长、上诉庭或适当的法院在根据本部分规定对上述协议或行为确定罚款数额时必须将上述罚款考虑在内。

10. 在第9款中，"适当的法院"

（1）涉及英格兰和威尔士时，是指上诉法院；

（2）涉及苏格兰时，是指苏格兰最高民事法庭；

（3）涉及北爱尔兰时，是指北爱尔兰上诉法院；

（4）指上议院。

第三十九条

1. 在本条中，"小协议"是指符合下列条件的协议：

（1）属于为本条目的而规定的协议类型；但是

（2）不属于价格固定协议。

2. 规定上述协议类型的标准尤其可以包括：

（1）协议各方营业额的总和（由预先制定的规定加以确定）；

（2）协议影响的市场的份额（由上述方式加以确定）。

3. 小协议的当事人免于适用第三十六条第1款，但总局长可以根据第4款撤销该项豁免。

4. 如果总局长经过对某项小协议的调查后认为该项协议有可能违反

第一章禁止规定，他可以作出一项决定撤销适用第 3 款规定的豁免。

5. 总局长须以书面形式向被取消豁免的各方当事人通知其撤销豁免的决定。

6. 本条第 4 款规定的决定从该决定具体列明的日期（"撤销日期"）起生效。

7. 撤消日期须晚于决定作出的日期。

8. 在决定撤消日期时，总局长须考虑当事人为了保证关于该协议将不会进一步违反第一章禁止规定而可能需要的时间。

9. 在第 1 款中，"价格固定协议"是指其目的或效果，或者其目的或效果之一是限制协议的当事人决定商品、服务或协议所涉及的其他方面（不仅仅局限于该当事人与协议的其他当事人之间）的价格的自由。

第四十条

1. 在本条中，"非显著意义的行为"是指属于根据本条目的所规定的行为种类的行为。

2. 规定上述行为种类的标准尤其可以包括：

（1）该行为人的营业额（由预先制定的规定加以确定）；

（2）该行为影响的市场份额（由上述方式加以确定）。

3. 非显著意义的行为人免于适用第三十六条第 2 款，但总局长可以根据第 4 款撤消该项豁免。

4. 当总局长经过对某项非显著意义的行为进行调查后，认为该项行为有可能违反第二章禁止规定，他可以作出一项决定撤销适用第 3 款规定的豁免。

5. 总局长须以书面形式向被取消豁免的行为人通知其撤销豁免的决定。

6. 本条第 4 款规定的决定从决定中具体列明的日期（"撤销日期"）起生效。

7. 撤销日期须晚于决定作出的日期。

8. 在决定撤消日期时，总局长须考虑行为人为了保证不会进一步违反第二章禁止规定而可能需要的时间。

第四十一条

1. 可能违反第一章禁止规定的协议的当事人已将协议报告给欧洲委员会，以便其决定是否能够根据欧共体条约第八十五条的规定给予该协议豁免时，适用本条规定。

2. 在报告委员会之后委员会作出决定之前，不得根据本部分规定以违反第一章禁止规定为由给予罚款处罚。

3. 如果委员会撤消了免于对某项协议进行处罚所体现的利益，本条第2款从该利益被撤销之日起停止适用。

4. 某项协议报告给委员会的事实不能阻止总局长根据本部分的规定对该协议展开调查。

5. 在本条中，"免于进行处罚规定"具有可以被规定的含义。

第四十二条

1. 拒不遵守第二十六条、第二十七条或第二十八条的规定的，属于违法行为。

2. 如果某人被指控违反第1款规定未能提交所要求的文件，其可以通过证明

（1）该文件不在其占有或控制之下；并且

（2）对于该人而言遵守该要求不具有合理的可行性。

3. 如果某人被指控违反第1款规定未能

（1）提供信息；

（2）提供对文件的解释；

（3）告知文件所处的位置；

其可以通过证明有合理的理由不能遵守该要求作为辩护。

4. 如果提出要求的人未遵守第二十六条或第二十七条的规定，则不遵守该要求的行为不构成违法行为。

5. 故意阻止官员根据第二十七条行使权力的，属于违法行为。

6. 从事本条第1款或第5款规定的违法行为者，

（1）即时服罪的，处以不超过法定最高额的罚金；

（2）因起诉定罪的，处以罚金。

7. 故意阻止官员行使根据第二十八条签发的搜查令授予的权力的，

属于违法行为，

（1）即时服罪的，处以不超过法定最高额的罚金；

（2）因起诉定罪的，处以不超过两年的有期徒刑，或处罚金，或并处有期徒刑和罚金。

第四十三条

1. 根据第二十六条、第二十七条或第二十八条的规定被要求提交文件者，如有下列行为，属于违法行为：

（1）故意或过失地损毁或清除该文件，或者篡改、藏匿该文件；

（2）造成或允许该文件被损毁、清除、篡改或藏匿。

2. 对于第 1 款规定的违法行为人

（1）即时服罪的，处以不超过法定最高额的罚金；

（2）因起诉定罪的，处以不超过两年的有期徒刑，或处罚金，或并处有期徒刑和罚金。

第四十四条

1. 根据本部分规定的总局长职责向总局长提供信息者，如有下列行为，构成违法行为：

（1）所提供的信息在实质方面是错误的或误导性的；并且

（2）该人明知或应该知道但因疏忽大意而未能知道其所提供的信息在实质方面是错误的或误导性的。

2. 明知其提供给第三人的信息是用于根据本部分规定的总局长职责提供给总局长，而且

（1）明知该信息在实质方面是错误的或误导性的，还将该信息提供给该第三人；

（2）疏忽大意地将在实质方面是错误的、误导性的信息提供给该第三人。

其行为构成违法行为。

3. 对于本条规定的违法行为人

（1）即时服罪的，处以不超过法定最高额的罚金；

（2）因起诉定罪的，处以不超过两年的有期徒刑，或处罚金，或并处徒刑和罚金。

第四章 竞争委员会和上诉

第四十五条

1. 组建名为竞争委员会的机构。

2. 依据本法规定确定委员会的职能。

3. 解散垄断与兼并委员会，其职能移转给竞争委员会。

4. 在任何立法、指令或其他文件中，凡是继续生效的涉及垄断与兼并委员会的指称，皆为竞争委员会所替代。

5. 国务大臣在认为适宜时可以通过命令制定与下列事项有关的间接的、补充性的、附带的规定

（1）解散垄断与兼并委员会；并且

（2）根据第3款规定转移职能。

6. 第5款规定的命令尤其应包括关于下列事项的内容：

（1）财产、权利、义务和责任的转移，以及程序、调查和其他事项的延续；

（2）修改与垄断与兼并委员会或其职能有关的条款的立法文件。

7. 由本法附则七对竞争委员会作进一步的规定。

第四十六条

1. 与总局长已作出的决定有关的协议的当事人可以就该决定，或与该决定有关的事项向委员会提出上诉。

2. 与总局长已作出的决定有关的行为的从事者可以就该决定，或与该决定有关的事项向委员会提出上诉。

3. 在本条中，"决定"是指总局长

（1）就第一章禁止规定是否遭违反作出的决定；

（2）就第二章禁止规定是否遭违反作出的决定；

（3）就是否授予一项个别豁免作出的决定；

（4）涉及个别豁免时

（A）就是否根据第四条第3款第（1）项或第五条第1款第（3）项的规定为豁免设定条件或义务作出的决定；

（B）当设定此类条件或义务时，就其地域作出的决定；

（C）就根据第四条第3款第（2）项规定的期限作出的决定；

（D）就根据第四条第 5 款规定的日期作出的决定；

（5）就

（A）是否延长某项个别豁免的有效期作出的决定；

（B）某项个别豁免的有效期的具体延长期限作出的决定；

（6）关于取消某项豁免的决定；

（7）就是否根据第三十六条的规定给予处罚或者就罚款的具体数额作出的决定；

（8）就是否根据第四十七条第 1 款的规定受申请撤销或修改上述第（1）至第（6）项中的决定作出的决定；以及根据第三十二条、三十三条或三十五条给予的指令或其他诸如此类可能被规定的决定。

4. 除针对罚款或其他数额的上诉外，根据本条提起上诉并不中止与上诉有关的决定的效力。

5. 由附则八的第一部分对上诉问题作进一步的规定。

第四十七条

1. 不属于第四十六第 1 款和第 2 款规定的第三人可以向总局长提出申请要求取消或修改第四十六条第 3 款第（1）项至第（6）项规定的决定或其他诸如此类的被规定的决定（"相关决定"）。

2. 前款所指申请必须

（1）用书面形式，并于总局长在根据第五十一条规定所具体规定的期限内提出；并且

（2）列明申请者之所以提出要求考虑取消或（视情形而定）修改决定的理由。

3. 如果总局长决定

（1）申请者在相关决定中并无足够的利益；

（2）在申请者主张代表具有此类利益的人的情形下，申请者不能代表该人；或者

（3）申请者所代表的人并无此类利益

则总局长须将其决定通知申请者。

4. 如果总局长考虑该申请后决定并不存在充足的理由取消或修改相关决定，总局长必须将其决定通知给申请者。

5. 另外，总局长必须根据第五十一条的规定所明确的程序来处理申请。

6. 申请人可以就总局长根据本条第 3 款或第 4 款通知的决定向竞争委员会提起上诉。

7. 申请的提出不中止相关决定的效力。

第四十八条

1. 任何根据第四十六条或第四十七条向竞争委员会提起的上诉，都将由上诉庭裁决。

2. 国务大臣经与竞争委员会上诉庭主席和其认为适宜的其他人协商后，可以制定关于上诉和上诉庭的规则。

3. 第 2 款所指规则得对上诉庭主席的职能作出规定。

4. 附则八第二部分对根据本条所定规则作出了进一步规定，但该规定并非对国务大臣根据本条规定所享有的权力的限制。

第四十九条

1. 针对下列事项可以向法院提起上诉：

（1）竞争委员会上诉庭所作决定中出现的法律问题；或者

（2）竞争委员会上诉庭所作有关罚款数额的决定。

2. 向法院提起上诉，须

（1）向合适的法院提出；

（2）经过许可；并且

（3）经当事人或在其中具有充分利益的人提出申请。

3. 第四十八条所指规则得对调整或规定与本条所规定的上诉有的附带的或重大的问题作出规定。

4. 在本条第 2 款中，"合适的法院"的含义

（1）涉及在英格兰和威尔士法庭的程序时，是指上诉法院；

（2）涉及在苏格兰法庭的程序时，是指苏格兰最高民事法庭；

（3）涉及在北爱尔兰法庭的程序时，是指北爱尔兰上诉法院。

"许可"是指有关法庭的许可或合适法院的许可；

"当事人"涉及决定时，是指在作出决定的程序中作为当事一方的人。

......

三、日本《关于禁止私人垄断和确保公正交易的法律》（1947 年）

日本国会于 1947 年颁布了《禁止私人垄断及确保公正交易法》（以下简称《禁止垄断法》）。该法由十章 100 条和附则 14 条，共计 114 条构成。下文节选部分条文：

第一章　总　则

（目的）

第一条　本法的目的是通过禁止私人垄断、不当地限制交易和不公正的交易方法，防止事业支配力的过度集中，排除用结合、协定等方法，对生产、销售、价格和技术等的不当限制以及其他一切对事业活动的不当约束，从而促进公正而自由的竞争，发挥事业者的创造性，繁荣事业活动，提高雇佣和国民收入的实际水平，以确保一般消费者的利益和促进国民经济民主、健康地发展。

（定义）

第二条　本法所说的"事业者"，是指经营商业、工业、金融业等的事业者。为事业者的利益而进行活动的干部、从业人员、代理人及其他人，适用下款或第三章规定的，也看做是事业者。

（二）本法所说的"事业者团体"，是指以增进事业者共同利益为主要目的的两个以上的事业者的结合体或联合体，包括下述各种形态。但两个以上的事业者的结合体或联合体，拥有资本或事业者成员的投资，经营以营利为目的的商业、工业、金融业及其他事业，而且现在正在经营其事业的不包括在内：

1. 两个以上事业者为其社员（包括准社员）的社团法人和其他社团；

2. 两个以上事业者对其理事或管理人的任免、业务活动及其存在起支配作用的财团法人和其他财团；

3. 以两个以上事业者为成员的组合或根据契约建立的两个以上事业者的结合体。

（三）本法所说的"干部"，是指理事、董事、执行业务的无限责任社员、监事或监察人或准此职务者、经理或总店或支店的营业主任。

（四）本法所说的"竞争"，是指两个以上事业者在其通常的事业活动范围内，对该事业活动的设施或形态不作重要变更而进行或可能进行下述行为之一的状态。但是，第四章所说的竞争，不包括进行或者可能进行第二项所述行为的状态：

1. 向同一需要者提供同种或类似的商品劳务；

2. 从同一供给者那里接受同种或类似的商品或劳务。

（五）本法所说的"私人垄断"，是指事业者单独地或与其他事业者结合或合谋以及采取其他任何方法，排除其他事业者的事业活动或进行支配，从而违反公共利益，在一定的交易领域内实质上限制竞争。

（六）本法所说的不当交易限制，是指事业者以契约、协定及其他任何名义，与其他事业者决定、维持或提高价格或限制数量、技术、产品、设备或交易对方等相互约束或促进其事业活动，从而违反公共利益，在一定交易领域实质上限制竞争。

（七）本法所说的"垄断状态"，是指在国内（出口除外）提供的同种商品（包括对与该同种商品有关的通常事业活动的设施不作重要变更而可能提供的商品）（在本款内下称"一定的商品"）以及其性能和效用显著类似的其他商品的价额（扣除相当于该商品的直接课税额后的数额）或在国内提供的同种劳务的价额（扣除相当于对该劳务的受供给者在劳务上课税额后的数额），按政令规定，在最近一年内超过五百亿元的场合，该一定的商品或劳务在与其相关的一定事业领域内，出现下述各项给市场构造和市场造成弊害者：

1. 在一年的期间内，一个事业者的市场占有率〔在国内供给的该一定的商品以及其性能和效用明显类似的其他商品（输出除外）或在国内供给的该劳务的数量（在不适于用数量计算，可计算这些劳务的数量。本项内下同）中，该事业者供给的该一定商品以及其机能和效用明显类似的其他商品或劳务的数量所占的比例。本项内下同〕，超过二分之一或两个事业者的市场占有率合计超过四分之三；

2. 给其他事业者新办属于该事业领域的事业造成明显的困难；

3. 该事业者供给的该一定的商品或劳务，在相当的期间内，对照供求的变动及其供给所需要费用的变动，价格明显上升或很少下降，并且该事业者在这一期间，符合下述情况之一：

（1）在政令规定的该事业者所属的业种中，该事业者取得明显超过政令规定的该种类标准利润率的利益；

（2）与属于该事业领域的事业者的标准销售费和一般管理费相比，该事业者支付着明显过多的销售费和一般管理费。

（八）经济情况发生变化，国内生产业者的交货情况和批发物价发生明显变动时，可考虑这些情况，用政令另行规定前款所述的金额。

（九）本法所说的"不公正交易方法"，是指有妨碍公正竞争危险的、由公正交易委员会指定相当于下述各项的行为：

1．不公正地区别对待其他事业者；

2．以不当的价格进行交易；

3．不公正地引诱或强制竞争者的顾客同自己交易；

4．以不当地约束对方的事业活动为条件进行交易；

5．不当地利用自己交易上的地位同对方进行交易；

6．不当地妨碍在国内与自己或自己是股东或干部的公司有竞争关系的其他事业者与交易对方所进行的交易；或在该事业者是公司的场合，不当地引诱、唆使或强制该公司的股东或干部进行对其本公司不利的行为。

……

第七章　损害赔偿

（无过失损害赔偿责任）

第二十五条　进行私人垄断或不当交易限制的使用不公正交易方法的事业者，对被害者负有损害赔偿的责任。

事业者证明其没有故意或过失，也不能免除前款规定的责任。

（损害赔偿请求权的行使、消灭时效）

（二）前款的请求权在同款的审决确定之日起经过三年的时候，时效即因此消灭。

第二十六条　前条规定的损害赔偿请求权如果不是在第四十八条第四款、第五十三条之三或第五十四条规定的审决确定以后，或在没有进行这些规定的审决的场合不是在根据第五十四条之二第一款的规定进行审决之后，不能主张裁判上的这种权利。

第八章　公正交易委员会

第一节　组织和权限

……

第二节　程　序

（委员会活动的开始）

第四十五条　任何人在察觉存在着的违反本法规定的事实时，都可以向公正交易委员会报告该事实，并要求采取适当的措施。

（二）收到前款规定的报告时，公正交易委员会应该就事件进行必要的调查。

（三）根据第一款规定的报告在按照公正交易委员会规则的规定用书面摘示具体事实的场合，就与该报告有关的事件，决定采取适当措施或不采取措施的时候，公正交易委员会应该迅速将决定通知进行该报告者。

（四）公正交易委员会在察觉存在着的违反本法规定的事实或属于垄断状态的事实时，可以利用职权采取适当的措施。

（垄断状态场合的通知和意见陈述）

第四十五条之二　公正交易委员会的察觉存在着的属于垄断状态的事实的场合，决定采取前条第四款的措施时，应该将决定通知与该事业者经营的事业有关的主管大臣。

（二）在接到前款通知时，该主管大臣可以就垄断状态的有无以及恢复第八条之四第一款但书规定的竞争而值得采取的其他措施，向公正交易委员会陈述意见。

（调查的强制处理）

第四十六条　公正交易委员会为了对事件进行必要的调查，可以作出下述各项的处理：

1. 命令与事件有关的人或参考人出席审讯，或征求这些人的意见或报告；

2. 命令鉴定人出席鉴定；

3. 命令账簿文书及其他物件的所持者提出该物件或留下提出的物件；

4. 进入与事件相关人的营业所等必要的场所，检查其业务、财产状况、账簿文书及其他物件。

（二）公正交易委员会在认为适合的时候，可以根据命令的规定，指定公正交易委员会的职员为审查官，处理前款事项。

（三）根据前款规定让职员进入检查时，必须携带表示这种身份的证明书，并向相关者出示。

（四）处理第一款规定事项的权，不能解释为是承认犯罪侦察。

（调查书）

第四十七条　公正交易委员会对事件进行必要调查时，必须将其要点记载于调查书，并且在处理前款规定事项时，要特别将其结果明确加以记载。

（作为对违反者的措施的劝告和劝告审决）

第四十八条　公正交易委员会在认为存在违反第三条、第六条第一款或第二款、第八条、第九条第一款或第二款、第九条之二第一款、第十条、第十一条第一款、第十三条、第十四条、第十五条第一款（包括在第十六条中准用的场合）、第十七条或第十九条的规定的场合，可以劝告进行该违反者（该违反行为在与第八条有关的时候，包括该事业者团体的干部、管理人及其事业者成员）采取适当的措施。

（二）公正交易委员会在认为违反第二条、第八条第一款第一项、第四项、第五项或第十九条规定的行为已经消失，认为特别有必要时，可以劝告进行该违反行为者（该违反行为与第八条第一款第一项、第四项、第五项有关的时候，包括该事业团体的干部、管理人及其事业者成员）采取适当的措施。

（三）受到前二款规定的劝告者必须就是否应允该劝告的问题迅速通知公正交易委员会。

（四）受到前二款规定的劝告者在应允该劝告的时候，公正交易委员会可以不经过审判手续作出与该劝告相同内容的审决。

（课征金的缴纳命令）

第四十八条之二　公正交易委员会在认为存在第七条之二第一款（包括第八条之三中准用的场合。在本条内下同）规定的事实时，应该命令事业者或事业者团体的事业者成员（在事业者成员为了其他事业者利益而进行行为的场合的该其他事业者。本条内下同）向国库缴纳第七条之二第一款规定的课征金。但是，在该违反行为审判手续已经开始时，只有在审判手续终了以后才能发出命令。

（二）前款规定的命令（下称"缴纳命令"）通过送达记载着应缴纳课征金的数额和计算的基础以及与课征金有关的违反行为和缴纳期限的课征金缴纳命令书的副本进行。

（三）前款课征金的缴纳期限，必须在课征金缴纳命令书的副本送出之日起，二个月后缴纳。

（四）公正交易委员会在作出缴纳命令时，应该预先给予该事业者或事业者团体的事业者成员以陈述意见及提出证据的机会。

（五）不服缴纳命令者可以根据公正交易委员会规则的规定，在课征金缴纳命令书誊本到达之日起三十天内，请求公正交易委员会就该事件开始审判手续。

（六）缴纳命令经过前款规定的期间以后，关于第二十六条规定的适用，除对该行为进行前条第四款、第五十三条之三或第五十四条规定审决的场合以外，应看作是确定了的审决。

（审判手续的开始）

第四十九条　在第四十八条第一款或第二款规定的场合或认为存在垄断状态的场合（第八条之四第一款但书规定的场合除外。第五十四条第一款同），认为把事件交付审判手续符合公共利益时，公正交易委员会可以开始该事件的审判手续。

（二）在收到前条第五款规定的请求时，公正交易委员会除了认为该请求不合法而以审决加以驳回的场合外，应该迅速开始与该请求有关的事件的审判手续。

（三）在前款规定的审判手续开始进行的场合，与该事件有关的缴纳命令则失去其效力。

（四）公正交易委员会在决定开始与第八条之四第一款有关事件的审判手续时，应该与事业者经营的事业有关的主管大臣协商。

（审判开始决定书）

第五十条　审判开始决定根据文书进行。在审判开始决定书中，应该记载事件的要点，并由委员长及参加决定议决的委员在上面签名盖章。

（二）审判手续通过把审判开始决定书的誊本送达到命令采取第七条第一款或第二款（包括第八条之二第二款及第二十条第二款中准用的场合）、第八条之二第一款或第三款、第八条之四第一款、第十七条之二或第二十条第一款规定的措施（在第五十二条第一款中称"排除等措施"）者或提出第四十八条之二第五款规定的请求者手中开始。

（三）必须命令被审人于审判的日期到场。

（四）审判的日期必须定在从送达审判开始决定书誊本之日起的三十天以后。但是，在征得被审人同意时，不在此限。

（答辩书的提出）

第五十一条 被审人在接到送达的审判开始决定书时，应该迅速向公正交易委员会提出对该决定书的答辩书。

（委任一部分审判手续给审判官）

第五十一条之二 公正交易委员会在作出审判开始决定后，可以任命审判官，并根据公正交易委员会规则的规定，在处理第四十六条第一款各项事项以外，让其进行以后的一部分审判手续。但是，执行该事件审查官职务者及从事与该事件的审查有关的事项者不在此限。

（审查官的到场权限）

第五十一条之三 根据第四十六条第二款规定而指定的审查官，可以出席审判、呈报证据以及进行其他必要的行为。

（被审人的防御权）

第五十二条 补审人或其代理人在审判时可以申述公正交易委员会关于该事件的排除等措施或根据第七条之二第一款（包括第八条之三中准用的场合）的规定而命令缴纳课征金是不当的理由，并提出证明这一点的资料。还可以要求公正交易委员会审讯必要的参考人、命令鉴定人鉴定、命令账簿文书及其他物件所持人出示该物件，或进入必要的场所检查业务及财产状况、账簿文书及其他物件，或审讯公正交易委员会命令到场的参考人或鉴定人。

（二）被审人可以委托律师或得到公正交易委员会承认的适当者为代理人。

（证据不采用的理由说明）

第五十二条之二　公正交易委员会在不采用审查官或被审人或其代理人呈报的证据时，应该说明其理由。

（被审人的不到场）

第五十二条之三　公正交易委员会在被审人或其代理人没有正当理由于审判日期不到场的时候，可以进行审判。

（审判的公开和速记）

第五十三条　审判应该公开进行。但是，在认为有必要保守事业者的事业上的秘密或认为公益上有必要时，可以不公开进行。

（二）审判时应该让速记者到场，笔记陈述。

（参考人、鉴定人的宣誓）

第五十三条之二　刑事诉讼法第一百四十三条到第一百四十七条、第一百四十九条、第一百五十四条到第一百五十六条、第一百六十五条及第一百六十六条的规定，准用于公正交易委员会或审判官在审判时审讯参考人或命令鉴定人鉴定的手续。

（二）在前款的场合，把"裁判所"改为"公正交易委员会或审判官"，把"证人"改为"参考人"，把"寻问"改为"审讯"，把"被告人"改为"被审人"。

（被审人陈述机会的给予）

第五十三条之二　之二公正交易委员会在根据第五十一条之二的规定让审判官进行一部分审判手续的场合，收到被审人或其代理人的呈报时，应该给予他们直接向公正交易委员会陈述的机会。但是，属于根据第四十九条第二款的规定开始的审判手续的事件，而对与该事件有关的违反行为根据第四十八条第四款、第四十九条或第五十四条的规定进行审决的，不在此限。

（同意审决）

第五十三条之三　公正交易委员会在作出审判开始决定以后，在被审人承认审判开始决定书记载的事实及法律的适用，向公正交易委员会提出以后不经过审判手续而接受审决的文书，并且排除该违反行为或保证排除该违反行为，或提出为了恢复与垄断状态有关的商品或劳务的竞争，自己准备采取具体措施的计划书的场合，被认为适当时，可以不经过以后的审判手续而进行与该计划书记载的具体措施同样内容的审决。

（审决）

第五十四条　公正交易委员会经过审判手续后，在认为存在违反第三条、第六条第一款或第二款、第八条、第九条第一款或第二款、第九条之二第一款、第十条、第十一条第一款、第十三条、第十四条、第十五条第一款（包括第十六条中准用的场合）、第十七条或第十九条规定的行为的场合或认为存在垄断状态的场合，应该用审决的形式命令被审人采取第七条第一款、第八条之二第一款或第三款、第十七条之二或第二十条第一款或第八条之四第一款规定的措施。

（二）公正交易委员会经过审判以后，在认为违反第三条、第八条第一款第一项、第四项或第五项或第十九条规定的行为已经消失的场合，认为特别有必要时，可以用审决的形式命令被审人采取第七条第二款（包括第八条之二第二款及第二十条中准用的场合）规定的措施。

（三）公正交易委员会经过审判手续后，在认为审判开始决定时不存在属于第一款规定的行为或垄断状态的事实的场合以及在认为审判开始决定时虽存在属于同款规定的行为或垄断状态的事实，但属于该行为或垄断状态的事实已经消失的场合（根据前款规定进行审决的场合除外），或存在属于垄断状态的事实而认为属于第八条之四第一款但书的场合，应该用审决的形式加以说明。

（审判手续后课征金的缴纳命令）

第五十四条之二　公正交易委员会经过审判手续后认为存在第七条之二第一款（包括第八条之三中准用的场合）规定的事实时，应该通过审决的形式，命令被审人向国库缴纳与该违反行为有关的课征金。

（二）第四十八条之二第三款的规定，准用前款的审决。

（事实的认定）

第五十四条之三　在前二条的审决中，除被审人没有争论的事实及公认的事实外，必须认定审判手续中由调查证明了的事实。

（审决的合议）

第五十五条　审决必须由委员长及委员合议。

（二）第三十四条第一款、第二款及第四款的规定准用前款的合议；

（三）要进行命令采取第八条之四第一款措施的审议，不管前款准用的第三十四条第二款的规定如何，都必须有三人以上的一致意见。

（合议的非公开）

第五十六条　公正交易委员会的合议不公开进行。

（审决书的方式）

第五十七条　审决用文书进行。当审决书是公正交易委员会认定的事实和对事实的法令适用以及第五十四条之二第一款的审决时，应该说明课征金的计算基础，并由委员长及出席合议的委员在审决上署名盖章。

（二）在审决书中可以附记少数意见。

（审决效力的发生和竞争恢复措施的执行时期）

第五十八条　审决在审决书誊本到达被审人时生效。

（二）命令采取第八条之四第一款措施的审决，必须在确定后才能执行。

（相关人参加）

第五十九条　公正交易委员会认为有必要时，可以在职权范围内，把与审决结果相关的第三者作为当事者而让其参加审判手续。但是，必须预先审讯被审人及该第三者。

（相关公务所和公共团体的参加）

第六十条　相关的公务所或公共团体认为有公益上的必要时，在得到公正交易委员会承认后，可以作为当事者参加审判手续。

（相关公务所和公共团体的意见陈述）

第六十一条　相关的公务所或公共团体为了保护公共利益，可以向公正交易委员会陈述意见。

（通过寄存免除审决的执行）

第六十二条　公正交易委员会在根据第五十四条第一款或第二款的规定以审决形式命令停止违法行为及作其他处理的场合，被审人可以通过寄存裁判所规定的保证金或有价证券而在该审决确定以前免予执行。

（二）前款规定的裁判，依非诉讼事件程序法进行。

（寄存物的没收）

第六十三条　被审人在根据前条第一款规定进行寄存的场合，当该审决确定时，裁判所可以根据公正交易委员会的呈报，没收与寄存有关的全部或一部分保证金或有价证券。

（二）前条第二款的规定准用前款规定的裁判。

（审决的调查处理）

第六十四条　公正交易委员会即使在进行第五十四条第一款或第二款的审决以后，有特别必要时，也可以根据第四十六条的规定进行处理或让其职员进行处理。

（课征金缴纳的督促和延滞金）

第六十四条之二　公正交易委员会在发生到达缴纳期限而没有缴纳课征金的时候，应该用督促书指定期限而督促其缴纳。

（二）公正交易委员会在进行前款规定的督促时，可以按征收同款课征金额每年 14.5% 的比率，根据从缴纳期的翌日起到其缴纳之日止的日数，计算延滞金。但是，延滞金额不满千元时不在此限。

（三）在出现前款规定计算的延滞金数额未满百元的零数时，其零数舍除。

（四）公正交易委员会在受到第一款规定督促者在指定的期限没有缴纳其应缴纳的金额时，可以按国税条例的滞纳处分征收。

（五）前款规定的征收金的先得特权的顺序，仅次于国税及地方税，其时效依国税条例。

（认可、承认申请的驳回）

第六十五条　公正交易委员会在收到第九条之二第一款第六项、第十一条第一款或第二款、第二十四条之三第二款或第三款或第二十四条之四第二款的认可申请或第九条之二第一款第九项的承认申请的场合，认为申请没有理由时，应该用审决的形式驳回申请。

（二）第四十五条第二款的规定，准用于前款的认可或承认的申请的场合。

（认可的承认和审决的取消或变更）

第六十六条　公正交易委员会对于前条第一款所述的认可或承认，在认为该认可或承认的要件——事实消灭或变更时，可以经过审判手续，用审决的形式予以取消或变更。

（二）公正交易委员会根据经济情况的变化及其他事由，认为维持该审决是不当的，从而违反公共利益的时候，可以用审决的形式予以取消或变更。但是，在损害被审人利益的场合不在此限。

（法院的紧急停止命令）

第六十七条 法院在认为有紧急必要时，可以根据公正交易委员会的申报，命令有进行违反第三条、第六条第一款、第八条第一款、第九条第一款或第二款、第九条之二第一款、第十条第一款、第十一条第一款、第十三条第一款或第二款、第十四条第一款、第十五条第一款（包括第十六条中准用的场合）、第十七条或第十九条规定的嫌疑行为者，暂时停止该行为、行使议决权或执行公司干部的业务，或取消或变更其命令。

（二）法院认为有紧急必要时，可以根据公正交易委员会的申报，对得到第二十四条之三第二款或第三款或第二十四条之四第二款规定的认可者，根据第六十六条第一款的规定，取消第二十四条之三第二款或第三款或第二十四条之四第二款所述的认可，或在有可能发生变更的场合，命令暂时停止得到认可的行为，或取消或变更其命令。

（三）第六十二条第二款的规定，准用于前二款规定的裁判。

（通过寄存免除紧急停止命令的执行）

第六十八条 前条第一款或第二款规定的裁判，可以通过寄存裁判所规定的保证金或有价证券而免除其执行。

（二）第六十三条规定准用于前款规定的与寄存有关的保证金或有价证券的没收。

（利害相关人的记录阅览等）

第六十九条 利害相关人在审决开始决定后，可以向公正交易委员会要求阅览或誊写事件记录或交付课证金缴纳命令书或审决书的誊本或抄本。

（文书的送达）

第六十九条之二 文书的送达准用民事诉讼法第一百六十二条、第一百六十九条、第一百七十一条及第一百七十七条的规定。在这种场合，应把"执行官"改为"公正交易委员会的职员"，把"法院"改为"公正交易委员会"。

（对命令的委任）

第七十条　除本法规定者外，关于公正交易委员会的调查和审判的程序及其他事件的处理以及关于第六十二条第一款及第六十八条第一款的寄存的必要事项，以命令加以规定。

（不服申诉的限制）

第七十条之二　对公正交易委员会根据本节的规定作出的审决和其他处理（包括根据第四十六条第二款规定由审查官作出的处理及根据第五十一条之二的规定由审判官作出的处理），不能根据行政不服审查法（昭和 37 年法 160 号）提出不服申诉。

……

第十章　罚　则

第八十九条　一、属于下列各款之一的，处以三年以下徒刑或五百万日元以下的罚金。

1. 违反第三条的规定进行私人垄断或不正当的交易限制的；

2. 违反第八条第一款第一项的规定，在一定的交易领域实质性限制竞争的。

二、前款的未遂罪也将受到处罚。

第九十条　属于下列各款之一的，处以二年以下的徒刑或三百万日元以下的罚金。

一、违反第六条或第八条第一款第二项的规定，签订含不正当的交易限制的国际协定或国际契约的；

二、违反第八条第一款第三项或第四项规定的；

三、第四十八条第四款、第五十三条之 或第五十四条第一款、第二款的审决确定后而不遵从的。

第九十一条　属于下列各款之一的，处以一年以下的徒刑或二百万日元以下的罚金。

一、违反第十条第一款前段的规定，取得或持有股份的；

二、违反第十一条第一款的规定，取得、持有股份或违反同条第二款的规定持有股份的；

三、违反第十三条第一款的规定兼任干部的；

四、违反第十四条第一款前段的规定取得、持有股份的；

五、就前面各项规定的禁止或限制，而违反第七十条规定的。

第九十一条之二 属于下款各项之一的，处以二百万日元以下的罚金。

（1）违反第八条第二款至第四款的规定，不提交或提交有虚假记载呈报书的；

（2）违反第九条第五款的规定，不提交或提交有虚假记载呈报书的；

（3）违反第九条第六款的规定，不提交或提交有虚假记载呈报书的；

（4）违反第十条第二款（含适用于同条第三款）的规定，不提交报告书或提交有虚假记载报告书的；

（5）违反第十五条第二款（含适用于第十六条）的规定，不提交或提交有虚假记载呈报书的；

（6）违反第十五条第四款的规定，进行合并的设立登记或变更的；

（7）违反第十五条之二第二款及第三款的规定，不提交或提交有虚假记载呈报书的；

违反适用于第十五条第四款规定的第十五条之二第六款的规定，登记设立共同新设分割或登记变更吸收分割的；

（9）违反第十六条第二款（含适用于同条第四款）的规定，不提交或提交有虚假记载呈报书的；

（10）违反适用于第十五条第四款规定的第十六条第五款的规定，有第十六条第一款第一项或第二项行为的；

（11）违反第十八条之二第一款的规定，不提交或提交有虚假记载呈报书的；

（12）违反第二十三条第六款的规定，不提交或提交有虚假记载呈报书的。

第九十二条 对实施第八十九条至第九十一条规定的犯罪者，可视情节并处徒刑和罚金。

第九十二条之二 （一）根据第五十三条之二的规定，已宣誓的参考人或鉴定人如进行虚假的陈述或鉴定时，可处以三个月以上十年以下的徒刑。

（二）如进行前款行为的犯罪者在审判程序终了前且该行为被发现前自首时，可减轻或免除刑罚。

第九十三条　违反第三十九条规定的，处一年以下徒刑或十万日元以下罚金。

第九十四条　抗拒、妨碍或逃避第四十六条第一款第四项、第二款或第五十一条之二规定检查的，处六个月以下徒刑或二十万日元以下罚金。

第九十四条之二　属于下列各款之一的，处二十万日元以下的罚金。

违反第四十条规定的处分，不出面接受调查，不提交报告、情报或资料，或提供虚假报告、情报或资料的；

（二）违反第四十六条第一款第一项、第二款或第五十一条之二对事件关系人或参考人的处分的规定，不出面接受调查、不陈述或做虚假陈述、不报告或做虚假报告的；

（三）违反第四十六条第一款第一项、第二款或第五十一条之二对鉴定人的处分的规定，不出面接受调查、不鉴定或做虚假鉴定的；

（四）违反第四十六条第一款第三项、第二款或第五十一条之二对物品持有人的处分的规定，不提交物品的；

（五）违反第五十三条之二适用的刑事诉讼法第一百五十四条或第一百六十六条对参考人、鉴定人命令的规定，不进行宣誓的。

第九十五条　一、法人代表、法人或自然人的代理人、雇员及其他从业人员就该法人或自然人的业务或财产，进行下列各款所列违法行为时，除处罚行为人外，对该法人或自然人也处以下列各款罚金。

1. 第八十九条处五亿日元以下的罚金；

2. 第九十条、第九十一条（第三项除外），第九十一条之二或第九十四条各条的罚金刑。

二、非法人团体的代表人、管理人、代理人、雇员及其他从业人员就其团体的业务或财产，进行下列各款违法行为时，除处罚行为人外，对该团体也处以下列各款罚金。

1. 第八十九条处五亿日元以下的罚金；

2. 第九十条、第九十一条第四项、第五项（仅限于与第五项相关的部分），第九十一条之二第一项或第十一项各本条的罚金。

三、前款情形，代表人或管理人除在其诉讼行为中代表其团体外，也适用法人作为被告人、嫌疑人时相关诉讼行为的刑事诉讼法的规定。

第九十五条之二 在发生第八十九条第一款第一项、第九十条第一项或第三项或第九十一条（不含第三项）的违法行为时，对明知其违法计划而不采取必要预防措施或明知其违法行为而不采取必要纠正措施的该法人（第九十条第一项或第三项，该法人为事业人团体的除外）的代表人也可处各本条规定的罚金。

第九十五条之三 （一）在发生第八十九条第一款第二项或第九十条违法行为时，对明知其违反计划而不采取必要预防措施，或明知其违法行为而不采取必要纠正措施的该事业人团体的理事以及其他干部、管理人或其成员事业人（含为其他事业人的利益而进行该行为的事业人），也可分别处以各本条规定的罚金。

（二）前款规定适用于同款所列事业人团体的理事及其他干部、管理人，或该成员事业人是法人或其他团体时，该团体的理事及其他干部、管理人。

第九十五条之四 （一）法院认为有充分的理由时，可在作出第八十九条第一款第二项或第九十条规定刑罚判决的同时，宣告解散该事业人团体。

（二）根据前款规定而被宣告解散时，不受其他法律条文的规定或章程等的限制，事业人团体依照该宣告解散。

第九十六条 一、第八十九条至第九十一条的行为，待公正交易委员会揭发后，方可定性。

二、前款的揭发以文书的形式进行。

三、公正交易委员会在进行第一款的揭发时，就有关该揭发的犯罪，如认为根据前条第一款或第一百条第一款第一项的规定宣告合适时，可将相关情况记载于前款的文书中。

四、第一款的揭发在提起公诉后，不能撤销。

第九十七条 违反第四十八条第四款、第五十三条之三、第五十四条第一款或第二款审决的，处以五十万日元以下的罚款。但是，对该行为可处刑罚时，不在此限。

第九十八条　对违反依据第六十七条第一款规定作出的裁判的，处以三十万日元以下的罚款。

第九十九条　（删除）

第一百条　一、根据第八十九条或第九十条，法院根据情节作出刑罚判决的同时，也可作出下列宣告。但是，第一项宣告仅限于该专利权、专利发明专用实施权或一般专利实施权属于犯人的情形。

1. 应予以取消用于违法行为的专利权、专利发明的专用实施权或一般专利实施权；

2. 判决确定后六个月以内三年以下的期间内，不得与政府签订契约。

二、作出前款第一项宣告的判决后，法院应将判决的誊本送至专利厅长官。

三、接到前款规定的判决誊本时，专利厅长官应取消该专利权或专利发明的专用实施权或一般专利实施权。

……

四、加拿大《竞争法》（1985 年）

第一部分　目的和解释

本法的目的

1.1 本法的目的是维持和鼓励在加拿大的竞争，以促进加拿大经济的效率和适应性，扩大加拿大参与世界市场的机会。同时承认外国企业在加拿大竞争中的作用，以确保中小企业有公平的参与机会，并为消费者提供有竞争力的价格，还有产品选择。

定义

2. （1）在本法中，

"物品"指各种类型的不动产和个人财产，包括

（a）货币；

（b）与财产所有权或权利有关或证明其所有权或权利的契约和文书，或公司或其任何资产的直接、或有或无的利益契约和文书；

（c）赋予收回或接受财产的权利的契约和文书；

（d）票据或类似的证据，证明有权在某一特定时间在某一特定地点出勤，或有权获得运输的权利或交通权的证据，以及

（e）能源，无论如何产生；

"业务"包括以下业务

（a）制造、生产、运输、收购、供应、储存和以其他方式经营物品，以及

（b）获取、供应和以其他方式经营服务；

它还包括为慈善或其他非营利目的筹集资金；

……

"产品"包括物品和服务；

"记录"包括任何信件、备忘录、书籍、计划、地图、图画、图表、图像或图形作品、照片、电影、缩微胶片、录音、录像带、机器可读记录以及任何其他文件材料。无论物理形式或特征如何，以及其任何副本或部分；

"服务"是指任何形式的服务，无论是工业、贸易、专业或其他方面或其他；

"供应"是指：

（a）就某一物品而言，出售、出租、租赁或以其他方式处置某一物品或其中的利益或其权利，或提议如此处置某一物品或其中的利益或其权利；

（b）就一项服务而言，出售、出租或以其他方式提供一项服务，或提议这样做提供服务；

"行业、工业或专业"包括行业、工业或专业的任何类别、部门或分支；

"竞争法庭"是指由《竞争法庭法》第3（1）款设立的竞争法庭。

关联公司、合伙企业或独资企业

（2）就本法而言：

（a）一家公司与另一家公司有关联，如果其中一家公司是另一家公司的子公司，或者两家公司都是同一家公司的子公司，或者两家公司都由

同一个人控制；

（b）如果两个公司同时隶属于同一个公司，它们被认为是相互关联的；以及

（c）一家合伙企业或独资企业与另一家合伙企业、独资企业或公司有关联，如果两者均由同一个人控制。

子公司

（3）就本法而言，如果一家公司被另一家公司控制，则该公司是该公司的子公司。

控制权

（4）就本法而言

（a）在以下情况下，公司受女王以外的人控制

（i）直接或间接（通过一个或多个子公司或其他方式）持有该公司的证券，而这些证券可能在选举该公司董事时被投下超过百分之五十的票数，而这些证券是由该人或为其利益而持有的，并且

（ii）这些证券所附的投票权，如果行使的话，足以选举公司的大多数董事；

（b）在下列情况下，公司受加拿大女王或某省的权利控制

（i）该公司由女王以（a）段所述的方式控制，或

（ii）如果是一个没有股本的公司，大多数董事除当然董事外，该公司的大多数董事由以下人员任命

（A）该省的总督或副总督，省长或副省长（视情况而定），或

（B）加拿大政府或该省的一位部长，视情况而定；以及

（c）如果该人持有合伙企业的权益，使其有权获得合伙企业百分之五十以上的利润，或在合伙企业解散时获得百分之五十以上的资产，则该合伙企业受该人控制。

……

第六部分　与竞争有关的犯罪

竞争者之间的共谋、协议或安排

45.（1）任何人如就某一产品与该人的竞争对手串谋、同意或安排下列行为，即属犯罪

（a）确定、维持、提高或控制产品供应价格；

（b）为生产或供应的产品分配销售、地区、客户或市场；或

（c）固定、维持、控制、防止、减少或消除产品的生产或供应。

处罚

（2）任何人犯了第（1）款规定的罪行，都是犯了可起诉的罪行，一经定罪，可判处不超过 14 年的监禁或不超过 2500 万美元的罚款，或同时判处监禁和罚款。

共谋、协议或安排的证据

（3）在根据第（1）款进行的起诉中，法院在没有直接证据证明被指控各方之间的沟通，可从间接证据中推断出存在共谋、协议或安排，但为了更加确定，必须在无合理怀疑的情况下证明共谋、协议或安排。

抗辩

（4）任何人都不得被判定犯有第 5 款规定的罪行（1）就一项原本会违反该款的共谋、协议或安排，如

（a）该人在权衡各种可能性后确定：

（i）它附属于包括同一当事方的更广泛或单独的协议或安排，而且

（ii）它与该更广泛或单独的协议或安排的目标直接相关，并为实现其目标而合理地需要；以及

（b）该更广泛的或单独的协议或安排，可以单独考虑，并没有违反该款规定。

（5）任何人不得因仅与加拿大产品出口有关的共谋、协议或安排而被判犯有第（1）款规定的罪行，除非该共谋、协议或安排涉及加拿大产品出口

（a）已导致或可能导致产品出口的实际价值减少或限制；

（b）限制或可能限制任何人从事或扩大从加拿大出口产品的业务；或

（c）只涉及为促进从加拿大出口产品而提供的服务。

例外

（6）第（1）款在以下情况下不适用：

（a）共谋、协议或安排仅由各公司订立，而各公司就其他各公司而

言均为关联公司；或

（b）联邦金融机构之间订立，且为第 49（1）款所述。

普通法原则——受监管行为

（7）普通法的规则和原则使议会另一法案或某省立法机构的要求或授权成为本法第 45（1）款规定的起诉的辩护理由，在本条生效前，继续有效并适用于根据第（1）款提出的起诉。

定义

（8）以下定义适用于本节

竞争者

"竞争者"包括有理由相信在没有第（1）（a）至（c）款所述的阴谋、协议或安排的情况下，有可能在产品方面进行竞争的人。

价格

"价格"包括与产品供应有关的任何折扣、回扣、津贴、价格优惠或其他好处。

如果根据第 76、第 79、第 90.1 或第 92 条提出的申请

45.1 根据第 45（1）款，不得根据与专员根据第 76、第 79、第 90.1 或第 92 条寻求针对某人的命令所依据的事实相同或基本相同的事实，对该人启动程序。

外国指令

46.（1）任何在加拿大开展业务的公司，无论在哪里注册，如果在加拿大全部或部分执行了加拿大以外的国家中能够指导或影响该公司政策的人向该公司或任何人发出的指令、指示、政策通知或其他通信，而该通信是为了实施一项共谋。无论该公司在加拿大的任何董事或官员是否知道该共谋、联合、协议或安排，只要在加拿大以外的地方订立了该共谋、联合、协议或安排，就犯了可公诉的罪行，一经定罪，可由法院酌情处以罚款。

限制条件

（2）如专员已根据第 83 条，根据与在根据本条进行的法律程序中会指称的相同或基本相同的事实，向某一特定公司申请对该公司或任何其他人发出命令，则不得根据本条就该公司展开法律程序。

"串通投标"的定义

47.（1）在本条中，"操纵投标"是指

（a）两个或两个以上的人之间的协议或安排，其中一个或多个人同意或承诺不响应招标或投标要求提交投标或投标，或同意或承诺撤回响应这种招标或要求提交的投标或投标，或

（b）响应招标或投标要求而提交。在两个或两个以上的投标人或投标人之间通过协议或安排达成的投标或标书，而该协议或安排在任何投标或标书提交或撤回（视情况而定）之时或之前未被作为协议或安排一方的任何人告知。

（2）每个参与操纵投标的人都犯有可公诉的罪行，一经定罪，可由法院酌情处以罚款或不超过 14 年的监禁，或同时处以罚款。

例外

（3）本条不适用于仅由各公司达成的协议或安排，或就其他公司而言均为联营公司的意见书。

与职业体育有关的共谋

……

第七.1 部分　欺骗性营销行为

可审查的事项

对公众的不实陈述

74.01（1）任何人为了直接或间接促进产品的供应或使用，或为了直接或间接促进任何商业利益，以任何方式从事可审查的行为，

（a）向公众作出在产品重要方面是虚假或误导的陈述；

（b）以陈述、保证或担保产品的性能、功效或质量的形式向公众作出陈述，但该陈述并非基于充分和适当的测试，其证据在于作出该陈述的人；

或（c）声称是

（i）产品的保证或担保，或

（ii）更换、维护或修理物品或其任何部分，或重复或继续提供服务直至达到特定结果的形式向公众作出陈述，而声称的保证或担保或承诺的形式具有重大误导性，或没有合理的前景将其付诸实施。

普通价格

（2）除第（3）款外，任何人如为直接或间接促进产品的供应或使用，或为直接或间接促进任何商业利益，以任何方式向公众作出有关某产品或类似产品的价格的陈述。

（a）在作出陈述之前或之后的一段合理时间内，没有以该价格或更高的价格出售大量的产品（视情况而定），而相关地域市场的一般供应商在考虑到该产品的性质后，已经或将要以该价格出售该产品。

（b）在作出陈述之前或之后的相当长一段时间内，没有以该价格或更高价格真诚地提供该产品（视情况而定）。

普通价格

（3）任何人为了直接或间接促进产品的供应或使用，或为了直接或间接促进任何商业利益，以任何方式向公众作出价格陈述，而该价格被明确指明为某产品或类似产品已经或将由该人通常供应的价格。

（a）在作出陈述之前或之后的一段合理时间内（视情况而定），没有以该价格或更高的价格出售大量的产品，而该人在考虑到该产品的性质和相关的地域市场后，通常会供应该产品。

（b）在作出陈述之前或之后的相当长一段时间内，没有以该价格或更高价格真诚地提供该产品（视情况而定）。

第（2）和第（3）款中对时间的提及

（4）为了更加明确，第（2）（a）和（b）段以及第（3）（a）和（b）段中考虑的时间段是在作出陈述之前还是之后，取决于该陈述是否与

（a）已经或正在供应产品的价格有关；或

（b）将供应产品的价格有关。

（5）第（2）和第（3）款不适用于证明在这种情况下，关于价格的陈述在重要方面并非虚假或误导的人。

关于合理测试的陈述和公布推荐书的情况

74.02 任何人为了直接或间接地促进任何产品的供应或使用，或为了直接或间接地促进任何商业利益，向公众作出陈述，称任何人已对产品的性能、功效或寿命进行了测试，或发表了有关产品的证词，则属于可审查

行为。除非作出陈述或发表证词的人能够确定

（a）这种陈述或证词是由进行测试或提供证词的人以前作出或发表的，或

（b）这种陈述或证词在作出或发表之前得到了批准，并由进行测试或提供证词的人书面允许作出或发表，而且该陈述或证词与以前作出、发表或批准的陈述或证词相一致。

产品附带的陈述

74.03（1）就第74.01条和第74.02条而言，凡是

（a）在要约出售或展示的物品或其包装物或容器上表达的陈述。

（b）在要约出售或展示的物品、其包装物或其附带的任何东西上表达的陈述。

（c）在店内或其他购买点展示的。

（d）在店内或上门向作为最终使用者的人销售的过程中，或通过任何电信手段向作为最终使用者的人进行口头交流，或

（e）包含在以任何其他方式向公众出售、发送、交付、传送或提供的任何东西中或上，则被视为由且仅由导致该陈述如此表达、作出或包含的人向公众作出，但须遵守第（2）款。

（2）如果第（1）款中提到的人在加拿大境外，就第74.01和第74.02条而言，第（1）（a）（b）（c）或（e）款中描述的陈述被视为由将该款中提到的物品、事物或展示品进口到加拿大的人向公众作出。

（3）除第（1）款的规定外，为直接或间接促进产品的供应或使用或任何商业利益，向产品的批发商、零售商或其他分销商提供任何含有第74.01条所述性质的陈述的材料或物品的人，被视为向公众作出该陈述。

……

虚假或误导性陈述——发件人或事由信息

74.011（1）任何人为了直接或间接宣传任何商业利益或供应或使用产品，在电子信息的发件人信息或主题信息中发送或导致发送虚假或误导性陈述，都是可审查的行为。

虚假或误导性陈述——电子信息

（2）任何人为了直接或间接促进任何商业利益或供应或使用产品，

在电子信息中发送或导致发送在重要方面是虚假或误导的陈述，即为可审查行为。

虚假或误导性陈述——定位器

（3）为了直接或间接促进任何商业利益或产品的供应或使用，在定位器中作出或导致作出虚假或误导性陈述的人，属于可审查行为。

（4）在根据本条进行的程序中，在确定作出陈述的人是否从事了可审查行为时，应考虑到陈述所传达的一般印象及其字面意思。

（5）就本条而言，

（a）一旦电子信息的传输被启动，即被视为已经发送；

（b）发送电子信息的电子地址是否存在或电子信息是否到达预定目的地并不重要。

74.012（1）专员可以协助对外国、区域性国际组织或全球性国际组织进行调查或诉讼，该组织处理的行为与根据第74.01、第74.011、第74.02、第74.04、第74.05或第74.06条可审查的行为基本类似。

（a）进行专员认为必要的任何调查，以收集相关信息，使用专员根据本法可以使用的任何权力，调查根据任何这些条款可审查的行为。

（b）向外国政府或国际组织披露信息，或向任何此类政府或组织中负责就提供协助的法律进行调查或启动程序的任何机构披露信息，如果该政府、组织或机构书面声明：

（i）信息的使用将限于与调查或程序有关的目的，以及

（ii）信息将以保密方式处理，除第（i）分段所述目的外，未经专员明确同意将不会进一步披露。

限制条件

（2）如果违反外国法律的后果根据加拿大法律会被视为犯罪，则第（1）款不适用。

相互援助

（3）在决定是否根据第（1）款提供协助时，专员应考虑该政府、组织或机构是否同意就第（1）款提及的任何章节的调查或程序提供协助。

从行政罚款中扣除

74.10.1（1）如果法院确定某人正在或已经从事第74.011条规定的

可审查行为，并根据第74.1（1）（c）段命令该人支付行政罚款。第74.1（1）（c），那么法院应从其确定的处罚金额中扣除该人

（a）根据《加拿大广播电视和电信委员会法》《竞争法》《个人信息保护和电子文件法》和《电信法》第51（1）（b）段被命令支付的任何金额，该法旨在通过规范某些不鼓励依赖电子手段开展商业活动的活动，促进加拿大经济的效率和适应性，并就同一行为修订《加拿大广播电视和电信委员会法》《竞争法》《个人信息保护和电子文件法》和《电信法》。或

（b）已在和解协议中同意就同一行为支付该法第51（1）（b）段所述的金额。

归还和临时禁止令

（2）如果法院确定某人正在或已经从事第74.011（2）款规定的可审查的行为，它可以根据第74.1（1）（d）款命令该人支付一笔款项，并可以根据第74.111款发出临时强制令，就好像该行为是第74.01（1）（a）款规定的可审查的行为。

临时禁令

74.11（1）应专员的申请，如果法院认为

（a）除非发出禁令，否则很可能会造成严重的伤害；以及

（b）权衡利弊，有利于发出禁令，则法院可以命令法院认为正在从事根据本部可审查的行为的人不得从事该行为或实质上类似的可审查行为。

临时订单——供应产品

（1.1）应专员的申请，法院可以命令申请中提到的任何人不向另一个人供应法院认为是或可能是用来从事根据本部可审查的行为的产品，或做任何法院认为可以阻止一个人从事这种行为的行为或事情，如果法院认为

（a）除非发出该命令，否则可能会造成严重的伤害；和

（b）权衡利弊有利于发出该命令。

持续时间

（2）除第（5）款外，根据第（1）或第（1.1）款作出的命令具有

效力，或可应专员的申请延长至法院认为足以满足案件情况的任何期限。

申请通知

（3）除第（4）款的规定外，第（1）、第（1.1）或第（2）款中提到的申请应至少在 48 小时前由专员或代表专员向其寻求命令或延期的人发出通知。

（4）如果法院确信不能合理地遵守第（3）款，或情况紧急，按照第（3）款送达通知不符合公共利益，则可单方面处理根据第（1）或第（1.1）款提出的申请。

……

五、中国《中华人民共和国反垄断法》（2022 年修正）

（2007 年 8 月 30 日第十届全国人民代表大会常务委员会第二十九次会议通过　根据 2022 年 6 月 24 日第十三届全国人民代表大会常务委员会第三十五次会议《关于修改〈中华人民共和国反垄断法〉的决定》修正）

第一章　总　则

第一条　为了预防和制止垄断行为，保护市场公平竞争，鼓励创新，提高经济运行效率，维护消费者利益和社会公共利益，促进社会主义市场经济健康发展，制定本法。

第二条　中华人民共和国境内经济活动中的垄断行为，适用本法；中华人民共和国境外的垄断行为，对境内市场竞争产生排除、限制影响的，适用本法。

第三条　本法规定的垄断行为包括：

（一）经营者达成垄断协议；

（二）经营者滥用市场支配地位；

（三）具有或者可能具有排除、限制竞争效果的经营者集中。

第四条　反垄断工作坚持中国共产党的领导。

国家坚持市场化、法治化原则，强化竞争政策基础地位，制定和实施与社会主义市场经济相适应的竞争规则，完善宏观调控，健全统一、开放、竞争、有序的市场体系。

第五条 国家建立健全公平竞争审查制度。

行政机关和法律、法规授权的具有管理公共事务职能的组织在制定涉及市场主体经济活动的规定时，应当进行公平竞争审查。

第六条 经营者可以通过公平竞争、自愿联合，依法实施集中，扩大经营规模，提高市场竞争能力。

第七条 具有市场支配地位的经营者，不得滥用市场支配地位，排除、限制竞争。

第八条 国有经济占控制地位的关系国民经济命脉和国家安全的行业以及依法实行专营专卖的行业，国家对其经营者的合法经营活动予以保护，并对经营者的经营行为及其商品和服务的价格依法实施监管和调控，维护消费者利益，促进技术进步。

前款规定行业的经营者应当依法经营，诚实守信，严格自律，接受社会公众的监督，不得利用其控制地位或者专营专卖地位损害消费者利益。

第九条 经营者不得利用数据和算法、技术、资本优势以及平台规则等从事本法禁止的垄断行为。

第十条 行政机关和法律、法规授权的具有管理公共事务职能的组织不得滥用行政权力，排除、限制竞争。

第十一条 国家健全完善反垄断规则制度，强化反垄断监管力量，提高监管能力和监管体系现代化水平，加强反垄断执法司法，依法公正高效审理垄断案件，健全行政执法和司法衔接机制，维护公平竞争秩序。

第十二条 国务院设立反垄断委员会，负责组织、协调、指导反垄断工作，履行下列职责：

（一）研究拟订有关竞争政策；

（二）组织调查、评估市场总体竞争状况，发布评估报告；

（三）制定、发布反垄断指南；

（四）协调反垄断行政执法工作；

（五）国务院规定的其他职责。

国务院反垄断委员会的组成和工作规则由国务院规定。

第十三条 国务院反垄断执法机构负责反垄断统一执法工作。

国务院反垄断执法机构根据工作需要，可以授权省、自治区、直辖市人民政府相应的机构，依照本法规定负责有关反垄断执法工作。

第十四条　行业协会应当加强行业自律，引导本行业的经营者依法竞争，合规经营，维护市场竞争秩序。

第十五条　本法所称经营者，是指从事商品生产、经营或者提供服务的自然人、法人和非法人组织。

本法所称相关市场，是指经营者在一定时期内就特定商品或者服务（以下统称商品）进行竞争的商品范围和地域范围。

第二章　垄断协议

第十六条　本法所称垄断协议，是指排除、限制竞争的协议、决定或者其他协同行为。

第十七条　禁止具有竞争关系的经营者达成下列垄断协议：

（一）固定或者变更商品价格；

（二）限制商品的生产数量或者销售数量；

（三）分割销售市场或者原材料采购市场；

（四）限制购买新技术、新设备或者限制开发新技术、新产品；

（五）联合抵制交易；

（六）国务院反垄断执法机构认定的其他垄断协议。

第十八条　禁止经营者与交易相对人达成下列垄断协议：

（一）固定向第三人转售商品的价格；

（二）限定向第三人转售商品的最低价格；

（三）国务院反垄断执法机构认定的其他垄断协议。

对前款第一项和第二项规定的协议，经营者能够证明其不具有排除、限制竞争效果的，不予禁止。

经营者能够证明其在相关市场的市场份额低于国务院反垄断执法机构规定的标准，并符合国务院反垄断执法机构规定的其他条件的，不予禁止。

第十九条　经营者不得组织其他经营者达成垄断协议或者为其他经营者达成垄断协议提供实质性帮助。

第二十条　经营者能够证明所达成的协议属于下列情形之一的，不适用本法第十七条、第十八条第一款、第十九条的规定：

（一）为改进技术、研究开发新产品的；

（二）为提高产品质量、降低成本、增进效率，统一产品规格、标准或者实行专业化分工的；

（三）为提高中小经营者经营效率，增强中小经营者竞争力的；

（四）为实现节约能源、保护环境、救灾救助等社会公共利益的；

（五）因经济不景气，为缓解销售量严重下降或者生产明显过剩的；

（六）为保障对外贸易和对外经济合作中的正当利益的；

（七）法律和国务院规定的其他情形。

属于前款第一项至第五项情形，不适用本法第十七条、第十八条第一款、第十九条规定的，经营者还应当证明所达成的协议不会严重限制相关市场的竞争，并且能够使消费者分享由此产生的利益。

第二十一条 行业协会不得组织本行业的经营者从事本章禁止的垄断行为。

第三章 滥用市场支配地位

第二十二条 禁止具有市场支配地位的经营者从事下列滥用市场支配地位的行为：

（一）以不公平的高价销售商品或者以不公平的低价购买商品；

（二）没有正当理由，以低于成本的价格销售商品；

（三）没有正当理由，拒绝与交易相对人进行交易；

（四）没有正当理由，限定交易相对人只能与其进行交易或者只能与其指定的经营者进行交易；

（五）没有正当理由搭售商品，或者在交易时附加其他不合理的交易条件；

（六）没有正当理由，对条件相同的交易相对人在交易价格等交易条件上实行差别待遇；

（七）国务院反垄断执法机构认定的其他滥用市场支配地位的行为。

具有市场支配地位的经营者不得利用数据和算法、技术以及平台规则等从事前款规定的滥用市场支配地位的行为。

本法所称市场支配地位，是指经营者在相关市场内具有能够控制商品价格、数量或者其他交易条件，或者能够阻碍、影响其他经营者进入相关市场能力的市场地位。

第二十三条　认定经营者具有市场支配地位，应当依据下列因素：

（一）该经营者在相关市场的市场份额，以及相关市场的竞争状况；

（二）该经营者控制销售市场或者原材料采购市场的能力；

（三）该经营者的财力和技术条件；

（四）其他经营者对该经营者在交易上的依赖程度；

（五）其他经营者进入相关市场的难易程度；

（六）与认定该经营者市场支配地位有关的其他因素。

第二十四条　有下列情形之一的，可以推定经营者具有市场支配地位：

（一）一个经营者在相关市场的市场份额达到二分之一的；

（二）两个经营者在相关市场的市场份额合计达到三分之二的；

（三）三个经营者在相关市场的市场份额合计达到四分之三的。

有前款第二项、第三项规定的情形，其中有的经营者市场份额不足十分之一的，不应当推定该经营者具有市场支配地位。

被推定具有市场支配地位的经营者，有证据证明不具有市场支配地位的，不应当认定其具有市场支配地位。

第四章　经营者集中

第二十五条　经营者集中是指下列情形：

（一）经营者合并；

（二）经营者通过取得股权或者资产的方式取得对其他经营者的控制权；

（三）经营者通过合同等方式取得对其他经营者的控制权或者能够对其他经营者施加决定性影响。

第二十六条　经营者集中达到国务院规定的申报标准的，经营者应当事先向国务院反垄断执法机构申报，未申报的不得实施集中。

经营者集中未达到国务院规定的申报标准，但有证据证明该经营者集中具有或者可能具有排除、限制竞争效果的，国务院反垄断执法机构可以要求经营者申报。

经营者未依照前两款规定进行申报的，国务院反垄断执法机构应当依法进行调查。

第二十七条 经营者集中有下列情形之一的，可以不向国务院反垄断执法机构申报：

（一）参与集中的一个经营者拥有其他每个经营者百分之五十以上有表决权的股份或者资产的；

（二）参与集中的每个经营者百分之五十以上有表决权的股份或者资产被同一个未参与集中的经营者拥有的。

第二十八条 经营者向国务院反垄断执法机构申报集中，应当提交下列文件、资料：

（一）申报书；

（二）集中对相关市场竞争状况影响的说明；

（三）集中协议；

（四）参与集中的经营者经会计师事务所审计的上一会计年度财务会计报告；

（五）国务院反垄断执法机构规定的其他文件、资料。

申报书应当载明参与集中的经营者的名称、住所、经营范围、预定实施集中的日期和国务院反垄断执法机构规定的其他事项。

第二十九条 经营者提交的文件、资料不完备的，应当在国务院反垄断执法机构规定的期限内补交文件、资料。经营者逾期未补交文件、资料的，视为未申报。

第三十条 国务院反垄断执法机构应当自收到经营者提交的符合本法第二十八条规定的文件、资料之日起三十日内，对申报的经营者集中进行初步审查，作出是否实施进一步审查的决定，并书面通知经营者。国务院反垄断执法机构作出决定前，经营者不得实施集中。

国务院反垄断执法机构作出不实施进一步审查的决定或者逾期未作出决定的，经营者可以实施集中。

第三十一条 国务院反垄断执法机构决定实施进一步审查的，应当自决定之日起九十日内审查完毕，作出是否禁止经营者集中的决定，并书面通知经营者。作出禁止经营者集中的决定，应当说明理由。审查期间，经营者不得实施集中。

有下列情形之一的，国务院反垄断执法机构经书面通知经营者，可以延长前款规定的审查期限，但最长不得超过六十日：

（一）经营者同意延长审查期限的；

（二）经营者提交的文件、资料不准确，需要进一步核实的；

（三）经营者申报后有关情况发生重大变化的。

国务院反垄断执法机构逾期未作出决定的，经营者可以实施集中。

第三十二条　有下列情形之一的，国务院反垄断执法机构可以决定中止计算经营者集中的审查期限，并书面通知经营者：

（一）经营者未按照规定提交文件、资料，导致审查工作无法进行；

（二）出现对经营者集中审查具有重大影响的新情况、新事实，不经核实将导致审查工作无法进行；

（三）需要对经营者集中附加的限制性条件进一步评估，且经营者提出中止请求。

自中止计算审查期限的情形消除之日起，审查期限继续计算，国务院反垄断执法机构应当书面通知经营者。

第三十三条　审查经营者集中，应当考虑下列因素：

（一）参与集中的经营者在相关市场的市场份额及其对市场的控制力；

（二）相关市场的市场集中度；

（三）经营者集中对市场进入、技术进步的影响；

（四）经营者集中对消费者和其他有关经营者的影响；

（五）经营者集中对国民经济发展的影响；

（六）国务院反垄断执法机构认为应当考虑的影响市场竞争的其他因素。

第三十四条　经营者集中具有或者可能具有排除、限制竞争效果的，国务院反垄断执法机构应当作出禁止经营者集中的决定。但是，经营者能够证明该集中对竞争产生的有利影响明显大于不利影响，或者符合社会公共利益的，国务院反垄断执法机构可以作出对经营者集中不予禁止的决定。

第三十五条 对不予禁止的经营者集中，国务院反垄断执法机构可以决定附加减少集中对竞争产生不利影响的限制性条件。

第三十六条 国务院反垄断执法机构应当将禁止经营者集中的决定或者对经营者集中附加限制性条件的决定，及时向社会公布。

第三十七条 国务院反垄断执法机构应当健全经营者集中分类分级审查制度，依法加强对涉及国计民生等重要领域的经营者集中的审查，提高审查质量和效率。

第三十八条 对外资并购境内企业或者以其他方式参与经营者集中，涉及国家安全的，除依照本法规定进行经营者集中审查外，还应当按照国家有关规定进行国家安全审查。

第五章 滥用行政权力排除、限制竞争

第三十九条 行政机关和法律、法规授权的具有管理公共事务职能的组织不得滥用行政权力，限定或者变相限定单位或者个人经营、购买、使用其指定的经营者提供的商品。

第四十条 行政机关和法律、法规授权的具有管理公共事务职能的组织不得滥用行政权力，通过与经营者签订合作协议、备忘录等方式，妨碍其他经营者进入相关市场或者对其他经营者实行不平等待遇，排除、限制竞争。

第四十一条 行政机关和法律、法规授权的具有管理公共事务职能的组织不得滥用行政权力，实施下列行为，妨碍商品在地区之间的自由流通：

（一）对外地商品设定歧视性收费项目、实行歧视性收费标准，或者规定歧视性价格；

（二）对外地商品规定与本地同类商品不同的技术要求、检验标准，或者对外地商品采取重复检验、重复认证等歧视性技术措施，限制外地商品进入本地市场；

（三）采取专门针对外地商品的行政许可，限制外地商品进入本地市场；

（四）设置关卡或者采取其他手段，阻碍外地商品进入或者本地商品运出；

（五）妨碍商品在地区之间自由流通的其他行为。

第四十二条　行政机关和法律、法规授权的具有管理公共事务职能的组织不得滥用行政权力，以设定歧视性资质要求、评审标准或者不依法发布信息等方式，排斥或者限制经营者参加招标投标以及其他经营活动。

第四十三条　行政机关和法律、法规授权的具有管理公共事务职能的组织不得滥用行政权力，采取与本地经营者不平等待遇等方式，排斥、限制、强制或者变相强制外地经营者在本地投资或者设立分支机构。

第四十四条　行政机关和法律、法规授权的具有管理公共事务职能的组织不得滥用行政权力，强制或者变相强制经营者从事本法规定的垄断行为。

第四十五条　行政机关和法律、法规授权的具有管理公共事务职能的组织不得滥用行政权力，制定含有排除、限制竞争内容的规定。

第六章　对涉嫌垄断行为的调查

第四十六条　反垄断执法机构依法对涉嫌垄断行为进行调查。

对涉嫌垄断行为，任何单位和个人有权向反垄断执法机构举报。反垄断执法机构应当为举报人保密。

举报采用书面形式并提供相关事实和证据的，反垄断执法机构应当进行必要的调查。

第四十七条　反垄断执法机构调查涉嫌垄断行为，可以采取下列措施：

（一）进入被调查的经营者的营业场所或者其他有关场所进行检查；

（二）询问被调查的经营者、利害关系人或者其他有关单位或者个人，要求其说明有关情况；

（三）查阅、复制被调查的经营者、利害关系人或者其他有关单位或者个人的有关单证、协议、会计账簿、业务函电、电子数据等文件、资料；

（四）查封、扣押相关证据；

（五）查询经营者的银行账户。

采取前款规定的措施，应当向反垄断执法机构主要负责人书面报告，并经批准。

第四十八条 反垄断执法机构调查涉嫌垄断行为，执法人员不得少于二人，并应当出示执法证件。

执法人员进行询问和调查，应当制作笔录，并由被询问人或者被调查人签字。

第四十九条 反垄断执法机构及其工作人员对执法过程中知悉的商业秘密、个人隐私和个人信息依法负有保密义务。

第五十条 被调查的经营者、利害关系人或者其他有关单位或者个人应当配合反垄断执法机构依法履行职责，不得拒绝、阻碍反垄断执法机构的调查。

第五十一条 被调查的经营者、利害关系人有权陈述意见。反垄断执法机构应当对被调查的经营者、利害关系人提出的事实、理由和证据进行核实。

第五十二条 反垄断执法机构对涉嫌垄断行为调查核实后，认为构成垄断行为的，应当依法作出处理决定，并可以向社会公布。

第五十三条 对反垄断执法机构调查的涉嫌垄断行为，被调查的经营者承诺在反垄断执法机构认可的期限内采取具体措施消除该行为后果的，反垄断执法机构可以决定中止调查。中止调查的决定应当载明被调查的经营者承诺的具体内容。

反垄断执法机构决定中止调查的，应当对经营者履行承诺的情况进行监督。经营者履行承诺的，反垄断执法机构可以决定终止调查。

有下列情形之一的，反垄断执法机构应当恢复调查：

（一）经营者未履行承诺的；

（二）作出中止调查决定所依据的事实发生重大变化的；

（三）中止调查的决定是基于经营者提供的不完整或者不真实的信息作出的。

第五十四条 反垄断执法机构依法对涉嫌滥用行政权力排除、限制竞争的行为进行调查，有关单位或者个人应当配合。

第五十五条 经营者、行政机关和法律、法规授权的具有管理公共事务职能的组织，涉嫌违反本法规定的，反垄断执法机构可以对其法定代表人或者负责人进行约谈，要求其提出改进措施。

第七章　法律责任

第五十六条　经营者违反本法规定，达成并实施垄断协议的，由反垄断执法机构责令停止违法行为，没收违法所得，并处上一年度销售额百分之一以上百分之十以下的罚款，上一年度没有销售额的，处五百万元以下的罚款；尚未实施所达成的垄断协议的，可以处三百万元以下的罚款。经营者的法定代表人、主要负责人和直接责任人员对达成垄断协议负有个人责任的，可以处一百万元以下的罚款。

经营者组织其他经营者达成垄断协议或者为其他经营者达成垄断协议提供实质性帮助的，适用前款规定。

经营者主动向反垄断执法机构报告达成垄断协议的有关情况并提供重要证据的，反垄断执法机构可以酌情减轻或者免除对该经营者的处罚。

行业协会违反本法规定，组织本行业的经营者达成垄断协议的，由反垄断执法机构责令改正，可以处三百万元以下的罚款；情节严重的，社会团体登记管理机关可以依法撤销登记。

第五十七条　经营者违反本法规定，滥用市场支配地位的，由反垄断执法机构责令停止违法行为，没收违法所得，并处上一年度销售额百分之一以上百分之十以下的罚款。

第五十八条　经营者违反本法规定实施集中，且具有或者可能具有排除、限制竞争效果的，由国务院反垄断执法机构责令停止实施集中、限期处分股份或者资产、限期转让营业以及采取其他必要措施恢复到集中前的状态，处上一年度销售额百分之十以下的罚款；不具有排除、限制竞争效果的，处五百万元以下的罚款。

第五十九条　对本法第五十六条、第五十七条、第五十八条规定的罚款，反垄断执法机构确定具体罚款数额时，应当考虑违法行为的性质、程度、持续时间和消除违法行为后果的情况等因素。

第六十条　经营者实施垄断行为，给他人造成损失的，依法承担民事责任。

经营者实施垄断行为，损害社会公共利益的，设区的市级以上人民检察院可以依法向人民法院提起民事公益诉讼。

第六十一条　行政机关和法律、法规授权的具有管理公共事务职能的组织滥用行政权力，实施排除、限制竞争行为的，由上级机关责令改正；对直接负责的主管人员和其他直接责任人员依法给予处分。反垄断执法机构可以向有关上级机关提出依法处理的建议。行政机关和法律、法规授权的具有管理公共事务职能的组织应当将有关改正情况书面报告上级机关和反垄断执法机构。

法律、行政法规对行政机关和法律、法规授权的具有管理公共事务职能的组织滥用行政权力实施排除、限制竞争行为的处理另有规定的，依照其规定。

第六十二条 对反垄断执法机构依法实施的审查和调查，拒绝提供有关材料、信息，或者提供虚假材料、信息，或者隐匿、销毁、转移证据，或者有其他拒绝、阻碍调查行为的，由反垄断执法机构责令改正，对单位处上一年度销售额百分之一以下的罚款，上一年度没有销售额或者销售额难以计算的，处五百万元以下的罚款；对个人处五十万元以下的罚款。

第六十三条 违反本法规定，情节特别严重、影响特别恶劣、造成特别严重后果的，国务院反垄断执法机构可以在本法第五十六条、第五十七条、第五十八条、第六十二条规定的罚款数额的二倍以上五倍以下确定具体罚款数额。

第六十四条 经营者因违反本法规定受到行政处罚的，按照国家有关规定记入信用记录，并向社会公示。

第六十五条 对反垄断执法机构依据本法第三十四条、第三十五条作出的决定不服的，可以先依法申请行政复议；对行政复议决定不服的，可以依法提起行政诉讼。

对反垄断执法机构作出的前款规定以外的决定不服的，可以依法申请行政复议或者提起行政诉讼。

第六十六条 反垄断执法机构工作人员滥用职权、玩忽职守、徇私舞弊或者泄露执法过程中知悉的商业秘密、个人隐私和个人信息的，依法给予处分。

第六十七条 违反本法规定，构成犯罪的，依法追究刑事责任。

第八章 附 则

第六十八条 经营者依照有关知识产权的法律、行政法规规定行使知

识产权的行为，不适用本法；但是，经营者滥用知识产权，排除、限制竞
争的行为，适用本法。

第六十九条　农业生产者及农村经济组织在农产品生产、加工、销
售、运输、储存等经营活动中实施的联合或者协同行为，不适用本法。

第七十条　本法自 2008 年 8 月 1 日起施行。